개인중심접근을 활용한

개별화교육계획 개발 지침서

Michael F. Giangreco · Chigee J. Clonninger · Virginia S. Iverson 공저
김유리 · 김수현 · 김예리 · 김지수 · 서민경 · 이현주 · 홍주희 공역

COACH

Choosing Outcomes & Accommodations for Children (3rd ed.)

A guide to educational planning for students with disabilities

학지사

Choosing Outcomes and Accomodations for Children(COACH),
Third Edition

by Michael F. Giangreco Ph.D., Chigee J. Cloninger Ph.D.
and Virginia S. Iverson M.Ed.

역자 서문

특수교사의 다양한 역할 중 중요하면서도 어려운 것 하나를 꼽으라고 한다면 그 것은 '개별화교육계획' 개발일 것입니다. 개별화교육계획은 장애학생의 현재 학교 생활과 삶에 필요한 교육 내용을 선정하고 교수하는 것 이상의 의미를 지니기 때문입니다. 개인중심접근(person-centered approach)이 강조되는 가운데 특수교사는 장애학생과 그 가족이 바라는 미래의 삶을 그들과 함께 고민하는 과정에서 개별화교육계획을 수립해야 합니다.

장애학생과 그 가족의 꿈이나 바람을 개별화교육계획에 어떻게 담아내야 장애학생의 삶에 좀 더 유익할 수 있을까 고민해 온 저희 역자들은 이 책의 상세한 내용을 통해 많은 것을 배울 수 있었습니다. 이 책은 특수교육 전문가들이 개별화교육계획 수립 과정에서 느끼는 어려움에 공감하며, 이를 돕기 위해 'COACH'라는 체계적 과정을 제시함으로써 교육계획 수립의 명확한 지침을 제공하고 있습니다.

이 책은 크게 네 부분으로 구성되어 있습니다. Section I에서는 COACH가 지향하는 장애학생 교육 및 교육계획의 기본 원칙을 소개하고, COACH의 6단계를 상세하게 기술하여 COACH를 처음 접하는 사람들이 알아야 할 기본 지식을 제공합니다. Section II에서는 COACH를 준비하고 실행하는 과정에서 누구나 가질 수 있는 물음에 대한 답을 제시하여 독자가 COACH를 실제적으로 이해할 수 있게 합니다. Section III에서는 COACH를 실제로 실행하는 데 유용한 팁과 구체적인 예시를 제시하여 누구나 쉽게 COACH를 사용할 수 있도록 돕습니다. Section IV는 COACH의 의미 있는 사용을 위한 저자들의 당부를 담습니다. 또한 부록에는 COACH의 각 단계를 실행하는 데 필요한 양식들을 수록해서 누구나 손쉽게 사용할 수 있도록 하고 있습니다. 특히 〈부록 B〉와 〈부록 C〉의 단계별 'COACH 학생 기록 양식'은 학지사 홈페이지(http://www.hakjisa.co.kr)의 도서 페이지에서도 자유롭게 다운로드하여 사용하실 수 있습니다.

특수교사와 관련 전문가는 장애학생의 삶의 질을 향상시킬 수 있는 의미 있는 교육계획을 세워야 하는 책임을 지닙니다. 아무쪼록 이 책이 그 책임을 다하는 데 유익한 디딤돌이 되기를 바랍니다. 마지막으로, 번역의 긴 여정 동안 힘이 되어 준 서로에게 감사의 마음을 전합니다. 또한 편집에 수고해 주신 이지예 선생님을 비롯한 학지사 가족에게도 감사의 마음을 전합니다.

2017년 9월

역자 일동

저자 서문

이 책은 지금까지 여러 번 개정되었다. 계속되는 개정 작업은 좋은 실제라는 것이 항상 변하기도 하지만 훌륭한 실제의 핵심적 측면(예: 가족 참여, 교육과정 내용과 가치 있는 삶의 목표 연결, 교육과정의 초점 및 범위 판별)은 변하지 않는다는 것에 대한 우리의 이해를 반영한다. 우리가 제공하는 아이디어는 저술 당시 우리가 생각한 것으로 앞으로의 변화는 피할 수 없으며 바람직하다는 것을 알고 있다. 3판에서 우리는 이전의 독자들이 쉽게 이해할 수 있도록 COACH의 주요 요소와 구성은 그대로 유지하되 다양한 최신 정보를 제공하고자 하였다. 3판의 주요한 특징은 다음과 같다.

- 일반교육과정 접근에 대한 최근의 강조를 반영하면서 일반교육과정에 포함되지는 않지만 가족이 선정한 우선순위 학습 목표를 반영하고자 COACH의 기본 원칙을 업데이트하였다.

- COACH의 단계에 대한 설명과 사용 지침이 독립된 Section으로 재구성되었다. 단계에 대한 모든 설명이 지금은 Section I 'COACH 소개'에 포함되어 있으며, 모든 사용 지침은 Section III 'COACH 사용 지침'에 포함되어 있다. 이는 먼저 COACH에 대한 이해를 돕고 그다음에 책을 뒤적거리지 않고도 손쉽게 사용 설명을 참조하도록 해 준다.

- COACH의 학생 기록 양식과 그 과정이 업데이트되었고 간략해졌다. 그 예시는 다음과 같다.
  - 준비 점검이 업데이트되고 간략해졌다.
  - COACH 단계가 10단계에서 6단계로 축소된 반면, 이전 판에 포함된 단계

들은 수정되어 새로운 양식으로 Section IV 'COACH로 만든 계획을 적용하기'에서 보충 자료로 언급되고 부록 D에도 포함되었다.

- 1.1단계 '가치 있는 삶의 목표' 질문들은 업데이트되었고 가치 있는 삶의 목표 각각의 잠재적 중요성을 인식하여 삶의 목표들의 순위를 매기는 것이 아니라 평정하는 것으로 변경되었다.
- 1.2단계 '가족 면담에서 논의할 교육과정 영역 선택'은 COACH에 포함된 모든 학습 목표를 보여 주는 참고 자료와 함께 한 페이지로 구성되었다. 따라서 앞 페이지로 넘겨야 하는 번거로움을 없앴고, 1.2단계가 1.3단계와 1.4단계에 포함되어 있던 이전 판에서의 사용상의 혼란을 감소시켰다.
- 1.3단계 '선택한 교육과정 영역의 학습 목표 평정'에서는 '선택한 학업영역'으로 이전에 언급되었던 교육과정을 2개의 영역으로 새롭게 구성하였다. 즉, 학업준비기술(예: 사물, 활동, 상호작용에 대한 반응 / 환경과 물건 탐색, 일상생활기술 모방)과 기능적 학업기술(예: 단어 및 구절 읽기[해독], 필기도구 및 그림도구 사용, 일과표 혹은 달력 사용)이다.
- 1.3단계에서 이전의 교육과정 영역에 포함되었던 '가정'은 우선순위로 선정되지 않아 삭제되었다. 그러나 '가정' 영역에 포함되었던 몇 가지 중요한 학습 목표는 다른 교육과정 영역으로 이동하였다. 예를 들어, '적절한 옷을 선택한다' '개인 위생을 관리한다'는 '개인관리' 영역에 포함되었다.
- 1.3단계에 포함된 학습 목표의 총 개수는 91개에서 83개로 감소되었다. 이는 드물게 선택된 학습 목표가 삭제된 것뿐 아니라 새로운 학습 목표가 더해진 것이다. 예를 들어, 의사소통 영역에 '특정 의사소통 양식 보여 주기(예: 제스처, 가리키기, 음성, 표정, AAC 사용)'와 '자신의 말이 잘못 이해되었음을 알고 다른 방식을 시도하기(예: '회복 전략' 사용, 의사소통 포기하지 않고 시

도하기)'의 두 가지 학습 목표가 첨가되었다. 이외에 다른 학습 목표들도 첨가되거나 표현이 수정되었다.

– 1.4단계 '선택한 교육과정 영역에서 학습 목표의 우선순위 선정'에서는 1.5단계 '우선순위 교차 점검'에서 검토하게 될 학습 목표의 개수를 5개에서 4개로 감소하였는데, 이는 1.4단계에서 5위로 선정한 학습 목표가 1.5단계에서 최우선으로 선정되는 경우가 거의 없기 때문이다.
– 1.5단계 '우선순위 교차 점검'은 좀 더 명확하게 하고자 업데이트하였고 최우선순위 학습 목표의 개수는 8개에서 6개로 감소되었다.
– 개념적으로는 유사하여도 2.2단계의 기록양식은 명확성을 위해 상당히 업데이트되었으며, 중다수준 교육과정과 중복 교육과정의 명확한 요소를 포함하였다.
– 4단계 '연간 목표' 기록양식이 업데이트되었다.

- 부록 E는 COACH와 대안평가의 관계를 설명한다.

- 부록 F는 통합학급에서 COACH에 기초한 교육 프로그램을 실행하기에 적절한 다양한 팀원들(교사, 특수교사, 준전문가, 관련서비스 제공자, 행정가, 부모, 학생)의 역할을 제안한다.

매뉴얼과 기록양식에 많은 변화가 있기는 하지만 기존의 COACH 사용자라면 핵심 요소들을 쉽게 인지할 것이고 그 과정은 지속 · 향상될 것이다. 새로운 사용자는 이 최신판을 통해 학생을 위한 양질의 교육 프로그램을 개발하기를 바란다.

차례

Section II
COACH에 관한 Q & A

Section Ⅲ

Section IV

◈ 표 차례

◈ 그림 차례

◈ 글상자 차례

◈ 자료 차례

Section I
COACH 소개

COACH는 무엇인가?

COACH는 교육팀이 강도 높은 특수교육 요구를 가진 학생에게 적합한 교육 프로그램의 요소를 결정하도록 돕기 위해 고안된 준비도구이다. 또한 COACH는 일반학급 환경이나 학급활동에서 교육 프로그램을 실행 및 평가하기 위한 기초 방안을 제공한다. COACH를 사용하여 팀원들(예: 가족, 학교 관계자)은 현장에서 검증된 일련의 단계를 통해 통합교육에 대한 생각을 실행 계획으로 전환하며, 학생에게 개별적으로 적합한 교육 프로그램을 함께 준비한다. 준비 시간을 통해 팀은 학생의 교육 프로그램에 관한 서로의 공유된 관심을 파악하고, 팀원 간의 건설적인 관계 구축에 기여함으로써 학년 전반에 걸쳐 유익한 이득(잠재적으로 시간 절약)을 거둘 수 있다. 팀은 학교 일정 가운데 학생의 교육 프로그램과 관련해 공유한 초점을 파악하고 팀원 간의 건설적인 관계 구축에 기여하는 등 시작에 필요한 시간을 투자하면서 시간 절약 등의 유익한 결과를 성취할 수 있다.

COACH는 1부와 2부의 핵심 영역으로 나눌 수 있으며, 여섯 단계를 포함한다([글상자 1-1] 참고). 1부(학생의 교육 프로그램 결정하기)는 준비 점검을 시작으로 가족이 선택한 학습의 우선순위를 결정하는 1단계 가족 면담과 가족이 선택한 학습 목표에 더해서 더 넓은 범주의 학습 목표를 선택하는 2단계 추가 학습 목표, 학생이 준비해야 할 사항 혹은 학생을 위해서 준비해야 할 사항을 결정하는 3단계 일반적 지원으로 구성된다.

[글상자 1-1] COACH의 단계

COACH의 단계

1부. 학생의 교육 프로그램 결정하기

- 준비 점검

- 1단계: 가족 면담
  목적: 다양한 질문을 통해 가족이 학습의 우선순위를 결정하도록 한다.

- 2단계: 추가 학습 목표
  목적: 가족의 우선순위에 포함되지 않은 내용 중 학습 목표를 결정한다.
  2.1: 가족 면담에서 나눈 내용 중 우선순위에 포함되지 않은 추가 학습 목표를 선택한다.
  2.2: 일반교육과정의 추가 학습 목표를 선택한다. 이를 통해 ① 일반교육과정으로의 접근을 보장하고, ② 학생이 학습할 일반교육과정 내용에 대한 팀원들의 이해를 공유하며, ③ 일반교사는 무슨 내용부터 교수를 시작할지 결정한다.

- 3단계: 일반적 지원
  목적: 학생에게 필요한 지원을 결정한다.

2부. 가족의 우선순위를 목표로 전환하기

- 4단계: 연간 목표
  목적: 가족의 우선순위를 개별화교육계획 목표에 반영한다.

- 5단계: 단기 목표
  목적: 연간 목표를 달성하기 위해 단기 목표를 설정한다.

- 6단계: 프로그램 요약본
  목적: 교육 프로그램을 명확하고 간결하게 요약한다.

COACH를 통해 얻은 정보를 개별화교육계획 작성에 활용한다.
(예: 현행 수준 정보 제공, 관련서비스 결정, 교육적 · 환경적 조정 내용 기록, 최종 배치 결정)

2부(가족의 우선순위를 목표로 전환하기)는 가족이 선택한 우선순위의 학습 목표를 토대로 연간 목표를 작성하는 4단계 **연간 목표**, 각각의 연간 목표와 연계하여 단기 교수 목표를 작성하는 5단계 **단기 목표**, 교육 프로그램의 구성요소(가족이 선택한 학습 목표, 추가 학습 목표, 일반적 지원)를 요약하여 간단한 목록으로 만들고 팀 구성원들이 활용할 수 있도록 하는 6단계 **프로그램 요약본**을 포함한다. 2부의 모든 양식은 부록 C에서 복사할 수 있다.

각각의 단계는 서론 후반부에 자세하게 설명되어 있다. Section II는 COACH에 관한 일반적인 질문과 답변으로 구성하였다. COACH의 각 단계에 상응하는 방법은 한 초등학생의 예시를 포함하는 Section III에서 찾아볼 수 있다.

이 설명서는 COACH와 관련된 계획(예: 일정표, 교수 계획과 조정을 위한 양식, 교수 목표와 가치 있는 삶의 목표를 위한 지원을 평가하는 형태)을 실행하는 데 필요한 부가적인 전략을 포함한다(Section IV와 부록 D 참고).

Section IV에 언급된 부가적인 전략들과 연관된 공란의 서식은 부록 D에 있다. COACH는 대안평가로 사용되도록 고안되지 않았지만, 대안평가와 깊은 관련이 있다. 부록 E에는 대안평가센터(the National Alternate Assessment Center)의 Harold L. Kleinert와 Jacqui Farmer Kearns가 COACH와 대안평가의 관계에 대해 논의한 내용이 수록되어 있다. 부록 F에서는 통합학교의 경력 일반교사와 특수교육 전문가들의 경험 및 의견과 함께 팀의 잠재적 역할을 언급하며 COACH와 관련된 계획을 실행할 수 있도록 발전시킨 부가적인 자료를 확인할 수 있다.

COACH는 통합환경에서 특정 학생에게 개별화되고 실행 가능한 교육계획(학습 목표와 지원)이 이루어질 수 있도록 팀원의 복잡한 의사결정을 지원하는 구조화된 과정을 제공하는 도구이다. COACH는 일반교육과정과 학급에서 학생 참여가 명확하게 이루어지도록 돕는다. COACH를 사용함으로써 통일된 계획을 세우게 되고 통일된 계획을 통해 각각의 전문가는 분리된 목표를 세우기보다 팀원으로서 공유한 교육 목표에 동의하게 된다. COACH는 전문가와 가족이 서로 의견을 들을 수 있고, 기대치를 명확하게 할 수 있는 적극적인 토론의 장을 마련해 준다. 이 과정은 특히 교수 목표가 될 학습 목표의 우선순위를 파악하는 데서 교육계획에 대한 가족의 의미 있는 참여를 높인다. 의도한 대로 사용한다면, COACH는 부분적으로 교육과정에 관한 선택이 장애 학생의 폭넓은 삶의 경험과 기회에 미치는 영향을 고려하도록 하여 전문가와 가족이 교육계획을 새로운 방식으로 생각할 수 있게 한다. COACH는 정해진 양식을 채우고 질문을 하는 것 이상의 도구이다. 적절하게 사용한다면, COACH는 각 구성원이 팀에 기여하고 의사결정 과정에서의 역할을 수행함으로써 상호 존중감을 형성하거나 확장하도록 하여 전문가와 가족의 관계를 향상시킨다. COACH는 통합환경에서 모범이 되는 다른 실제와 연합하여 사용할 때 양질의 적절한 교육을 계획하는 데 매우 중요한 부분이 된다. COACH는 기계적이고 정형화된 방식이 아니라 신중한 사고를 요하고 개별화된 방식으로 사용되도록 고안되었기 때문에, 저자들은 사용자가 COACH를 이용할 때마다 자신의 지식과 경험을 적용하면서 더 나은 방식을 선택하리라 믿는다.

COACH의 기본 원칙

지금부터는 COACH의 기본이 되는 여섯 가지 원칙을 설명하려고 한다.

- 원칙 1: 모든 학생은 배울 수 있으며, 의미 있는 교육과정을 제공받을 자격이 있다.
- 원칙 2: 양질의 교수는 통합환경으로의 지속적인 접근을 요구한다.
- 원칙 3: 가치 있는 삶의 목표 추구는 교육과정 내용을 선정하는 데 정보를 제공한다.
  - 안전과 건강(신체와 정서)
  - 현재와 미래의 주거
  - 의미 있는 대인관계
  - 개인의 선택권(학생의 연령과 문화에 맞는)
  - 의미 있는 활동에의 참여
- 원칙 4: 가족 참여는 교육계획 수립의 초석이 된다.

- 원칙 5: 협력적 팀워크는 양질의 교육에 필수적이다.
- 원칙 6: 여러 서비스 간의 조정을 통해 필요한 지원을 적절하게 제공한다.

앞서 언급한 근본적인 원칙을 이해하는 것은 팀이 COACH의 사용 여부를 결정하는 데 도움을 준다. COACH는 팀원들이 함께 하게 될 일에 대해 공유할 생각의 틀을 발전시키도록 돕는다. COACH는 뚜렷한 사용 방법을 제공하지만, COACH가 실제로 사용될 다양한 환경에 맞게 조절하는 기술적인 응용력도 필요하다. 저자들의 연구와 상식으로 미루어 볼 때, 사용자들이 COACH를 그 근원적인 원칙에 상응하도록 조절할 수 있을 때 더 긍정적인 성과를 이루게 된다. 반대로, 사용자들이 COACH를 근본 원칙과 상이한 방법으로 조절한다면 긍정적인 성과는 감소할 수 있다(Giangreco, 1996a; Giangreco, Edelman, Dennis, & Cloninger, 1995). COACH의 기본이 되는 원칙을 이해함으로써 팀원은 COACH를 통해 성과를 극대화할 수 있는 최상의 위치에 있게 된다.

원칙 1 모든 학생은 배울 수 있으며, 의미 있는 교육과정을 제공받을 자격이 있다

COACH는 학습능력으로서 학생의 능력 수준이나 현행수준과 관계없이 모든 학생에게 접근한다는 기본 전제에 뿌리를 두고 있다. 생애 전반에 걸친 지원을 필요로 한다고 할지라도 '배울 수 있는 능력'을 인간의 본질적인 특성으로 공유한다(Snell, 2003, p. 2210). 어떤 사람은 굳이 강조하지 않아도 되는 요지라고 생각하지만, 안타깝게도 각자의 학습능력에 대한 태도는 많은 발달장애인의 시민권 및 교육권을 끊임없이 위협하며, 그들의 잠재력을 찾아내고 격려하는 기회를 위태롭게 한다.

1980년대 초반, 특수교육 현장에서는 모든 학생이 배울 능력이 있는지에 대한 논쟁이 있었는데, 특히 중도 지적장애를 가진 사람들에 대해서 주로 논의되었다. 당시 학자들은 중도장애를 가진 아동들의 교육 가능성을 놓고 교육을 해야 하는지 아니면 돌보기만 해야 하는지에 대해 의문을 던졌다(Kauffman & Krouse, 1981). 하지만 대안적인 관점에 서 있던 학자들은 교육가가 학생의 장애 정도나 파악된 장애 범위에 관계 없이 그들을 학습 가능성을 가진 주체로 바라보고 가르칠 때 학생뿐만 아니라 특수교육 현장 그리고 우리 사회가 갖게 될 혜택에 대해 언급하였다(Baer, 1981). 중도장애를 가진 학생에게 배울 능력이 있다고 믿은 특수교육계의 리더들은 궁극적인 기능의 준거에 근거한 교과과정 선택을 옹호했다(Brown, Nietupski, & Hamre-Nietupski, 1976). 궁극적인 기능의 준거란 각 개인이 전형적인 성인 환경(예: 가정, 직장, 지역사회)에서 가능한 한 독립적으로 참여하는 데 필요한 개별적으로 결정된 일련의 기술을 변별하고 교수하는 것으로, 여기에는 부분참여를 위한 선택이 포함된다(Baumgart et al., 1982).

이러한 움직임은 1980년대 중반에 와서 A. Donnellan이 강력하게 주장한 '최소위험가정의 준거(criterion of the least dangerous assumption)'를 탄생시켰고, 그녀는 "결정적인 교육적 기록, 자료, 근거가 없다면 교육적 결정은 학생에게 최소한의 위험한 영향을 미칠 것이라는 가정에 근거하여 내려야 한다."(1984, p. 142)라고 하였다. 그녀는 특정 실제들은 그 반대의 경우보다 학생에게 본질적으로 덜 위험하다는 점을 설득력 있게 논의하면서 이 개념을 다양한 측면에서 설명하였다.

- 장애가 없는 또래 및 사람들과 보다 빈번하게 상호작용할 기회를 갖는 것은 비슷한 장애를 가진 또래 및 사람들에 대한 접근으로만 제한하는 것보다 덜 위험하다.
- 개별적 요구에 근거한 이질적 교육집단으로의 배치(예: 일반 학교와 학급)는 동질집단으로의 자동적인 배치(예: 모든 자폐학생을 한 학급에 배치하는 것)보다 덜 위험하다.
- 자연스러운 교구, 단서, 결과를 사용하는 것은 인공적이고 부자연스러운 교구, 단서, 결과를 사용하는 것보다 덜 위험하다.
- 학생과 더 혹은 덜 친숙한 사람들의 조합을 통해 실행되는 다양한 형태의 교수적 배치(예: 대집단, 소집단, 개별)는 늘 친숙한 사람들에 의해서 독점적으로 제공되는 일대일 교수적 배치보다 덜 위험하다.
- 연령에 적합한 교육과정의 내용을 사용하는 것은 연령에 부적합한 교육과정 내용을 사용하는 것보다 덜 위험하다.

Donnellan이 설명한 교수적 입장은 "일반적으로 최소위험가정의 준거는 교수적 실패가 학생의 결함보다는 교수의 부적합성 때문에 일어난 것이라고 교사가 가정할 때 학생에게 도래할 수 있는 위험이 감소한다는 입장을 고수한다."(1984, p. 147)

1980년대 후반에는 미국 정부의 '제로 프로젝트(zero project)'의 원칙이 「장애인교육법(The Individuals with Disabilities Education Act: IDEA)」에 포함되면서 모든 학령기 아동이 장애의 정도에 상관없이 무상의 적절한 공교육을 받도록 확정되었다. 한 공립학교가 중도 중복장애를 가진 학생의 입학 여부를 놓고 학생의 장애가 교육적 혜택을 받기에는 너무 심하다며 학생의 입학을 거부했는데, 이 사안에 대해 미국 법원에 항소한 결과 모든 학생의 교육받을 권리가 입증되었다(Timothy W. v. Rochester School District). 법원에서는 교육을 전통적인 학업기술뿐만 아니라 기능적인 생활기술을 포함하는 넓은 범주로 정의하고, 이를 명문화하였다. 당시 중도장애학생을 위한 교과과정의 지배적인 모델은 일반교육과정의 내용은 최소한으로 하고, 주로 생활기술 측면으로 접근했다.

2000년대가 되어서야 교육현장에서는 학생이 배울 수 있는지를 논의하던 데에서 벗어나 어떤 환경에 접근할 수 있어야 하며 무엇을 배울 수 있는지를 논의하였다. 이는 주로 생활기술 교육과정에 집중하던 것에서 벗어나 모든 학생에게 일반교육과정을 배울 접근성을 보장하고(Browder & Spooner, 2006; Dymond, Renzaglia, Gilson, & Slagor, 2007; Ford, Davern, & Schnorr, 2001; Wehmeyer, 2006), 개개인이 모두 배울 능력이 있다는 가정하에 가장 덜 위험한 가정을 실행하는 것을 의미했다(Jorgensen, McSheehan, & Sonnenmeier, 2010). 이러한 움직임은 중도장애학생의 교육 프로그램에서 생활기술을 선택하는 옵션을 완전히 삭제하는 것이 아니라, 오히려 기존 교육과정 모델의 적절한 면은 유지하되(예: 관련 있는 생활기술 선택) 장애학생의 개별적 요구에 의해 일반교육과정 내용으로의 접근을 추가하는 등 기존의 교육과정 모델을 확장하였다. 의미 있는 교육과정을 판별하려는 개별화되고 균형 있는 접근은 학생이 교육가들의 기대를 넘어서고 그들이 학생의 능력에 놀라는 기회를 만들어 준다. 학생의 학습의 한계는 결코 장애의 명칭, 교육가들의 기대, 또는 비슷한 장애 특성을 가진 학생이 보여주던 교육적 성취에 기인하여 제한될 수 없다. 통합환경으로의 완전한 접근성, 양질의 교육과정, 효과적인 교수, 필요한 지원이 확보될 때, 발달장애학생은 지속적으로 기대 이상의 성취를 보일 수 있다(Giangreco, 2009; Vianello & LanFranchi, 2009).

2004년에 고등학교를 졸업한 에린 매킨지는 기대를 뛰어넘는 것을 보여 주는 근사한 사례이다(McKenzie, 2008). 에린은 다운증후군과 지적장애를 갖고 있었는데, 장애의 명칭이 에린을 정의하지는 못했다. 에린은 품위가 있고, 매력적이고, 활발하고, 친한 친구들과의 관계망과 지원적인 일반학급환경에서 일반교육과정으로의 지속적인 접근을 통해 다른 학생들과 잘 어울렸다. 에린은 졸업식에서 짧은 연설을 하게 되었는데, 고등학교 생활 중 가장 좋았던 기억을 나누었다. 미리 준비한 지문을 읽으면서 친구들과의 관계, 학교생활에서 어려웠던 부분, 연극동아리나 합창처럼 협동교과 활동 중 즐거웠던 경험, 좋아하는 작가인 셰익스피어에 대해서 긍정적으로 얘기했다. 과거에는 (물론 지금도 너무 많은 곳에서 여전하지만) 집중적인 특수교육 지원이 필요한 학생은 일반교육과정으로의 접근이 거부되었다. 에린은 셰익스피어를 배운 희극 수업을 좋아했다. 에린에게는 일반교육 환경에 통합되는 것을 옹호하는 부모님이 계셨고, 기존의 방식을 고수하지 않고 지적장애를 가진 학생에게 중요하고 그들이 배울 수 있는 것들을 끊임없이 찾아내려고 한 특수교사와 일반교사도 있었다. 에린을 아는 사람이라면 일반 문학 수업에 참여하는 것이 에린에게 얼마나 중요했는지를 알 정도였다. 다른 학생에게는 매력적이고 관심을 갖게 하는 교과 내용이 이집트, 열대 다우림의 서식지, 천문학, 대통령의 일대기, 회화, 정치 등으로 매우 다를 수 있다. 그 목록은 끝이 없다. (에린에 대해 과거형으로 쓰는 이유는 예상치 못하게 졸업식 몇 달 후에 세상을 떠났기 때문이다.) 이 점은 최선의 혹은 기존의 접근방식(예: 기능적 생활기술)과 보다 현대적인 접근방식(예: 일반교육과정으로의 접근)이 혼합되어야 하는 또 다른 중요한 근거를 제시한다. 이전의 접근방식을 적용하는 것은 종종 미래 환경(예: 가정, 학교, 지역사회)에 대한 준비를 매우 강조했다. 예를 들면, 또래 친구들은 대부분의 시간을 학교에서 보내게 되는데, 장애학생은 대부분의 시간을 지역사회 중심 교수에 불균형적으로 쏟게 된다. 학교 외의 환경을 준비하고 지역사회 중심의 선택을 제공하는 것은 중요하지만(예: 봉사학습), 대부분의 학생에게 17～18세가 되기 전까지는 학교가 가장 자연스러운 환경이다. 따라서 우리는 학생이 적절하게 미래를 준비할 수 있도록 하면서도 지금, 학교에서 해야 할 것은 잊지 말아야 한다. 교육가들은 학생이 미래를 준비할 수 있도록 적절하게 준비시키면서도 현재를 잊지 않는 것이 중요하다.

COACH의 1단계 가족 면담과 2단계 추가 학습 목표의 구성은 개별적으로 결정한 학생의 일련의 학습 목표를 판별하도록 도와주는데, 학습 목표는 가족 중심의 관점에서 볼 때 가장 우선하는 학습 목표의 작은 집합과 보다 넓은 범주의 추가 학습 목표를 포함한다. 이 두 가지 학습 목표의 집합은 일반교육과정과 일반교육과정에 포함되지 않은 COACH의 목록화된 학습 목표를 병합함으로써 얻을 수 있다. 궁극적으로 장애학생을 포함한 모든 학생은 통합환경에서의 지속적인 참여 증진을 위해 구성된 기능적 교육과정 내용에만 접근하는 것이 아니라, 연령에 적절한 일반교육과정의 내용이 반영된 유익하고 흥미로운 교육과정을 접할 자격이 있다는 것이다.

원칙 2 양질의 교수는 통합환경으로의 지속적인 접근을 요구한다

장애학생이 양질의 교수를 받도록 보장하는 것은 일반학급과 다른 통합환경으로의 지속적인 접근을 요구한다. 일반학급은 ① 일반교육과정의 내용 영역 전반에 걸쳐 높은 자격 조건을 갖춘 교사들, ② 일반교육과정의 내용에 맞는 교구, 장비 그리고 관련 자료, ③ 학습과 행동에 대한 높은 기대, ④ 잠재적 친구이며 자연스러운 지원의 원천이자 의사소통과 행동의 모범이 되는 학급 구성원, ⑤ 장애학생을 학교의 중요한 구성원으로 인정하는 기회, ⑥ 일반 학생과 교사가 장애학생이 학급 구성원으로 존재하면서 갖게 되는 다양성을 통해서 배우고 성장할 기회를 내포하는 장소이다. 통합환경에서 특수교육 서비스를 제공하는 것은 특수교육의 모든 긍정적인 측면(예: 전문성을 가진 사람, 보조 장비, 교수 방법 등)이 이동 가능하다는 것을 인식할 때 비교적 쉬워진다. 이것은 특수교육이 서비스이며, 장소(학습지원실, 특수학급, 특수학교 등)가 아니라는 논점을 강화한다(Gartner & Lipsky, 2007; Taylor, 1988).

현장을 살펴보면, 교육가들은 적절하게 지원받지 못하는 상황에서 장애학생을 일반학급에 배치하고 있다는 것을 알고 있다. 안타깝게도 이런 일은 너무 자주 일어나고 있다. 이 점은 장애학생의 부모들이 일반학급에서 끊임없이 더 적절한 지원을 주장하는 주된 원인이 되기도 하고, 일반교육이 신속하게 변화하지 않거나 학생의 필요를 충족하지 못한다는 두려움에 보호소처럼 특수학급을 선호하게 되는 이유가 된다. 혹자는 충분한 계획과 지원 없이 장애학생을 일반학급에 내버려 두는 것은 통합교육이 아니라고 한다. 단편적이고 부분적이고 단절되거나 낮은 질의 노력이 너무 자주 통합교육이라고 명명되기도 한다(Davern et al., 1997). 동료인 Michael Hock은 "통합교육을 잘못 실행하는 것이 곧 통합교육이 틀린 것이라고 할 수는 없다."라고 말한다(Giangreco, 1998, p.28).

한편, 수십년간 장애학생을 분리시키고 개별적 혹은 동질적인 소집단 단위로 높은 강도의 연구 기반 교수를 제공하는 방법에 대해서도 알려져 왔다. 이러한 접근방식은 기술을 습득하는 데 효과적이라는 근거가 있지만 어떤 대가를 치러야 하는지 묻지 않을 수 없다. 양질의 교수를 제공한다는 명목으로 오직 특정 기술을 달성하는 것에 목표를 둔 채 학생을 분리시킬 때, 이러한 결정이 학생의 가치 있는 삶의 성과에 미치게 되는 더 큰 영향을 고려하지는 못했다. 교육가들이 교수 때문에 학생을 분리시키는 것을 정당화한다면, 학생이 많은 기술을 배우고 모든 학교 과정을 마치고 졸업할 수는 있겠지만 아무도 그것이 바람직하다고 생각하지 않을 것이다. 중도장애학생이 향상되는 기회나 속도는 더딜지라도, 장애학생의 졸업 후 성과는 훨씬 바람직할 수 있다. 광범위하거나 전반적인 지원을 받는 장애학생이 졸업하게 되면, 또래가 내디딘 세상에 비해서 그들이 서게 될 곳은 아주 작을 것이다. 장애학생은 졸업 후에 취업률도 낮고, 건강하지 못하고, 외롭고, 고립되며, 지원이 부족한 상태에 처하게 된다(Certo et al., 2008; Giangreco & Snell, 1996; Johnson, McGrew, Bloomberg, Bruininks, & Lin, 1996). 그러나 교육가로서 우리는 학생의 연간 목표 혹은 다른 평가에서 학생의 성장에 주목하고, 학생이 중요한 목표 기술을 습득하였다는 것에 기뻐하였다. 여기서 강조하고자 하는 점은 일반학급에 부적절하게 배치하거나 양질의 교수를 받게 하려고 분리하려는 접근 방식을 취하는 것은 학생에게나 교육 실제를 향상시키는 데에는 부정적이라는 것이다. 양질의 교수와 통합교육은 선택이나 제안이 될 수 없다. 연구로 증명된 최선의 교수를 통합된 환경, 일과, 활동에 어떻게 적용할지를 파악하면서 학생을 위한 기회를 증진하는 것은 해 볼 만한 도전이다.

일반교육에서 장애학생을 위한 교육의 개념화

특정 장애를 가진 학생의 통합을 계획하는 과정에서 가장 일반적이며 잠재적으로 도전적인 측면 중 하나는 교육팀 구성원 모두가 통합을 이해하는 것이다. 사람들은 종종 "어떻게 중도장애학생에게 필요한 것과는 다른 내용을 배우는 일반학급에 중도장애학생을 통합할 수 있나요?"라고 묻는다. 이것은 물어볼 수 있는 합당한 질문이고, 각 학생의 교육의 완전성을 확보해 주려는 바람을 보여 준다.

학년 수준의 교육배치와 교육과정 내용은 종종 동의어로 잘못 가정된다. 다시 말해서, 5학년에 재학 중인 모든 학생은 같은 5학년 수준의 학업과정만 배워야 한다는 것이다. 그러나 그보다는 학년 수준의 배치와 개별적인 교육과정의 내용이 서로 독립적이어야 한다(Giangreco, Cloninger, Dennis, & Edelman, 2002; U.S. Department of Justice, 2002). 예를 들면, 5학년 학급의 학생은 학업 수준이 지정된 5학년 수준보다 낮을 수도 있고 높을 수도 있다. 개별적인 수준은 다르지만 그들의 학습 요구가 충족된다면 그들은 여전히 적절한 양질의 교육을 받는 것이다. 장애로 진단받은 학생이 없는 학급에서조차 같은 반에 있는 모든 학생이 동일한 학업 수준과 사회성을 보인다는 것은 신화와도 같다. 의도적으로 다양한 학생으로 학급을 구성하는 것은 바람직하고, 다양한 학급문화를 통해 서로 배우게 될 유익이 있다. 특정 장애를 가진 학생을 통합할 방법을 찾으면서 결국에는 모든 학생이 혜택을 받을 수 있는 접근방식을 배우게 되는 것이다. 비록 장애학생에 의해 촉진되었지만 통합교육은 모든 학생의 교육적 접근, 가치, 질에 대한 것이지 장애에 국한된 쟁점만은 아니다.

다음에서는 통합교육이라는 용어를 정의하고, 통합적 선택을 개념화하는 생각의 체계를 제공하고, 장애학생의 학습 목표가 다른 학급 구성원과 상당히 다를 경우(예: 중다수준 교육과정 및 교수, 중복 교육과정)에 교육과정과 교수 계획에 착수하는 두 가지 방법에 대해 설명하고자 한다.

통합교육의 요소

통합교육에 대해 보편적으로 수용되는 구성요소와 관련 실제들이 존재하지만, 모두가 동의하는 하나의 정의는 없다(Jackson, Ryndak, & Billingsly, 2000). 목록화한 통합교육의 구성요소는 통합교육이 단순히 물리적으로 일반학급이나 통합환경에 참석하는 것 이상임을 나타낸다. 통합교육은 서로 연관된 가치들에 중심을 두며, 그 가치들을 기반으로 공정하고 적절한 교육을 지원하기 위해 의사결정을 하고 그에 상응하는 실제를 결정한다(Doyle, 2008; Giangreco, 2011). 통합교육은 다음의 구성요소들이 매일 지속적으로 발생할 때에 존재한다(Giangreco, Carter, Doyle, & Suter, 2010).

1. 모든 학생은 일반교육에서 환영받는다. 먼저 고려되어야 할 학급 배치 유형은 장애를 가지지 않았다면 배치되었을 일반학급이다.
2. 장애는 인간이 갖고 있는 다양성의 한 형태로 인식된다. 따라서 장애학생은 개별적 주체로 수용되며, 장애를 이유로 하는 배제는 용납되지 않는다.
3. 장애의 명칭과 정도에 관계없이, 적절한 지원을 준비한다. 필요한 지원을 받을 수 있는 특별한 환경으로 보내기보다는 지원이 이동 가능하다면 전형적인 환경에서 지원을 제공한다.
4. 일반학생에 비해 장애학생의 수가 적은 자연스러운 현상을 반영한 학급에서 교육한다(장애학생보다 일반학생 수가 더 많다).
5. 발달수준이나 수행수준과 관계없이 학생은 연령이 더 낮은 학생보다 동일한 연령의 또래와 함께 교육받는다. 장애학생은 생활연령에 적합한 통합적 배치를 통해 이득을 얻기 위해 또래와 같은 혹은 유사한 학업과정을 수행할 필요는 없다(비록 일부 학생은 그럴 수 있을지라도).
6. 장애학생과 일반학생은 필요한 지원과 함께 개별적으로 적절한 학습 목표를 추구하는 동시에 공유된 교육적 경험에 참여한다. 교육적 경험은 가치 있는 삶의 성과를 증진하기 위해 설계되며, 개별적으로 학업적 · 기능적 측면과 사회적 · 개인적 측면에서 균형 잡힌 학교생활을 추구한다.

통합학교, 통합학급, 통합 학생과 같은 용어를 교육용어로 더 이상 사용하지 않게 될 때 비로소 통합교육이 교육 문화에 이미 포함되어 있음을 알 것이다. Biklen과 Knoll(1987, p.21)이 한 말을 바꿔서 설명하면, 통합교육은 학생이 지속적으로 배제될 경우 논쟁거리로서 오랫동안 명목을 유지할 것이다.

통합교육 선택

학생 참여는 일반학급, 활동, 일상 내에서 다음의 두 가지 차원으로 광범위한 특징을 갖는다. ① 프로그램: 무엇을 배우는가(예: 교육과정 내용, 연간 목표, 추가 학습 목표)? ② 지원: 학생이 교육적 프로그램에 접근하고 성취하기 위해서 어떤 지원(교구, 교수 전략, 인력/보조원)을 제공하는가(Giangreco & Putnam, 1991)? COACH([그림 1-1] 참고)를 통해 도출되는 학습 목표를 활용하여 학생을 일반학급 활동에 통합하기 위한 이 접근법에는 네 가지 선택이 있다. 네 가지의 선택을 고정적으로 보기보다는 유동적으로 사용할 수 있음을 인식하는 것이 중요하다. 학생은 학교에서 보내는 시간, 심지어 하나의 수업 혹은 활동에서도 필요에 따라 네 가지 선택을 오가며 부분적으로 혹은 모두에 접근한다.

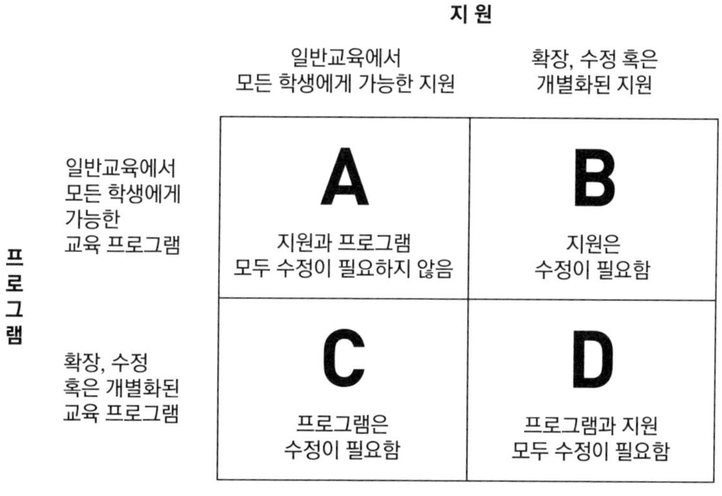

[그림 1-1] 일반교육환경에서 통합의 선택

출처: Giangreco & Putnam (1991), 허락을 받고 사용함.

선택 A는 학생이 누구나 쉽게 이용할 수 있는 일반교육 프로그램에 참여하거나 전형적으로 모든 학생이 이용 가능한 지원이 있는 프로그램에 참여할 수 있을 때 나타난다. 이용 가능한 지원은 다양하며, 따라서 한 학교에서는 전형적으로 갖추고 있는 지원이 다른 학교에서는 그렇지 않을 수 있다.

일반교육의 접근성이 높아지면서 프로그램이나 지원을 수정하는 것도 일반화되어 가는데, 이것은 보편적 학습설계의 원칙과도 일치한다(Dalton & Gordon, 2007; Rose, Meyer, & Hitchcook, 2005). 중도장애학생을 포함해서 많은 학생은 특별한 지원 없이 학교생활과 활동에 부분적으로 참여하고 있다. 교육팀은 이러한 기회를 파악하고 확장할 필요가 있다. 너무나 자주 좋은 의도에서 학생이 필요로 하지 않을 때에도 지원을 하는 경우가 있다(Griangreco, Edelman, Luiselli, & MacFarland, 1997). 자연스러운 지원에 의지(Nisbet, 1992)하고, '특별히 필요한 경우에만' 지원을 받음으로써 학생은 교육을 받는 과정에서 적절하고 사회적으로도 가치 있는 기회를 갖게 된다.

선택 B는 일반교육 프로그램을 추구하는 학생에게 확장, 수정 혹은 개별화된 지원이 필요한 경우를 위한 것이다. 예를 들면, 일반교육 프로그램에 참여하기 위해 청각장애학생은 수화통역사가 필요할 수 있고, 시각장애학생은 점자로 된 교재를 요구할 수 있으며, 운동성에 어려움이 있는 학생은 필기를 위해 녹음기를 요청할 수 있다.

선택 C는 학생이 교육 프로그램 내용의 확장, 수정 혹은 개별화를 요구하지만 특별한 지원이 필요 없는 경우를 위한 것이다. 예를 들면, 교사는 학습내용의 양(예: 새로운 단어의 철자 학습을 10개에서 5개로 줄이기), 내용의 수준(예: 학생의 수준에 맞춰 질문하기) 혹은 내용의 유형(예: 다른 과목의 내용 선택) 등을 조정하여 학생이 특별한 지원을 제공받지 않은 채 수정된 프로그램의 내용을 배울 수 있도록 한다. 선택 A처럼 선택 C도 교육팀이 자연스러운 지원의 활용을 고려하도록 촉진한다.

선택 D는 학생이 학급활동에 참여하고 접근할 수 있도록 교육 프로그램과 지원 내용의 확장, 수정 혹은 개별화를 요구하는 경우에 나타난다. 어떤 학생에게는 선택 D가 필요하지만, 교육팀은 A에서 C까지의 선택을 모두 고려한 후에 결정해야 한다. 선택 D를 결정한 후에도 극소수의 학생에게만 선택 D가 필요하다는 것을 인지하는 것은 중요하다. 따라서 학생에게 가장 전형적인 기회를 제공하는 다른 선택들을 사용하여 학생을 가르칠 방법을 모색해야 한다.

선택 C나 D를 사용할 때, 학생의 교육 프로그램에 대해 생각해 볼 수 있는 몇 가지 방법이 있다([그림 1-2] 참고). 첫째, **중다수준 교육과정 및 교수**는 각자의 학습 목표를 가진 학생이 같은 교육과정 과목에 참여하고, 이들을 공통된 활동을 통해 교수하는 것이다(Campbell, Campbell, Collicott, Perner, & Stone, 1988; Giangreco, 2007). 중다수준 교육과정 및 교수는 차별교수의 원칙과도 일치하지만(Kronberg, 2007; Tomlinson, 2001, 2003) 추가적인 면이 있다. 차별교수는 교사들이 교재, 활동, 평가, 교수의 다양한 측면들을 차별화하여 학생이 다양한 방법으로 학습하고 자신이 배운 것을 다양한 방법을 통해 보여 줄 수 있게 한다. 대부분의 예는 본질적으로 학생이 같은 학습 목표를 추구하는 것을 기본으로 한다는 것이다.

중다수준 교육과정 및 교수를 사용할 때에는 차별교수의 모든 원칙은 적용하되, 본질적으로 같은 교육과정 영역 내에서의 다른 학습 목표로 확장된다. 어떤 학생이 기초적인 지식과 이해 수준을 학습한다면 다른 학생은 지식을 적용하거나 종합하는 수준에서 학습한다. 예를 들면, 교사는 2학년 학생의 사회과목 소집단활동으로 보드게임을 통해 이웃, 동, 지역구, 도시 등에 대해 가르칠 수 있다. 교사는 학생마다 2장씩 짝을 이룬 10세트의 게임 카드를 준비해서 학생의 개별적인 학습 목표를 설정할 수 있다. 한 학생에게는 카드에 적힌 사례를 읽고(예: "할머니께 생신 축하 카드를 보내려고 할 때 당신이 가야 할 곳으로 말을 옮기세요.") 말을 이동시키도록 하면서 지역사회 구성원(예: 경찰관, 소방관, 상점 직원, 우체국 직원)의 역할과 지식을 적용하는 것을 요구할 수 있다. 다른 학생은 자신이 사는 곳에 대한 질문에 대답하는 것을 배울 수 있다(예: 거리 주소, 전화번호, 이웃에 사는 사람들). 또 다른 학생에게는 동, 서, 남, 북을 구분하며 지도를 읽는 기술을 사용하여 질문에 대답할 수 있도록 한다(예: "서점에서 시작했을 때 북쪽으로 2블록, 동쪽으로 1블록을 간다면 너의 위치는 어디가 될까?"). 앞의 예에서는 모든 학생이 자신의 기능과 필요의 수준에 맞춘 개별적으로 선택된 사회과목의 학습 목표를 갖고 있다. 이러한 상황에서 모두에게 유용하고 연령에 적절한 공학이나 학생에게 맞춘 보조공학의 사용이 고려되어야만 한다. 예를 들면, 지도와 지역사회에 대해 배우는 활동에 맵퀘스트, 디지털 지도, 스마트폰, 태블릿 PC 등을 사용할 수 있다.

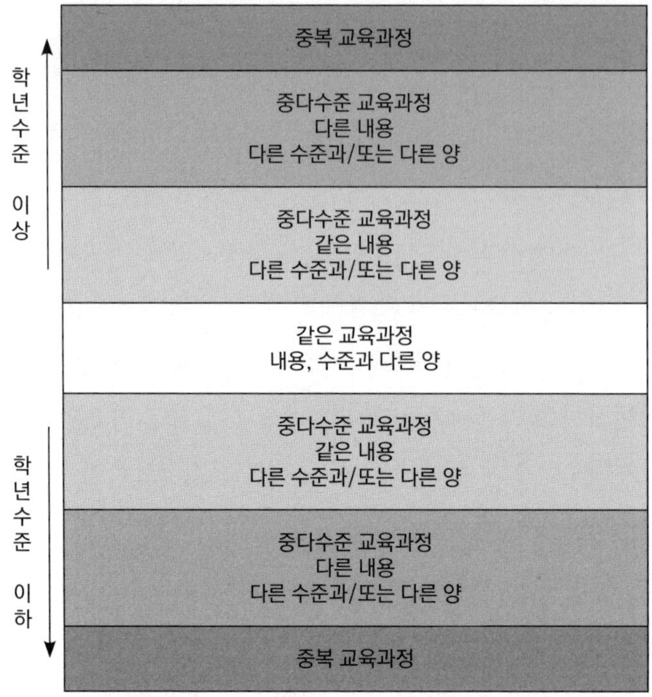

[그림 1-2] 중다수준 교육과정과 중복 교육과정

중다수준 교육과정은 교과 과목의 내용, 추구하는 학습 목표의 수준, 혹은 두 가지 모두의 변화를 포함할 수 있다. 예를 들면, 7학년 사회 과목의 내용은 시민전쟁을 통한 미국 혁명의 역사에 초점을 둔다. 교육팀은 장애학생인 요셉이 같은 교과 내용을 배우도록 선정하되 학습 목표는 조절할 수 있다. 다시 말하면, 요셉이 미국 역사에 대해서 배우지만, 적절한 학업 수준(예: 역사적 인물, 장소, 사건 등)으로 내용을 조정할 수 있다. 수학 수업은 대수학을 가르치지만 교육팀은 요셉의 교과내용을 다르게 할 필요가 있으며, 학습 목표의 수준과 양을 조정할 필요가 있다고 결정했다. 사회와 수학 시간 동안 요셉은 친구와 함께 같은 교육과정의 영역을 배우면서 자신의 학습 목표에 매진할 수 있다.

중복 교육과정은 2개 혹은 그 이상의 과목에서 각자에게 적절하다고 선정된 학습 목표를 가진 학생들을 공통된 활동을 통해 가르치는 것이다(예: 한 학생은 과학 과목에서 의사소통의 학습 목표를 갖고, 다른 학생은 과학에 관한 학습 목표를 갖는 경우). 예를 들면, 고등학교 생물 시간에는 3명으로 구성된 각 실험팀이 심장 모형을 조립한다. 두 명은 심장의 부위 파악 등 해부학 · 생리학에 관련한 목표를 갖고, 중도장애학생인 마르타는 의사소통과 사회성 기술(예: 손가락으로 가리키면서 일관적으로 답변하기, 차례 지키기, 지시 따르기, 사회적으로 수용되는 행동 유지하기 등)에 집중하면서 심장 모형을 조립하는 것에 참여할 수 있다. 마르타의 학습 목표는 초기 의사소통과 사회성 기술이라 할지라도 그녀는 학급 친구들과 함께 활동에 참여하면서 일반교육과정의 내용을 경험한다. 그녀에게 가리키기 등으로 대답하는 기회를 계속 제공하면서 응답기술이 발달하면 과학 과목의 학습 목표도 설정할 수 있다. 중복 교육과정만이 유일한 선택사항은 아니며 중다수준 교육과정 및 교수와 함께 사용할 수 있다. 이런 경우, 마르타를 위해서 과학과 관련없는 학습 목표(중복 교육과정)와 수정된 과학 학습 목표(중다수준)를 함께 수립할 수 있다. 사실 중다수준 학습 목표 없이 중복 교육과정만을 사용하는 경우는 매우 드물다.

중복 교육과정은 다른 일반교육과정 영역을 다룰 수 있다. 예를 들면, 요셉의 사례에서 언급했듯이, 7학년인 장애학생 요셉은 사회와 수학 시간에 중다수준 교육과정을 통해 참여하고 있었다. 교육팀은 중복 교육과정으로 요셉이 불어 시간에도 참여하는 것에 동의했다. 불어 시간에 그는 단어, 언어, 프랑스 문화를 경험할 수 있지만, 불어를 구사하는 능력을 평가받지는 않는다. 교육팀은 듣고, 말하고, 읽고, 쓰고, 철자법을 익히는 요셉의 영어 수업에서 선정된 학습 목표를 불어 수업에서도 계속 이어가는 것에 동의하였다. 예를 들면, 요셉이 영어 시간에 철자법을 배우는 단어들이 불어 시간에도 반복될 수 있고, 그 단어들을 읽고 쓰는 연습을 할 수 있고, 문장에서 사용해 볼 수 있고, 발음해 볼 수 있다. 요셉이 배워 가면서(요셉이 점차 학습해 가면서) 교육팀은 교수 목표로서 요셉에게 적절한 학습 목표가 무엇일지 지속적으로 재평가해야 한다. 중복 교육과정은 2개 이상의 다른 교육과정 영역(과목)의 학습 목표가 같은 활동을 통해 중복될 때 발생한다. 중복 교육과정, 중다수준 교육과정 및 교수의 기회는 학습 참여가 활발한 학급에서 많이 발생한다.

원칙 3 가치 있는 삶의 목표 추구는 교육과정 내용을 선정하는 데 정보를 제공한다

COACH의 기본 전제는 학생이 학교에 다님으로써 그들의 삶이 나아져야 한다는 것이다. COACH는 교육과정 선택과 관련한 정보를 제공하기 위해 중도장애 자녀의 부모로부터 수집한 학생의 가치 있는 삶의 목표를 바탕으로 하기 때문에 장애학생에게 더 나은 삶을 추구한다. 이러한 가치 있는 삶의 목표는 학생의 독립성과 상호 의존성을 촉진할 뿐 아니라 접근을 확장시키고, 개인의 능력을 개발하고, 지역사회에 공헌하는 길을 제공하여 개인적 성장을 추구하도록 설계되었다(Giangreco, Cloninger, Dennis, & Edelman, 1993; Giangreco, Cloninger, Mueller, Yuan, & Ashworth, 1991; Giangreco et al., 1995). COACH에서 가치 있는 삶의 목표는 다음을 포함한다.

- 안전과 건강(신체와 정서)
- 현재와 미래의 주거
- 의미 있는 대인관계
- 개인의 선택권(학생의 연령과 문화에 맞는)
- 의미 있는 활동에의 참여

이와 같은 가치 있는 삶의 목표는 사는 장소, 가족의 구성, 문화적 신념 및 실제와 같은 다양한 요인으로 인해 다양한 가족에게 다양한 의미를 제공한다. 가치 있는 삶의 목표는 학생의 장애 여부를 떠나 동등하게 적용 가능하다(Dennis, Williams, Giangreco, & Cloninger, 1993). 가족이 자녀를 위해 고유한 방식으로 가치 있는 삶의 목표를 추구하겠지만, COACH는 교육과정의 선택과 개별적으로 결정된 삶의 목표를 뚜렷하게 연결해 주는, 몇 안 되는 계획적인 해결방법이다. 가치 있는 삶의 목표에 근거한 교육과정을 선택함으로써 사람들이 장애학생의 분절된 기술 이상의 것을 생각할 수 있도록 하고 가족에게 의미를 가져다주는 교육과정에 초점을 맞추게 한다. 가치 있는 삶의 목표에 대한 강조가 없다면 장애학생은 의미 있는 목표와 일치하지 않는 학교교육을 받게 될 위험에 놓인다.

무엇이 가치 있는 삶의 목표를 구성하는지, 어떻게 잘 평가하고 계획하는지에 대해서 보편적인 동의가 있을지라도, 교육을 통해 가치 있는 삶의 목표를 추구하는 것은 여전히 논쟁의 여지가 있다. 일상생활기술 수행에서의 독립성을 향상시키는 것은 가치 있는 삶의 목표를 달성하도록 하는 하나의 접근법이다. 그러나 어떤 상황에서는 맞는다고 할지라도, 기술발달이 반드시 한 사람의 가치 있는 삶의 목표를 증진한다고 볼 수는 없다. 예를 들면, 은행 업무를 직접 보게 될 일이 자주 없는 학생에게 은행 관련 기술을 가르치는 것은 큰 영향을 줄 수 없을 것이다. 하지만 직장생활을 하는 청년에게 현금자동입출금기(ATM) 사용 방법을 익히는 것은 더 많은 선택권과 통제 그리고 독립성을 가져다준다. 바꿔 말해서, 학생의 가치 있는 삶의 목표는 비장애인이 지식, 기술, 태도를 적용하며 필요한 지원을 제공할 때 향상될 수 있다. 그러나 이것은 장애인에게 기술을 반드시 배울 것을 요구하지는 않는다(비록 그것이 항상 바람직할지라도).

COACH는 다음의 두 접근을 결합함으로써 가치 있는 삶의 목표를 달성할 수 있다는 가정에 근거한다. ① 학생이 관련 기술을 배우도록 하기, ② 학생에게 필요한 지원을 제공하기. 이 가정은 학생 모두가 배울 수 있다(원칙 1 참고)는 기대와도 일치한다. 동시에 그것은 장애를 가진 사람이 가치 있는 삶과 좋은 질의 삶을 영위하기 위해서는 장애 정도가 경미해야 한다는 것을 가정하지 않는다.

우리는 학생을 결함을 가진 존재로 인식하기보다는 독특한 특성을 가진 개체로 인식함으로써 학생의 학습을 촉진하여 결과적으로 학생의 가치 있는 삶의 목표를 진전시킬 수 있다.

COACH는 가족이 자녀의 현재와 미래의 가치 있는 삶의 목표를 위한 신념 및 희망을 명확하게 할 수 있도록 격려한다. 한 가족이 그들만의 꿈을 확정하게 하는 것은 교육계획을 위한 의미 있는 맥락을 형성한다. 다음에는 COACH의 다섯 가지 가치 있는 삶의 목표를 설명하고자 한다. 각 가족은 그들의 상황과 신념을 기본으로 하여 가치 있는 삶의 목표에 나름의 의미를 부여할 것이다. 학생 각자는 모든 학생과 공통적인 특성을 공유하기도 하고 몇몇 학생과 공통적인 특성을 공유하기도 하지만, 각 개인은 자신의 고유한 특성을 갖게 마련이다(Speight, Myers, Cox, & Highlen, 1991). 따라서 교육계획이 의미 있는 목표를 보장하기 위해 반드시 개별화될 필요는 없다. 이러한 설명은 가족이 가치 있는 삶의 목표를 어떻게 해석했는지를 보여 줄 뿐 COACH를 사용하는 가족이 예시와 반드시 똑같아야 함을 의미하지는 않는다. 가치 있는 삶의 성과는 개인의 기술 발달 및 학생과 상호작용하는 사람들이 제공하는 지원으로 추구할 수 있다.

안전과 건강(신체와 정서)

개인의 안전과 건강은 가장 근본적인 목표이다. 모든 가치 있는 목표처럼 안전과 건강은 우리가 제공하는 지원과 이 부분에 해당하는 개인의 기술 발달에 의해서 증진될 수 있다. 가족이 안전과 건강이라는 가치 있는 목표를 해석하는 범주는 매우 광범위하다. 어떤 가족은 자녀가 튜브로 섭식하는 것을 피하기 위해서 구강으로 액체를 섭취해야 한다고 생각할 수 있다. 어떤 가족은 호기심이 많은 자녀가 뜨거운 난로를 만져서 화상을 입거나 주차장을 가로지르며 도망 다니는 것을 우려할 수 있다. 또 다른 가족은 다정하고 사람을 잘 믿는 자녀가 오히려 '위험한 사람들'의 표적이 되지 않을까 우려할 수 있다.

안전과 건강 문제는 다른 삶의 목표와 빈번하게 중첩되거나 삽입되어 있다. 예를 들면, 보행기술을 배우는 것은 다음의 세 가지를 일컫는다. ① 새로운 활동과 장소로의 접근, ② 차 사고를 피할 수 있는 안전, ③ 개인의 선택에 대한 확장. 위험 경보에 반응하는 것을 배우는 것은 안전을 증진하고, 특정 거주 형태로의 접근 가능성을 증가시킬 수 있다. 우리는 사람들이 섭취하는 음식을 통해서, 특성화된 장비가 적절하게 맞는지 확인하고 보살피면서, (지구력) 운동을 가르치면서도 그들의 건강과 삶의 안녕에 영향을 줄 수 있다.

안전과 건강은 개인의 통제와 선택에 균형을 잡아 준다. '안전과 건강'과 '통제와 선택' 간의 균형은 가족마다 개별적으로 결정되며, 자녀를 포함해야 한다. 안전에서 신체적 위험과 정서적 위험의 범위에는 다리 골절부터 낙담하는 감정까지 포함된다. COACH에 대한 연구는 안전과 건강에 속하는 가치 있는 삶의 목표가 가족의 상황에 따라 중요함을 지적한다(Giangreco et al., 1995). 모든 가족은 일반적으로 자녀의 안전과 건강에 대해 걱정하지만, 이러한 문제들은 전형적으로 자녀가 만성적인 건강 문제나 안전의 위협(예: 분주한 거리, 폭행)이 있는 급박한 상황에서는 주요한 고려사항이 된다.

현재와 미래의 주거

주거는 소유물, 보안, 안전, 사생활, 가장 자연스럽게 자신의 모습으로 쉴 수 있는 장소를 의미한다. COACH에 대한 연구는 건강과 안전과 마찬가지로 가족에게 현재와 미래에 가정을 갖는다는 것이 가족의 상황에 따라 중요함을 지적한다(Giangreco et al., 1995). '주거'를 중요한 삶의 목표로 파악하는 것은 주로 가족이 그것을 절박한 필요라고 인식하는 상황에서 고민거리가 되는 경향이 있다. 이런 상황은 나이가 많은 학생에게 주로 일어나는데, 지역사회 생활로의 전환이 학생을 위한 선택사항일 때이다. 예를 들면, 지나는 좋은 부모님, 형제자매와 훌륭한 가정에서 자라났다. 지나와 지나의 부모님은 지나가 성인으로서 독립적인 주거환경에서 룸메이트와 함께 살 수 있기를 희망한다. 지나가 독립적으로 사는 경험은 긴급 상황에 대처하는 능력, 대중교통을 이용하고 물건을 구매하는 능력 등으로 인해 강화될 것이다. 가정을 갖는 가치 있는 삶의 목표는 장애인에게 제공되는 지원을 통하여 현실화되기 때문에, 지나가 아파트에서 독립적으로 사는 기회를 지나의 기술 발달 상태에 근거할 필요는 없다. 현재의 기술 발달 상태와 관계없이 룸메이트와 아파트에서 사는 것이 현실이 될 수 있도록 지원(예: 인력지원)을 제공할 수 있다(Taylor, 2006). 가족은 장애를 가진 자녀를 더 이상 지원할 수 없게 될 시점을 걱정하고, 자녀가 시설에 들어갈지 모른다는 두려움 때문에 지역사회에 거주하는 것을 원할 수 있다.

주거가 절박한 요구로 인식되는 다른 경우는 가족이 자녀의 행동과 특성(깊이 잠을 못 자는 것, 공격적이거나 파괴적인 행동, 신체적 도움의 필요)에 대처하는 능력에 대해 의문을 품는 경우이다. 이런 경우에는 새로운 기술을 배우는 것과 지원을 받는 것이 균형을 이룰 수 있는지 질문하게 된다. 예를 들면, 일상적으로 가족의 집을 파손하는 10대 자녀가 현재 필요한 부분을 건설적으로 다루는 새로운 기술을 배우는 것과 가정에서 자녀를 양육할 수 있도록 가족에게 필요한 지원(휴식 돌봄 서비스, 상담)을 제공하는 것이 필요하다. 성인의 체구 정도로 커 버린 중도 지체장애를 가진 10대는 개인 관리 기술을 배우거나, 필요한 지원(예: 적응 가능한 장비)을 받을 경우 가정에서 보다 쉽고 즐겁게 살 수 있을 것이다. 이러한 쟁점은 어떤 가정에는 매우 중요하지만 다른 가정에서는 그렇지 않을 수 있다.

의미 있는 대인관계

우리가 인생에서 가장 중요한 것들에 대해 생각해 볼 때, 다른 사람과의 관계는 가장 중요하거나 매우 중요한 위치를 차지한다. 우리는 모두 더불어 살아가는 사람들이 필요한 존재이다. 대부분의 사람이 갖고 있는 관계의 범주는 핵가족부터 확대가족 구성원을 포함하는 친족관계, 우정, 특정 관심사(음악, 운동, 취미 등)를 공유하는 인간관계, 직장 동료와의 관계, 친분이 있는 관계, 그 외의 관계 등을 아우를 만큼 매우 다양하다. 우리는 다양한 인간관계의 유형을 발달시키면서 사랑, 친밀감, 동지애 등의 다양한 감정을 경험하게 된다. 다른 사람들과 상호작용하면서 그들에게 배우기도 하고, 우리 자신을 더 발견하기도 한다. 장애인도 비장애인과 마찬가지로 동등한 범주의 다양한 관계를 경험할 자격이 있다. 이러한 상호작용 경험은 장애인이 사람들과 살아가고, 일하고, 즐기고, 학교에 가는 등의 기회를 갖게 될 때 일어난다. 매우 많은 장애인이 넓은 범주의 인간관계를 경험하고 관계망을 형성하는 기회를 갖지 못했고, 때로는 가족과 친구들을 벗어나지 못하는 한정된 관계에 과도하게 집중한다. 각 개인의 다양한 특성과는 상관없이 다른 사람들과 다양한 방법으로 함께하는 것은 인간 경험의 본질의 일부이다.

개인의 선택권(학생의 연령과 문화에 맞는)

장애인은 장애가 없는 동년배의 사람들에 비해 개인적인 선택권과 통제권을 더 적게 갖는다. 예를 들어, 중도 지체장애 또는 지적장애 청소년이 중대한 의사결정이 필요한 상황뿐만 아니라 일상생활에서도 삶에 대한 통제력을 가지지 못하는 것을 쉽게 볼 수 있다. 장애인의 주변에 있는 누군가가 무엇을 먹고 무엇을 입을지, 어디로 가고 얼마나 머무를지, 누구를 만날지, 언제 휠체어에서 내릴지, 무엇을 하며 놀고 어디에서 일을 할지 등 모든 것을 결정한다. 이와 같은 통제력의 부족은 수동성을 야기하고 이러한 경험으로 인하여 자신의 삶의 어려움으로부터 한 걸음 물러나 자신의 삶의 다양한 측면에서 타인의 통제를 당연하게 여기게 된다. 어떤 사람에게는 이러한 선택권과 통제권의 부족이 공격행동과 같은 문제행동을 유발하기도 한다.

선택권과 통제권의 적정 수준은 연령, 성별, 종교적 신념 등 문화에 따라 다양하게 나타난다(Harry, 2008). 어떤 문화권에서는 아이들에게 연령에 적절한 선택권과 통제권을 주는 것을 매우 바람직하게 여길 수 있지만, 또 어떤 문화권에서는 부모가 통제력을 가지는 것을 바람직하게 여기며 아이들이 선택권과 통제권을 가지는 것을 무례하고 반항적인 것으로 볼 수 있다(Dennis & Giangreco, 1996). 그러나 모든 문화에 걸쳐 공통적으로 나타나는 것은 아이들이 성인기에 가까워질수록 책임과 함께 선택권과 통제권이 늘어난다는 것이다. 장애인은 때때로 '영원한 어린이'로 간주되기 때문에(Wolfensberger, 1975) 비장애인 동료가 가지는 것과 동일한 유형과 수준의 선택권과 통제권을 가지지 못한다. 이는 장애인에 대한 제한적인 기대와 기회라는 비생산적 순환 구조를 영속화한다. 장애인에게 생물학적 나이에 적절한 선택권과 통제권을 부여하는 것은, "만약 우리가 한 개인의 선택 동기 또는 의도에 대해 확신할 수 없다면 단순히 선택권과 통제권을 거부하기보다는 조심스럽게 기회를 제공하는 편이 더 낫다."라는 Donnellan(1984)의 최소위험가정(the least dangerous assumption)의 준거와도 일치한다.

의미 있는 활동에의 참여

비록 참여의 수준이 부분적이라 할지라도, 참여할 수 있는 활동이 다양한 것은 지루한 삶과 재미있는 삶을 구분하는 하나의 기준이 된다(Ferguson & Baumgart, 1991). 의미 있는 활동이란 개인과 사회 모두가 가치 있다고 여기는 활동을 의미한다. 개인은 활동 안에서 지속적으로 자신의 흥미와 선호를 표현함으로써 자신이 그 활동을 가치 있게 여긴다는 것을 나타낼 수 있으며, 이는 '선택하기' 기술을 가르치는 것이 중요한 이유이다. 활동은 그 자체로 본질적인 가치를 가지거나(예: 수영의 즐거움) 부차적인 가치를 가진다(예: 일의 대가로 수입 발생). 중도장애아동의 부모는 자녀가 비장애인과의 의미 있는 활동이 이루어지는 장소(예: 학교, 방과 후 활동, 직장생활, 지역사회 여가시설, 친구의 집 방문 등)에 참여함으로써 삶이 향상되었다고 말한다(Giangreco, Cloninger et al., 1993; Giangreco et al., 1995).

원칙 4 가족 참여는 교육계획 수립의 초석이 된다

COACH는 가족이 교육 전반의 과정에서 협력자이자 교육 및 관련서비스를 소비하는 더 나은 소비자가 될 수 있도록 지원하는 데 그 목적이 있다. 우리가 여기서 이야기하는 '가족'은 부모 집단(two-parent families), 편부모 집단, 양자(step-children)가 있는 혼합가족, 입양가족, 다세대 가족 등 다양한 형태를 포함한다. COACH는 다음의 다섯 가지 원칙을 바탕으로 소비주의(consumerism)와 파트너십(partnership)을 강조한다.

가족은 자녀에 대해 누구보다도 잘 알고 있다

교사와 학교 교직원은 6시간의 학교 일과 시간을 통해 학생에 대해 알게 되지만, 이는 학생의 하루 전체 일과 중 매우 부분적인 모습에 불과하다. 학교생활을 제외한 주말, 휴일, 방학 등의 나머지 시간을 통해 학생의 생활에 대해 보다 완전한 모습을 파악할 수 있다. 부모, 형제자매 등은 학생의 학교 일과 외의 시간에 대한 많은 정보를 가지고 있으며, 이와 같은 학교 장면 밖에서 보내는 시간에 대한 정보는 학생의 흥미, 동기, 습관, 두려움, 일과, 요구, 건강상태 등 교육적 적용에 유의미한 주요한 정보를 제공한다. 가족의 이야기를 경청함으로써 교육가는 학생의 학교 바깥에서의 생활 모습을 보다 정확히 이해할 수 있다.

가족은 자녀의 학습에 큰 관심을 가지고 있다

교사는 학생의 학습을 지원하기 위한 직업적 열성으로 때때로 부모보다 학생에게 더 많은 관심을 갖는다는 메시지를 전달한다. 하지만 실제 이러한 경우는 드물다. 부모의 특정 행동에 근거하여 부모의 의도를 추측하는 것은 위험할 수 있다. 부모가 자녀의 교육 전반의 과정에 적극적으로 참여하지 못하는 데에는(예: 교육 관련 회의에 참석하지 않음) 여러 가지 이유가 있을 수 있다. 한 연구에서 어떤 부모는 "내가 어떤 말을 하든 상관없이 그들(전문가)은 그들이 원하는 것을 진행한다."라고 보고하였다 (Giangreco, Cloninger et al., 1993, p. 20). COACH는 전문가와 가족 간의 협의절차를 통해 가족의 생각을 공유하고 전문가가 이를 경청하도록 함으로써 그와 같은 문제를 해소하고자 한다.

가족과의 연계는 문화적으로 민감한 방식으로 이루어져야 한다

전문가들이 다양한 문화적 배경을 가진 아동 및 가족과 협력하는 경우가 많아짐에 따라 문화적으로 민감한 방법을 통해 가족에게 접근하는 것이 중요해지고 있다 (Hanson & Lynch, 2003; Harry & Klingner, 2005; Lynch & Hansen, 2004). Beth Harry는 다음과 같이 말하였다.

> 전문가가 모든 문화집단의 구체적인 특성에 대해 아는 것이 문화적으로 민감한 접근의 본질은 아니다. 이는 사실상 불가능하며, 이러한 지식은 가족의 이야기를 편견 없이 듣거나 서로 다른 신념에 대해 개방적인 태도를 취하는 데 도움이 되기보다는 오히려 고정관념을 야기한다. 전문가는 그들 자신을 존중하는 동시에 각 가족의 문화적 프레임을 존중하는 방식으로 가족과 협력할 수 있어야 한다(Dennis & Giangreco, 1996, pp. 110-111).

다양한 문화배경을 가진 특수교사집단의 피드백에 기초하여 Dennis와 Giangreco (1996)는 문화적으로 민감한 방식으로 가족과의 면담을 촉진하기 위한 다음의 원칙과 가이드라인을 제안한다.

- 각 가족의 고유성을 인정하라.

- 전문가 역할의 중요성을 인식하라.
- 전문가 자신이 가진 문화적 편견을 인정하라.
- 문화에 대한 새로운 이해와 지식을 찾으라.
- 문화적 규범에 대해 인식하라.
- 가족과 함께 학습하라.
- 면담 실시 전 문화 통역사에게 도움을 청하라.
- 가족의 문해 수준 및 언어 수준을 확인하라.
- 면담 계획 과정에 가족 구성원을 참여시키라(예: 시간, 장소 계획 등).
- 가족 구성원에게 면담에 대해 미리 소개하라(예: 부록 A 참고).
- 가족의 요구를 만족시키기 위해 시간을 조정하라.
- 묻고자 하는 질문의 본질(의미)을 주의 깊게 파악하라.

가족은 아동의 학령기 학교생활 전반의 교육 프로그램에 참여하는 유일한 성인 집단이다

학령기 동안 장애학생은 가족이 모두 기억하기 어려울 만큼 수많은 전문가를 만난다. 이 전문가 중 일부는 한 아동과 수년 동안 함께하기도 하고, 일부는 1년 미만의 기간에만 함께한다. 그중 가장 유능한 전문가일지라도 학생 인생의 일부분일 뿐이므로 결국 떠나게 된다. 하지만 모든 전문가는 학생과 가족에게 긍정적인 영향을 미칠 수 있는 특정 기술과 지식을 가져다줄 것이다. 이러한 다양한 지식과 개인적 역량이 잘 조합될 때 가족과 학생에게 도움이 되고 활력을 줄 수 있다. 하지만 다양한 전문가로부터의 지원이 부분적이고 혼란스럽게 제공된다면 일관된 계획을 수립하고 방향성을 설정하는 데 도움이 되지 못한다. 전문가들은 매해 새롭게 꾸려지는 교육팀 구성원의 변화에 따라 교육 프로그램을 조정하기보다는 학생을 위해 지속해서 변화하는 가족중심적 비전을 설정하고자 노력해야 한다. 이러한 측면에서 볼 때 가족은 학생의 학교생활 전반에서 유일하게 지속적인 인적자원이다. COACH는 가족과 자녀를 위한 가족만의 비전을 명확히 설정하고 그것을 분명히 표현할 수 있도록 가족을 지원하기 위해 고안되었다.

가족은 지역사회 안에서 제공되는 교육서비스의 질에 긍정적 영향을 미칠 수 있다

역사적으로 장애아동의 가족은 교육 및 지역사회 중심 서비스 기회로의 접근 확대를 위해 주도적인 역할을 해 왔다(Zuna, Turnbull, & Turnbull, 2011). 1950년대와 1960년대 많은 장애학생이 학교교육을 제공받지 못했을 때, 부모들이 학교를 세웠다. 또한 가족들은 1975년 '모든 장애학생을 위한 무상의 적절한 공교육(FAPE)'을 처음으로 명시하는 「전장애아교육법(Education for All Handicapped Children Act; PL 94-142)」의 법안을 통과시키는 원동력이 되었다. 가족들은 IDEA의 재인준 및 개정 과정에서 영향력을 행사하였다. 적극적인 부모집단과 많은 가족을 포함한 옹호집단은 장애학생의 교육 향상을 위해 지속적으로 영향력을 미치고 있다. 또한 의심할 여지없이, 가족은 모든 학생의 교육서비스 향상을 위한 필수적인 역할을 지속적으로 수행할 것이다.

가족은 매일 교육팀의 결정에 따른 목표를 가지고 살아가야만 한다

개인의 삶에 영향을 미칠 수 있는 의사결정 과정에는 당사자가 포함되어야 한다. 가족이 전문가의 제안을 수행하지 않는다는 것은 의사결정 과정에 가족이 충분히 참여하지 않았음을 의미할 수 있다. 전문가로서 의사결정을 내릴 때 우리는 반드시 이 결정이 아동과 주변인에게 영향을 미칠 수 있음을 스스로 끊임없이 상기해야만 한다. 가족은 아동과 가족의 요구가 무엇인지, 가족에게 가장 중요한 것이 무엇인지, 가족이 다룰 수 있는 것이 무엇인지 등을 알기 때문에 COACH는 가족에게 자녀의 교육 프로그램 형태 등에 대한 결정 과정에 참여하도록 독려한다. 우리의 경험에 따르면 COACH를 통해 가족이 교육계획 과정에 참여할 기회가 주어질 때, 가족은 적절한 교육 경험을 결정하고 교육의 우선순위를 찾는 매우 중요한 역할을 수행한다.

원칙 5 협력적 팀워크는 양질의 교육에 필수적이다

COACH는 가족과 학교 전문가들이 한 팀으로서 서로 협력하는 데 기반을 둔다. 일반적으로 팀은 필요에 따라 학생, 부모, 일반교사, 특수교사, 특수교육보조원, 관련서비스 전문가 및 그 외 사람들(예: 학교장, 통학버스 운전기사 등)로 구성되며 각 구성원의 참여 형태는 개별적으로 결정되어야 한다. 협력적 팀워크란 2명 이상의 구성원이 동의를 바탕으로 서로의 역할을 나누고, 자원을 공유하며, 효과적으로 의사소통하고, 지속적으로 상호작용하고, 합의된 의사결정을 내리는 것이다. 당신이 협력적 팀워크를 수행하기 위한 모든 자질을 갖추고 있다고 해도 팀을 꾸리는 것은 쉬운 일이 아니다. 팀워크가 효과적으로 발현되기 위해서는 '교육, 아동, 가족, 전문가에 대해 팀 구성원이 동의할 수 있는 신념과 가치, 가정으로 구성된 지속적으로 변화하는 공유 프레임워크' 안에 팀워크의 특성이 적용되어야 한다(Giangreco, 1996b, p. 4). 또한 팀 구성원 간에 동의를 바탕으로 학생의 목표를 설정하는 과정에서 팀워크의 기능이 발휘될 수 있어야 한다. 공동의 목표를 설정함으로써 팀의 각 구성원은 각자 분리된 목표를 설정하는 문제를 피할 수 있다. 팀원들이 한 학생에 대한 공동의 목표를 설정할 때, 학생을 서로 다른 방향이 아닌 동일한 방향으로 유도할 수 있다.

팀 구성원을 조직할 때에는 영향을 받을 가능성이 있는 모든 사람을 포함시키기보다는 가장 많은 영향을 받게 될 사람을 포함시켜야 한다. 때때로 팀의 규모가 지나치게 커져서 의사결정 및 교육계획 과정이 불필요하게 복잡해질 때가 있다. 학생과 가장 지속적인 관련이 있는 핵심 구성원을 지정함으로써 정기적인 팀 회의에 참여할 구성원의 수를 줄일 수 있으며, 핵심 구성원 외에 학생과 관련성이 적은 구성원도 포함시킴으로써 확대된 팀을 구성할 수 있다. 또한 특정 쟁점 또는 문제를 다루기 위해 전체 팀원 중 몇몇이 개별적으로 참여함으로써 상황적 팀을 구성할 수 있다. 다시 말해, 모든 구성원이 모든 상황에 참여할 필요는 없다. 어떤 사람이 핵심 구성원이고 확대된 팀 구성원인지 또는 상황적 팀 구성원인지를 명확히 함으로써 전체 팀원의 시간을 보다 효율적으로 활용할 수 있다.

원칙 6 여러 서비스 간의 조정을 통해 필요한 지원을 적절하게 제공한다

COACH 계획에 대한 보편적 질문 중 하나는 "치료 목표는 무엇으로 설정해야 하는가?"이다. 이에 대해 간단히 답하자면, "COACH에서는 치료 목표를 설정하지 않는다."이다. 이것은 학생이 치료지원 서비스를 필요로 하지 않는다거나 치료지원 서비스가 중요하지 않다는 의미가 아니다. 오히려 어떤 학생은 물리치료사, 작업치료사, 언어치료사(SLPs), 보행지도사 등 관련서비스 제공자의 적절한 지원이 주어질 때에만 비로소 교육 프로그램에 접근하고 참여할 수 있다. 학생의 교육을 지원하기 위해 이러한 서비스들을 조정하는 것 역시 중요하다.

만약 학생이 교육 프로그램에 접근 및 참여하기 위해 지원 서비스가 필요하다면 지원 서비스는 학교 안에서 제공될 것이다. 그러나 이런 서비스들이 독립적으로 제공되어서는 안 된다. 종종 각 서비스 전문가는 자신의 교육 방향에 근거하여 각자의 목표를 수립하며, 이는 팀의 교육 프로그램이 분절되고 일관성 없는 방향으로 이루어지는 문제를 야기한다(Giangreco, Edelman, & Dennis, 1991). 효과적인 교육을 제공하기 위해 불필요하고 바람직하지 않은 서비스 격차, 서비스 중복, 모순을 최소화하도록 지원 서비스는 상호관계를 고려하여 조정할 필요가 있다(Giangreco, 2000). COACH의 틀 안에서 지원 서비스와 관련한 기저의 지침은 바로 장애학생이 치료 및 지원 서비스를 위해 학교에 가는 것이 아니라 교육을 받고 교육을 위해 필요한 치료 · 지원 서비스를 받기 위해 학교에 간다는 것이다(Giagreco, Prelock, Reid, Dennis, & Edelman, 2000).

COACH는 또한 학문 영역에 제한이 없는(discipline-free) 공동의 교육 목표를 설정하여 서비스 분절 및 중복의 문제를 해소할 수 있도록 한다. 학문 영역에 제한이 없는 목표는 다양한 전문 영역의 정체성에 구애받지 않는 학습성과에 기반을 둔다(예: 물리치료, 작업치료, 언어치료). 학문 영역에 제한이 없는 공동의 교육 목표는 일반적으로 전문적 용어를 사용하지 않는다는 점에서 특정 학문 영역의 목표와는 다르다. 예를 들어, '마리아는 학교와 가정에서 의사소통판의 상징기호를 가리켜 사람, 장난감, 음식, 휠체어에서 내리기를 요구할 수 있다'라는 목표는 COACH의 가족 면담 과정에서 우선순위 학습 목표로 선택된, 학문 영역에 제한이 없는 공동의 교육 목표이다. 이 목표는 행동이 발생하게 될 상황(맥락)뿐만 아니라 기능적이며 관찰 가능한 행동까지 포함한다.

다음은 학문 영역에 제한이 없는 공동의 교육 목표가 아닌, 특정 학문 영역에 국한된 좋지 않은 개별화교육계획(IEP) 교육 목표의 예시이다(Giangreco, Dennis, Edelman, & Cloninger, 1994):

- 학생은 자세안정성과 머리, 몸통 및 사지의 항중력근을 향상시킬 수 있다.
- 학생은 네 가지의 양순음 소리를 산출할 수 있다: /ㅁ/, /ㅂ/, /ㅃ/, /ㅍ/
- 학생은 말안장에 앉거나 몸이 기울어졌을 때 신체를 정중선에 맞추어 교정할 수 있다.

이 예시들은 ① 비기능적 하위기술이고, ② 전문가의 특정 학문 영역에 기초하여 선택되었으며, ③ 전문용어로 진술되었고, ④ 행동이 활용될 맥락을 포함하지 않는다.

일단 학생의 교육 프로그램(예: 학문 영역에 제한이 없는 연간 목표, 교육적 관점에서 바라본 추가 학습 목표, 일반적 지원 등)이 결정되면, 팀원은 "학생이 교육 프로그램에 접근 또는 참여하는 데 필요한 지원 서비스는 무엇인가?"를 질문해야 한다(Giangreco, 2001a).

어떤 지원 서비스가 필요한지, 서비스의 기능은 무엇인지, 어떻게 서비스가 지원되어야 하는지(예: 직접적, 간접적), 얼마나 자주 서비스를 필요로 하는지 등 다양한 질문에 대한 의사결정은 COACH에서는 다루지 않으며 관련된 문헌에서 다루어진다(Giangreco, 1996b; 2000; McWilliam, 1996; Orelove, Sobsey & Siberman, 2004).

COACH 1부(1~3단계): 학생의 교육 프로그램 결정하기

1부는 팀이 학생의 교육 프로그램을 결정하는 과정으로, 교육 방법이 아닌 교육 프로그램의 주요 '내용'을 결정하기 위한 3단계로 구성된다. 교육 프로그램 내용을 결정하는 것은 팀이 어떤 방향을 추구해야 하는지를 안내한다는 측면에서 양질의 교육을 제공하기 위한 필수요소이다. 종종 교육 프로그램이 COACH에서의 '가치 있는 삶의 목표', 즉 학생 개개인에게 의미 있는 성과(예: 의미 있는 대인관계 형성, 의미 있는 활동 참여 등)를 이끌어 내기에 충분한 방향성을 설정하지 못하거나 자원이 부족한 경우가 있다.

가족 면담(1단계)은 교육 프로그램의 핵심이다([그림 1-3] 참고). 가족 면담을 통해 가족은 교육팀이 한 해 동안 교육활동에 초점을 맞추게 될 가장 높은 학습 우선순위의 몇 가지 영역을 선택한다. 추가 학습 목표(2단계)에서는 1단계보다 조금 많지만 합리적인 수준의 COACH 학습 목표 영역과 일반교육과정에서의 교수 목표를 선정한다. 이는 학생이 충분히 확장된(다양한) 교육 프로그램과 일반교육에 접근할 수 있도록 한다(Spooner & Browder, 2006; Wehmeyer & Agran, 2006). 1, 2단계가 자연스러운 상황(맥락)에서 특정 기술을 개발하고 적용하는 학습 목표의 선택을 강조하는 반면, 3단계인 일반적 지원은 장애학생에게 제공될 지원을 확인하는 데 활용된다. 일반적 지원은 팀원의 기술 개발과 적용을 필요로 한다는 측면에서 학생의 학습 목표를 의미한다기보다는 팀원의 학습 목표라 할 수 있다. 각각의 세 단계에 해당하는 내용은 다음 장에서 자세하게 다룰 것이다. 궁극적으로, 1부의 각 단계는 팀원이 학생의 교육 프로그램을 위한 팀 비전을 명확히 하여 팀원 간의 공유된 이해를 수립하고 이를 통해 프로그램의 각 구성요소를 둘러싼 효과적인 협력을 실시하는 데 그 목적이 있다.

표지 및 준비 점검

COACH를 시작하기 위해 학생기록양식(부록B)을 살펴보면, 표지에 학생의 기본 인구학적 정보(예: 이름, 생년월일, 계획 수립 연도, 교육 배치)를 기록하는 칸은 있지만 학생의 진단명이나 장애범주와 관련된 정보를 적는 칸이 없음을 발견하게 될 것이다. 이는 진단명이나 장애명이 COACH를 실행하는 것과 별로 관련이 없기 때문이다. COACH는 장애나 장애범주를 나타내는 용어를 쓰지 않고 학생의 교육적 요구에 대한 기술적 정보를 도출한다.

준비 점검은 COACH의 생산적인 활용을 촉진하고 각 단계의 완수에 대한 책무성을 확인하기 위해 고안된 연속된 6개의 단계로 이루어진다([자료 1-1] 참고). 이 점검표는

2.1. COACH 교육과정 영역

의사소통	기능적 학업기술
사회성	학교생활
개인관리	지역사회
여가	직업
학업준비기술	기타

2.2. 일반교육과정 영역

국어	외국어
수학	과학
예술	음악
체육	보건
사회	기타

[그림 1-3] COACH의 1, 2, 3단계의 관계

가족 면담과 관련된 몇 개의 상세한 계획 단계[예: 면담 시간 및 장소 조정, 양식(form) 준비 등]를 포함할 뿐만 아니라 COACH에 대한 이해와 COACH의 모든 단계를 사용하도록 촉진하기 위한 지식 등을 다루는 하위 단계를 포함한다.

COACH에 대한 초기 연구들은 과거에 몇몇 사람이 COACH의 근본이 되는 가정과 지침에 대한 이해 없이 COACH를 사용하려 했음을 지적했는데(Giangreco et al., 1995), 이는 충분히 준비되지 않은 상태에서 COACH를 적용했음을 뜻한다. 이와 같은 준비 부족은 COACH 사용과 관련하여 지속적으로 우려되는 사항이다. 준비가 불충분하면 당연히 좋은 성과를 이끌어 낼 가능성이 떨어진다. 또한 우리는 1단계에 해당하는 과정을 수행한 이후 2, 3단계는 진행하지 않는 경우를 발견할 수도 있다. COACH의 목적에 따른 설계를 고려할 때 좋은 결과를 만들기 위해 최소한 1, 2, 3단계에 해당하는 과정을 모두 수행해야 하며, 팀은 준비 점검을 활용하여 이러한 각 단계를 완수하기 위한 계획을 기록할 수 있다.

2부에서 제시되는 단계(예: 연간 목표 작성하기, 단기 목표 작성하기)와 COACH로부터 도출된 계획(Section IV 참고) 실행 전략 등은 COACH의 독특한 요소는 아니지만 중요한 구성요소 중 하나이다. 우리는 앞서의 단계들과 그밖에 교육계획을 위한 몇 가지 방법(예: 프로그램 요약본, 시간표 매트릭스, 영향력 평가 등)을 제안하지만, 이러한 과제를 수행하는 방법은 매우 다양하며 당신은 우리가 제안하는 단계들 외에도 다양한 자원에 접근할 수 있다(Bateman & Linden, 2006; Downing, 2008; Janney & Snell, 2011; Peterson & Hittie, 2010; Snell & Brown, 2011).

COACH가 명확한 활용 방안을 제시하고 있다 하더라도 이것이 표준화된 절차는 아니므로 COACH의 기본 원칙을 이해하는 것이 더욱 중요하다. 유능한 진행자가 철저하게 개별화된 절차로 이를 활용(예: 상황에 맞게 언어 조정하기 등)할 때 COACH의 잠재적 가치는 극대화될 수 있다. 개별화된 절차에 의한 적용 과정에서의 수정 및 조정이 COACH의 기본 원칙에 모순되지 않도록 하기 위해 COACH의 기본 원칙에 대한 이해가 이루어져야만 한다. 준비 점검의 2번 문항에 나타난 바와 같이, 부록 A에 팀원이 COACH에 친숙해지도록 도와주는 요약자료가 있다.

준비 점검

COACH(1부) 진행 전에 다음의 모든 사항을 확인하여 해당하는 칸에 (✓) 표시하세요.

○ 1. 전문가 팀원은 모두 COACH의 전 과정을 이해하고 팀원 중 최소 한 명은 COACH의 전 과정을 진행할 수 있는 기술을 가지고 있다.

○ 2. 가족은 COACH의 과정을 이해하고 자녀의 교육 프로그램 개발을 위해 전문가들과 함께 COACH를 실행하는 데 동의하였다. (부록 A와 Section I, Section II 참고)

○ 3. 전문가 팀원은 가족 면담을 통해 학생의 가족이 선택한 교육의 우선순위를 수용하고 실행하기로 모두 동의하였다.

○ 4. 1~3단계를 실행하는 과정에 가족, 진행자, 특수교사, 일반교사는 반드시 참석할 수 있도록 모두에게 적절한 시간과 장소를 정하였다.

가족(한 명 이상): ______________________

진행자: ______________________

특수교사: ______________________

일반교사(교과교사): ______________________

그 외 참석자: ______________________

- 1단계

날짜: __________ 시간: __________ 장소: __________

- 2단계

날짜: __________ 시간: __________ 장소: __________

- 3단계

날짜: __________ 시간: __________ 장소: __________

○ 5. 학생기록양식이나 COACH 양식을 미리 준비하였다.

○ 6. 4단계(연간 목표), 5단계(단기 목표), 6단계(프로그램 요약본) 실행을 위한 계획을 세웠다.

[자료 1-1] 준비 점검

가족 면담

가족 면담은 1부의 시작 단계이며, 학교전문가(목적에 따라 결정될 수 있음. 보통 특수교사와 일반교사)와 가족(일반적으로 한 명 또는 두 명의 부모이며, 가능한 경우 학생 포함) 간의 면대면(직접) 만남으로 이루어진다. 가족 면담을 할 때, 진행자는 특정 절차를 적용함으로써 학생이 해당 학년에 달성할 가장 중요한 학습 목표가 무엇인지 가족의 관점에서 선택하도록 안내한다. 또한 가족 면담은 학생과 가족의 정보를 수집할 좋은 기회가 된다. 일반적으로 가족의 충분한 참여 없이 학생의 평가 및 관찰 결과만을 바탕으로 전문가가 중요하다고 생각하는 것을 부모에게 일방적으로 전달하기 때문에(Soodak & Erwin, 2000) 부모-전문가 협력이 성공적으로 이루어지지 못하는 경우는 매우 많다(Blue-Banning, Summers, Frankland, Nelson, & Beegle, 2004). COACH는 가족 면담이 진행되는 동안 전문가에게 질문하고 경청하는 역할을 부여하여 가족의 관점을 보다 잘 이해하도록 함으로써 앞에서와 같은 일반적인 관행을 깨고자 한다. 가족 면담의 하위 진행 단계가 가지는 고유한 목적과 특징에 대해서는 다음의 단락에서 다룬다.

가족 면담 안내

가족 면담을 안내함으로써 참여자들은 면담 기간에 어떠한 일이 일어날지 이해할 수 있을 것이다. 오리엔테이션은 실제 가족 면담을 실행하기 전에 이루어지는 과정으로 단순히 참여자들을 상기시키는 단계이며 COACH의 실질적 시작은 아니다. 가족 면담에 대한 소개는 가족에게 질문하게 될 6개 영역에 대한 정보를 포함한다([글상자 1-2] 참고). 때때로 우리는 충분한 팀 준비 없이 COACH 회의에 참석한 부모의 이야기를 듣거나 COACH에 대한 소개 없이 시작하는 경우 COACH에 대한 질문을 받는다. 작지만 중요한 행동들(예: 체크리스트 준비하기, 가족 면담 소개하기)은 각 단계의 지침(예: 면담 동안 참석자의 좌석 위치 고려하기 등)과 함께 COACH의 성공적인 실행에 차이를 만들 수 있다.

[글상자 1-2] 가족 면담 안내 스크립트

가족 면담 안내

다음 내용을 가족에게 읽어 준다.

가족 환영 및 가족 참여의 중요성 안내

자녀의 개별화교육계획 개발에 COACH를 활용하고자 열린 회의에 참여해 주셔서 감사합니다. 부모님께서 ○○이의 교육적 요구와 우선순위에 대해 어떻게 생각하는지 알려 주신다면 저희에게 큰 도움이 될 것입니다.

가족 면담의 목적

가족 면담을 통해 부모님께서 ○○이에게 중요하다고 생각하시는 것이 무엇인지를 이해하고자 합니다. 면담을 통해 교사들은 ○○이를 위한 적절한 개별화교육계획을 개발하고 적용할 수 있게 될 것입니다.

가족 면담에서 다룰 교육과정 내용

COACH에는 9개 영역의 교육과정과 각 영역에 해당하는 학습 목표가 제시되어 있습니다. 학습 목표는 일반교육과정에는 거의 포함되지 않은 내용들입니다. 그러나 학습 목표는 일반교육과정을 대체하기 위한 것이 아니라 ○○이가 받을 일반교육과정을 보완하거나 확장하기 위한 내용들입니다. 따라서 COACH를 뒷부분까지 모두 완성하는 것이 매우 중요합니다. COACH의 뒷부분을 통해 ○○이가 비장애 또래들과 같이 일반교육과정에 적절하게 접근할 방법을 계획하고자 합니다.

면담 시 진행되는 활동과 소요 시간

면담에 걸리는 시간은 60~90분 정도입니다. 저는 여러 가지 질문을 한 후 부모님의 대답을 잘 듣고 기록할 것입니다. 여러 가지 가능성을 고려하기 위해 질문은 광범위한 주제부터 시작하겠습니다. 면담이 진행될수록 부모님이 생각하기에 올해 ○○이가 노력하여 성취했으면 하는 중요한 학습 목표로 질문의 범위가 좁혀질 것입니다. 질문이 상당히 많기 때문에 간단하게 답해 주시기 바랍니다. 대답을 원치 않는 질문에는 대답하지 않으셔도 됩니다.

가족 면담의 결과물

COACH 가족 면담이 끝날 무렵, 부모님께서는 올해 ○○이에게 중요하다고 생각되는 5~7개 정도의 학습 목표를 선정하시게 됩니다. 이 학습 목표는 개별화교육계획의 연간 목표에 포함됩니다.

다음 단계

면담이 끝나면 저희는 부모님이 선정하신 학습 목표를 오늘 가족 면담에 참여하지 않은 다른 팀원들과 공유할 것입니다. 부모님께서 판별하신 우선순위 학습 목표는 개별화교육계획에 연간 목표로 기록될 텐데, 이때 단기 목표 혹은 부모님이 점검하실 수 있는 기준(benchmarks)을 추가할 것입니다. 이후 저희가 2.1단계와 2.2단계를 완료하여 추가 학습 목표를 선정하고, 3단계를 통해 일반적 지원 내용을 판별하여 ○○이의 전반적인 교육계획에 포함시킬 예정입니다. 이제 면담을 시작할 텐데요. 그 전에 질문 없으신가요?

1.1단계 가치 있는 삶의 목표

가치 있는 삶의 목표는 COACH의 나머지 부분을 수행하기 위한 바탕(배경)이 된다. COACH는 L. Brown과 그의 동료들에 의해 처음으로 알려진, 역사가 오래된 환경・생태학적 접근에 근거하여 교육과정 영역이 선택되었고 이후 수정 과정을 거쳤다(Brown et al., 1976, 1979). 환경・생태학적 접근에서 교육과정 내용은 현재와 미래의 '환경(예: 가정, 학교, 지역사회, 직장)'에서 기능하는 데 필요한 기술에 근거하여 구성된다. 기술이 사용되는 '환경'을 고려하는 것은 중요하지만(특히 연간 목표 및 단기 목표 설정에서), COACH에서는 환경보다 '다섯 가지 가치 있는 삶의 목표' 영역에 대하여 현재와 이상적인 미래를 위한 우선순위 학습 목표를 선정한다. 이러한 삶의 목표들은 가족 면담을 통해 장애아동의 부모에게 자녀의 '좋은 삶(good life)'을 이루는 지표가 무엇인지 물은 후 도출한 것이다(Giangreco, Cloninger et al., 1991). COACH의 이러한 접근은 학생이 학교에 다님으로써 학습기술을 습득하고 이를 통해 가치 있는 삶의 목표를 성취하여 학생의 삶이 더 나아지기를 희망한다는 관점을 반영한다.

가치 있는 삶의 목표

- 안전과 건강(신체와 정서)
- 의미 있는 대인관계
- 의미 있는 활동에의 참여
- 현재와 미래의 주거
- 개인의 선택권(학생의 연령과 문화에 맞는)

부모가 가치 있는 삶의 목표 목록을 확인하고 각 목표는 가족의 관점에서 융통성 있게 해석될 수 있음을 이해한 후, 진행자는 부모에게 일련의 질문을 하여 자녀의 현재와 이상적인 미래를 위한 가치 있는 삶의 목표에 대한 정보를 모은다. 각각의 삶의 목표 영역에서 가족은 처음으로 다음과 같은 질문을 받게 된다. "이 주제에 대한 질문에 응답하시겠습니까?" 이 질문은 가족 간의 문화적 · 개인적 차이를 존중하기 위해 이루어지며, 이 질문을 통해 가족은 불필요하거나 지나치게 개인적이라고 느끼는 질문을 별도의 설명 없이 쉽게 거절할 기회를 얻는다.

가치 있는 삶의 목표에 대한 질문들은 폭넓은 의미로 작성되어 있으므로, 가족은 각 문항에 자신만의 의미를 부여할 수 있다. [자료 1-2]는 1.1단계의 일부를 발췌한 것으로, 현재 상태에 대한 질문을 먼저 한 후 미래에 대한 질문으로 이어진다.

1.1단계의 마지막에, 가족이 가치 있는 삶의 목표 각 영역에 대해 그들이 생각하는 염려 · 중요도 수준과 올해의 강조점 등을 평정하여 나타낼 수 있도록 한다([자료 1-3] 참고). 이 수렴적인 단계는 학교 관계자에게 가족이 확인한 요구에 적절한 반응적 교육 프로그램을 계획하도록 하는 중요한 정보를 제공한다.

1.2단계 가족 면담에서 논의할 교육과정 영역 선택

이 단계는 가족이 COACH에 포함된 모든 9개 교육과정 영역에 대해 고려할 기회를 제공하며 가족 면담 동안 깊이 있게 다루게 될 하위 영역(최대 4개 영역)을 결정하도록 한다. 이 4개의 영역은 가족의 관점을 고려하여 올 한 해 동안 COACH에서 가장 중요하게 다룰 영역이 된다([자료 1-4] 참고). 이 하위 단계를 통해 부모는 COACH에서 다루는 교육과정 영역과 학습 목표들이 일반교육과정에 포함된 학습 목표를 확장하거나 보완(대체가 아닌)하기 위해 개발되었음을 이해하고, COACH의 교육과정 영역과 학습 목표에 친숙해진다.

저학년 수준의 학업 교육과정과 중복되는 부분이 있기는 하지만, COACH에서 다루는 대부분의 학습 목표는 일반교육과정에 명시되지 않은, 그러나 장애학생에게는 중요한 부분을 다룬다. 이러한 학습 목표는 COACH를 고안한 이래 25년 동안 현장에서 가족들이 빈번하게 우선순위로 선정해 온 경험들을 바탕으로 개발되었으며,

의미 있는 대인관계

"이 주제에 대한 질문에 응답하시겠습니까?"
(✓) 표시: ✓ 네, ○ 아니요

5. 평상시 한 주 동안 ○○[대상학생 이름]이가 누구와 가장 많은 시간을 보냅니까? (예: 가족, 이웃, 친구)

____

____

____

6. 앞으로 ○○[대상학생 이름]이의 대인관계가 어떻게 변하기를 원하시나요? (예: 또래와 더 많은 시간을 보내기)

____

____

____

[자료 1-2] 가치 있는 삶의 목표 일부 발췌: 의미 있는 대인관계

의도적으로 적은 수의 학습 목표 목록으로 한정된다(Giangreco, 1985).

우리는 COACH에 제시된 학습 목표 목록이 반드시 일반교육과정보다 더 중요하다고 제안하지 않으며, 우리의 경험에 비추어 볼 때 일반교육과정과 COACH의 학습 목표 목록 모두 중요하다. COACH 교육과정 영역은 이미 학교 안에서 다른 방식으로 다루고 있는 일반교육과정 영역을 그대로 베끼려는 시도가 아니다. 그러므로 COACH의 1단계는 보다 광범위한 학업 내용을 포함하지 않으며, 수학, 국어, 사회, 과학, 음악, 미술, 체육 등 일반교육과정의 내용은 2.2단계에서 다룬다(일반교육과정의 추가 학습 목표).

평정

1 = 올해에는 중요하지 않음 5 = 올해 매우 중요함

안전과 건강(신체와 정서)

1○ 2○ 3○ 4○ 5○

현재와 미래의 주거

1○ 2○ 3○ 4○ 5○

의미 있는 대인관계

1○ 2○ 3○ 4○ 5○

개인의 선택권(학생의 연령과 문화에 맞는)

1○ 2○ 3○ 4○ 5○

의미 있는 활동에의 참여

1○ 2○ 3○ 4○ 5○

[자료 1-3] 가치 있는 삶의 목표 일부 발췌: 평정

1.2단계에서 가족은 선택할 수 있는 COACH의 학습 목표가 모두 나열된 두 번째 페이지의 정보를 활용하여 9개 교육과정 영역의 학습 목표 목록을 확인하고 교육과정 내용에 대해 설명을 듣는다. 이러한 학습 목표는 1.3단계에 동일하게 나타난다(학습 목표 목록). 교육과정 영역 중 6개 영역은 교차 환경(cross-environmental), 즉 다양한 환경에서 학생에게 적용될 수 있는 일반적인 학습 목표를 포함한다. 여기에는 ① 의사소통, ② 사회성, ③ 개인관리, ④ 여가, ⑤ 학업준비기술, ⑥ 기능적 학업기술이 포함된다. 이러한 목록에서의 학습 목표(예: 요구하기, 지시 따르기, 논평하기, 타인에게 지원 제공하기, 마시기/먹기, 단어 읽기)는 가정, 학교, 직장, 다양한 지역사회 안의 장소와 같은 여러 환경에서의 많은 활동과 기능적 일과, 즉 여러 환경 안에서 교차로 활용된다.

운동(예: 대근육, 소근육) · 인지 · 감각 기술은 여러 환경에서 교차되어 나타나는 발

달의 세 영역이지만, COACH에 나열된 모든 학습 목표에 삽입되는 하위기술이므로 분리된 교육과정 영역으로 구분되지 않는다. 하위기술은 궁극적으로 기능적 학습 목표 또는 일과의 맥락 안에 삽입될 때만 유용하다. 예를 들어, 잡기기술 또는 수단–목적 연쇄 인지기술(cognitive skill of means/ends)은 밥 먹기, 장난감 가지고 놀기, 음료수를 사기 위해 자판기 이용하기 등 의미 있는 목표를 산출하도록 조합될 때에만 유용하다. 운동 · 인지 · 감각 기술을 의도적으로 별도의 영역으로 구분하지 않은 것은 그 기술의 중요성을 절하하는 것이 아니며, 오히려 가치 있는 삶의 목표 성취를 위해 이러한 기술이 기능적 학업 목표 및 일과에 어떻게 통합되고 조합될 수 있을지를 고려하도록 하는 것이다(Rainforth, Giangreco, & Denniss, 1989).

남은 세 가지의 교육과정 영역(학교, 지역사회, 직업)은 특정 환경에서 주로 사용되는 학습 목표를 목록화하고 있으며, 이에 따라 이 영역은 특정 환경(environment- specific)이라 불린다. 예를 들어, 학급 내 역할하기 또는 학교 관련 물품 관리하기는 학교에서 이루어지는 학습 목표이다. 물품 구입하기 또는 대중교통수단 이용하기는 주로 지역사회에서 이루어지는 활동이다. 동료와 적절하게 상호작용하기 또는 시계 · 표지판 사용하기는 주로 직업 현장에서 이루어지는 활동이다. 각각의 예시에서 학습 목표는 그 기술이 주요하게 사용되는 특정 환경과 연관된다.

1.2단계 가족 면담에서 논의할 교육과정 영역 선택

COACH에 포함된 9개 교육과정 영역을 모두 살펴보고, 가족 면담 동안 논의하고 싶은 영역을 최대 4개 선정하여 '지금'에 표시한다. 나머지 영역 중 COACH의 후반 단계에서 다루고 싶은 영역은 '나중에'로, 아니면 아예 내년에 고려하고자 한다면 '건너뛰기'로 표시한다. 영역당 한 칸에만 (✓) 표시한다.

교육과정 영역	지금 (가족 면담에서 다룸)	나중에 (2.1단계에서 다룸)	건너뛰기 (올해에는 다루지 않음)
의사소통			
사회성			
개인관리			
여가			
학업준비기술			
기능적 학업기술			
학교생활			
지역사회(전환기 학생인 경우 고려하기: 14～21세)			
직업(전환기 학생인 경우 고려하기: 지역사회 작업장에서 근무하는 14～21세)			

[자료 1-4] 가족 면담에서 논의할 교육과정 영역 선택

일단 교육과정 영역과 학습 목표 목록에 익숙해지면, 진행자는 부모에게 9개 교육과정의 각 영역을 다음의 세 가지 중 하나로 선택하도록 안내한다. 그 교육과정 영역이 ① (가족 면담 동안) 올해 자녀를 위한 잠재적인 우선순위에 포함된다고 생각한다면 '지금'을, ② (2.1단계 동안) 가족 면담을 통해 살펴본 다른 교육과정 영역들에 비해 (중요하지 않은 것은 아니지만) 다소 덜 중요하게 생각되면 '나중에'를, 아니면 ③ 올해는 '건너뛰기'를 선택한다.

가족이 건너뛰기를 선택했다면, 이것은 다음 네 가지 가능성 중 하나를 의미한다. 첫째, 학생이 이미 그 교육과정에서 제시한 학습 목표를 성취했다면, 그것은 현재 가족의 관심 사항이 아닐 것이다. 예를 들어, 학업준비기술 영역의 경우 가족은 제시된 초기 학습 기술(예: 관심 집중하고 유지하기, 소리 · 사물 · 모형 탐색하기)들을 그들의 자녀가 이미 충분히 습득했다고 여기고 건너뛸 수 있다.

둘째, 드문 경우이지만 해당 교육과정 영역의 내용이 학급에서 이루어지는 일반교육과정과 상당 부분 중복되는 경우이다. 가장 일반적인 예는 기능적 학업기술과 관련된 COACH 교육과정과 저학년(예: 유치원~2학년)의 일반교육과정이 겹치는 것이다. 따라서 유치원 혹은 저학년의 일반교육과정에 포함된 내용(그리고 그 이상)을 알고 있다면, 유치원생의 부모는 COACH의 해당 영역을 건너뛰기로 결정할 것이다. 그럼에도 이러한 기능적 학업과 관련한 영역이 COACH에 포함된 이유는 이러한 내용이 일반교육과정에 참여하지 않는 고학년의 학생에게 해당될 수 있기 때문이다.

셋째, 부모가 자녀의 현행 수준을 고려할 때 제시된 학습 목표가 올해의 우선순위가 되기에는 너무 높다는 것을 인식한 경우이다. 예를 들면, 부모가 학업준비기술과 관련된 목표를 검토하고 그들의 자녀가 이 영역의 기본적인 학습 목표들(예: 상호작용에 반응하기, 주의 돌리기, 구별하기, 모방하기)을 습득해야 하거나 기술들을 향상시켜야 한다고 생각했다면, 부모는 기능적 학업기술 영역에 해당하는 학습 목표 유형들(예: 쓰기, 읽기, 금전 이용하기)이 올해의 교수 목표 범위보다 훨씬 넓다고 느낄 수 있을 것이다. 한편, 적합한 난이도의 교수 목표를 보장하기 위하여 교육과정 영역을 건너뛰기로 결정했더라도 학생의 학습 능력에 한계를 설정하지 않는 것은 매우 중요하다. 그러므로 가족 면담 혹은 2.1단계(COACH의 추가 학습 목표) 동안 가족이 선택하지 않은 기능적 학업기술의 내용인 경우에도 검토를 통해 2.2단계(일반교육과정에서의 추가 학습 목표) 안에서 고려해야 한다. 비록 부모가 가족 면담 동안 검토를 통해 최우선순위 교육과정 영역 중 하나로 읽기를 선택하지 않았다 할지라도, 학교는 일반교육과정으로의 접근을 보장하기 위하여 여전히 문해 및 다른 학업 내용을 모든 학생에게 지도할 책임을 가지므로 읽기 영역을 고려하는 것이 필요하다.

넷째, 부모는 제시된 학업 목표가 미래에는 중요할 수 있더라도 올해는 다소 중요하지 않다고 여길 때 건너뛰기를 결심할 수도 있다. 예를 들면, 지역사회 및 직업 영역은 더 연령이 높은 학생을 위해 설계된 것으로 초등·중학생이 중점을 두어야 할 잠재적 영역으로 추천되지 않는다. 비록 지역사회 기반 및 직업 준비는 장애학생에게 반드시 필요한 부분이라 할지라도(McDonnell & McGuire, 2007), 초등·중학생, 심지어 대부분의 고등학생에게도 학령기 동안에는 학교가 자연스러운 환경이라고 할 수 있다. 더 강도 높은 특수교육을 필요로 하는 학생은 종종 21세까지 공교육을 받을 권리를 가지기 때문에 17~21세에 통합된 지역사회 내에서 지역사회 생활 및 직업 기술을 습득할 시간이 충분하다. 저학생을 위한 현장학습이나 고학년을 위한 현장실습 및 봉사학습 참여, 고등학생을 위한 통합적 기술·직업 교육 등과 같은 지역사회 기반 및 직업 경험은 비장애 또래와 동일한 수준으로 제공되어야 한다.

COACH의 9개 교육과정 영역을 모두 고려한 후에, 부모는 가족 면담을 통하여 '지금(now)'으로 선택된 교육과정 영역에서 최대 4개(4개보다 적게 선택할 수도 있음)로 선택을 좁히도록 요청받게 된다. COACH의 초기 버전으로 진행되었던 현장 조사(field testing)에서는 가족 면담 동안 심층 검토를 통해 가족이 4개 이상의 교육과정 영역을 선택했을 때, 이러한 영역이 모두 그들이 선택한 우선순위의 최종 목록이 되지는 않았다. 그러므로 검토를 통해 교육과정 영역의 수를 결정하는 것은 가족이 그들의 우선순위에 초점을 맞추고, 가족 면담의 남은 과정을 보다 쉽고 효율적으로 수행하도록 도울 수 있다.

일부 부모는 교육과정 영역을 4개 이하로 선택하는 것에 어려움을 보인다. 이는 잠재적인 우선순위에 대한 검토를 통해 종합적으로 지원하기를 원하기 때문이거나 선택하지 않은 영역들이 일부 중요한 학습 목표에서 실수로 누락되거나 학생의 교육 프로그램에서 제외될 수 있다고 염려하기 때문일 수 있다. COACH는 이러한 염려를 감안하여 2.1단계(COACH의 추가 학습 목표)와 2.2단계(일반교육의 추가 학습 목표)를 계획하였다. 진행자는 가족 면담 안내 시 추가 학습 목표를 설명함으로써 목록에서 중요한 부분이 누락되는 것에 대한 부모의 불안을 감소시킬 수 있다. 부모들은 2.1단계에서 교육과정 영역에 대해 다시 논의할 기회가 제공된다는 것을 이해할 때 좀 더 편안하게 4개의 교육과정 영역을 선택할 수 있다. 반대로, 만약 부모들이 2.1단계에 익숙하지 않으면 부모들은 가족 면담 동안 종합적인 지원을 위해 모든 영역이 검토되기를 요구할 수 있을 것이다.

궁극적으로, 검토한 교육과정 영역 중에서 4개를 선택하는 것은 가족의 관점에서 최우선순위를 선택하도록 촉진하기 위해 고안된 것인 반면, 이후에 영역들을 재검토하는 기회(2.1단계 동안)는 잠재적으로 중요한 다른 학습 목표들이 누락되지 않도록 보장하기 위한 것이다. 가족 면담의 나머지 부분에서는 가족이 선택한 4개의 교육과정 영역에 대해서만 다룬다.

1.3단계 선택한 교육과정 영역의 학습 목표 평정

1.3단계는 가족 면담에서 다룬 9가지의 교육과정 영역과 이에 해당하는 학습 목표들의 목록을 제공한다. 빈칸에는 제시한 COACH 목록 중 하나에 논리적으로 부합되지는 않으나 가족의 잠재적인 우선순위에 해당하는 교육과정 영역이나 학습 목표를 추가할 수 있다. 1.3단계에서 제시된 학습 목표들은 오랜 기간에 걸친 현장 조사를 토대로 주의 깊게 선정된, 관찰 가능하고 기능적인 행동들이다. 학습 목표들은 가족이 다양하게 해석할 수 있도록 의도적으로 포괄적인 용어로 표현되었다. 이렇게 포괄적인 용어로 진술된 학습 목표들은 여러 기술의 군집으로 구성되어 있다. 이러한 기술들은 군집될 때 적어도 부분적으로 일반 환경 및 비장애인과의 참여를 촉진시킨다. 한편, COACH 진행자는 각 상황에 맞게 학습 목표를 개별화하여 표현할 수 있어야 한다.

가족 면담의 정점(1.5단계: 우선순위 교차 점검)에서 가족은 학습 목표의 우선순위를 결정하게 되고, 우선순위가 연간 목표(4단계)와 단기 목표(5단계)로 전환될 때, 그 의미는 더 명료해질 것이다. 이러한 포괄적이고 해석적인 접근은 가족이 수많은 변수와 하위기술을 염두에 두는 것을 피하는 가운데 우선순위를 분류하고 선택하는 과정을 밟도록 지원한다. 예를 들면, 일부 체크리스트는 '옷 입기'로 50가지 이상의 하위기술을 포함하지만 COACH는 '옷을 입고 벗기(개인관리, 31문항)'의 한 가지 기술을 포함한다. 보다 세부적인 목록을 사용함으로써 부모는 50가지 문항을 모두 평가하거나 고려할 수 있지만, 무엇이 우선순위인지는 여전히 밝혀지지 않았다. 옷 입기 문항이 특정 학생에게는 우선순위가 아니거나, 혹은 단지 몇 개의 문항만이 이번 해에 중요할 수 있음을 상상해 볼 수 있다. 그러므로 개별화교육계획 개발을 목적으로 한다면 전체 하위요인들을 검토하는 것은 상당한 시간 낭비이다. 만약 옷 입기가 우선적으로 고려할 사항이 아니라면, 옷 입기 기술을 전혀 다루지 않거나 단지 단일 항목(옷 입고 벗기)으로 다루어지길 원할 것이다. 만약 옷 입기가 우선적으로 고려할 사항으로 선택되었다면, 필요에 따라 더욱 자세하게 판별되고 분류되며 분석되어야 할 것이다. 예를 들어, 만약 화장실 사용 이후에 옷 입기나 신발 신기가 염려된다면 4, 5단계에서 이러한 수준의 특수성에 주목해야 할 것이다.

1.3단계에서 가족은 각 학습 목표를 이해한 후, 특정 학습 목표에서의 자녀의 현행 수행에 대하여 다음의 평정 항목을 사용하여 답한다. ① 초기 · 발현 단계 기술, ② 부분적 수행 가능 기술, ③ 능숙한 기술([자료 1-5] 참고). 이러한 평정 코드는 모든 참여자가 학생이 할 수 없는 것보다는 할 수 있는 것을 생각할 수 있도록 독려하기 위하여 의도적으로 긍정적인 방향으로 제시되었다. 때때로 사람들은 "기술이 없는 경우 어떻게 평정하나요?"라고 묻는다. COACH에 '기술이 없는' 경우를 평정하는 항목이 없는 것은 의도적인 것이다. 모든 학생은 COACH에서 제시한 학습 목표의 초기 기술 혹은 행동을 보유하고 있다. 특별히 중도 혹은 중복장애를 가진 자녀의 가족에게 그들의 자녀가 해당 항목의 기술을 가지고 있지 않음을 이야기하는 것은 유익하지 않을 뿐만 아니라 가족에게 부정적인 경험을 불러일으킬 수 있다. "내 자녀는 그 기술이 없어요."라는 말을 40번 넘게 반복하게 한다거나 혹은 '0'이라는 숫자를 반복해서 평정한다고 가정해 보라. 우리는 학생의 기술을 '0' 또는 "그 기술이 없어요."라고 표현하게 함으로써 이득을 얻는 사람은 없으리라 생각한다.

이러한 평정 체계는 가족이 생각하는 자녀의 기능 수준에 대한 전체적인 지표를 제공하는 것을 의미하며, 이는 다른 팀원들의 의견과 반드시 일치하지 않을 수도 있다. 또한 이와 같은 평정 방식은 종종 부모들에게 자녀에 대한 추가적인 서술 정보를 요구하며 진행자가 즉각적인 후속 질문을 할 수도 있다. 비록 이러한 대화는 매우 유익할 수 있으나 모든 항목에 대해 논의하는 것은 의도된 목적인 가족이 학습 목표의 우선순위를 선택하는 것과 가족 면담을 종료하는 것을 방해할 수 있음을 인식해야 한다. COACH는 장 · 단기 목표와 교수 계획을 개발할 때 우선순위로 선택될 가능성이 낮은 항목에 대하여 논의하는 데 많은 시간을 투자하는 것보다, 먼저 우선순위를 판별하고, 그러고 나서 심도 있는 논의 및 판별된 우선순위에 초점을 둔 계획을 진행할 것을 제안한다.

1.3단계의 또 다른 측면은 초기 · 발현 단계 기술, 부분적 수행 가능 기술, 혹은 능숙한 기술로 평정된 각 학습 목표에 대하여 이어지는 질문을 하는 것이다. 면담 시 가족에게 "그 학습 목표가 올해 실행되어야 할 필요가 있나요?"라고 묻는 것은 기능 혹은 발달기술과 관련된 다른 체크리스트와 구별되는 COACH의 독특한 특징 중 하나다. 다양한 평정 접근 방식에도 불구하고 대부분의 검사, 평가, 체크리스트는 점수 혹은 평정 결과에 기초하여 추측한다. 일반적으로 낮은 점수는 학생의 노력이 필요한 것으로, 높은 점수는 종종 그렇지 않은 것으로 간주한다. 그러나 우리는 이것이 부적절한 추측을 만들어 낸다고 생각한다.

COACH 가족 면담 안에서, 점수와 그 항목은 올해 습득해야 할 필요를 결정하기 위한 자료와 구분하여 고려되어야 한다. 이는 COACH에서 가장 낮은 평정(즉, 초기 · 발현 단계 기술)을 받은 하나의 학습 목표를 반드시 올해 습득해야 하는 것은 아니기 때문이다. 그것은 단지 우선순위가 낮은 항목일 수 있고, 학생의 현행수준과 너무 거리가 멀어 올해 적합하지 않은 것일 수 있으며, 학생이 더 성장해야 보다 중요해지는 것일 수 있거나 학생의 강점보다는 지각된 약점에 지나치게 초점을 둔 것일 수도 있다. 전통적 평가 접근은 학생이 어려워하는 것에 대한 판별을 통해 지각된 결핍을 학습 우선순위로 선택하도록 지나치게 강조하였다. 가족 면담에서는 우선순위를 선택하는 기준의 다양성을 고려하고, 단지 낮은 점수를 자동적으로 학습 우선순위로 결정짓지 않을 것을 권장한다.

역으로, 단지 가장 높은 점수(즉, 능숙한 기술)를 받은 학습 목표라 할지라도 그것이 올해 습득할 필요가 없음을 의미하는 것은 아니다. 이것은 학생의 강점에 기반을 두거나 학생이 특정 기술을 가지고 있음을 인식할 기회를 제공하지만, 학생은 그 기술을 좀 더 적절한 방법으로 표현하는 것이 필요할 수도 있다. 예를 들면, 부모는 자녀가 바람직하지 않은 방법(예: 탠트럼, 짜증 내기)으로 자신의 거부 의사를 표현한다 할지라도, 만나는 모든 사람에게 의미가 명확하게 전달되기 때문에 거부의사 표현하기(의사소통, 문항 6)에서 자녀가 능숙한 기술을 가졌다고 평정할 수 있다. 그러나 동시에 부모는 "당신의 자녀가 올해 그 기술을 습득하는 것이 필요하다고 생각하십니까?" 라는 질문에 보다 사회적으로 바람직한 방법으로 거부의사를 표현하는 기술을 자녀가 습득하기를 원하여 "네"라고 대답할 수 있을 것이다. 또 다른 예를 들면, 부모는 자녀가 보완대체의사소통(AAC) 도구를 사용하여 요구하는 기술을 가지고 있기 때문에 '다른 사람에게 요구하기'에 능숙한 기술이 있다고 평정할 수 있다. 그러나 동시에 부모는 "당신의 자녀가 올해 그 기술을 습득하는 것이 필요하다고 생각하십니까?"라는 질문에 학생이 AAC 도구를 사용하여 표현할 수 있는 요구의 유형과 가짓수를 확장함으로써 학생의 강점을 향상시키기를 원하여 "네"라고 대답할 수 있을 것이다. 그러므로 가족 면담에서 학습 목표는 세 가지 기술 수준(초기, 부분, 능숙) 중 어느 것으로나 평정될 수 있으며, 그 항목이 올해 습득될 필요가 있는지에 대한 결정은 이러한 평정 결과와 무관하게 진행되는 것이라고 볼 수 있다. 1.3단계가 완료되는 시점에서, 잠재적인 우선순위들은 "네"로 평정되는 항목으로 더 좁혀진다.

사회성

1.2단계에서 이 영역을 '지금' 다루기로 선택한 경우에만 작성하세요.

학습 목표	1.3단계 기술 수준	1.3단계 올해 노력이 필요한가?	1.4단계 1~4위 우선순위 매기기
14. 상호작용에 반응한다(예: 가족, 친구, 어른).	초기 ○ 부분 ○ 능숙 ○	예 ○ 아니요 ○	
15. 사회적 상호작용을 시작한다(예: 다른 사람에게 다가가기, 그룹에 참여하기).	초기 ○ 부분 ○ 능숙 ○	예 ○ 아니요 ○	
16. 사회적 상호작용을 유지한다(예: 다른 사람과 사물 탐색하기, 차례 주고받기, 공동관심 갖기).	초기 ○ 부분 ○ 능숙 ○	예 ○ 아니요 ○	
17. 사회적 상호작용을 끝맺는다.	초기 ○ 부분 ○ 능숙 ○	예 ○ 아니요 ○	
18. 대상에 따라 적절한 방식으로 상호작용한다(예: 친구/가족, 아는 사람, 낯선 사람).	초기 ○ 부분 ○ 능숙 ○	예 ○ 아니요 ○	
19. 상황에 따라 적절한 방식으로 상호작용한다(예: 혼자 있을 때와 다른 사람과 함께 있을 때).	초기 ○ 부분 ○ 능숙 ○	예 ○ 아니요 ○	
20. 다른 사람의 도움을 받아들인다.	초기 ○ 부분 ○ 능숙 ○	예 ○ 아니요 ○	
21. 다른 사람에게 도움을 제공한다.	초기 ○ 부분 ○ 능숙 ○	예 ○ 아니요 ○	
22. 한 일과에서 다른 일과로 전환한다.	초기 ○ 부분 ○ 능숙 ○	예 ○ 아니요 ○	
23. 예측하지 못한 변화에 적응한다.	초기 ○ 부분 ○ 능숙 ○	예 ○ 아니요 ○	
24. 다른 사람과 공유한다.	초기 ○ 부분 ○ 능숙 ○	예 ○ 아니요 ○	
25. 자기옹호를 한다(예: 활동보조 부탁하기, 과제 선택하기, 필요시 도움 요청하기).	초기 ○ 부분 ○ 능숙 ○	예 ○ 아니요 ○	

기타 의견:

- 평정점수 설명(1.3단계 동안 세 가지의 수준 중 1개 혹은 2개에 평정할 수 있음, 예를 들어, '부분'과 '능숙' 모두에 평정할 수 있음)
- 초기=초기 · 발현 단계 기술(1~25%); 부분=부분적 수행 가능 기술(25~80%); 능숙=능숙한 기술(80~100%)

[자료 1-5] 선택한 교육과정 영역에서 학습 목표 평정 일부 발췌: 사회성

1.4단계 선택한 교육과정 영역에서 학습 목표의 우선순위 선정

우선순위를 선정하는 것은 이전 단계에서 검토된 각 교육과정 영역 안에서 가족이 그들의 최우선순위가 되는 학습 목표가 무엇인지 고려하는 과정이다. 이 단계에서는 올해 습득될 필요가 있다고 표시된 학습 목표들의 목록을 제시함으로써 모든 학습 목표 안에서 가족이 우선적으로 고려하는 학습 목표들로 범위를 좁혀 준다. 가족은 최대 네 가지 최우선순위를 선정하도록 요청받는다. 이때 가족은 그들의 우선순위를 결정함에 있어 자녀의 강점, 선호도, 요구의 신속성, 사용 빈도, 실용성, 후일의 사용 그리고 가치 있는 삶의 목표에 미치는 잠재적인 영향과 같은 다양한 기준을 고려한다. 어떤 경우, 가족은 학습 목표 목록 안에서 네 가지 이하의 목표를 판별할 수 있다. 이 단계에서 우선순위로 정해진 학습 목표들은 1.5단계(우선순위 교차 점검)로 전환된다.

1.5단계 우선순위 교차 점검

우선순위 교차 점검은 가족에게 자녀를 위한 전체 학습 목표의 우선순위를 선택하고 순서를 정할 기회를 제공한다. 이것은 가족이 이전 단계인 가족 면담에서 검토하고 순서를 정한 교육과정 영역 안에서 그들이 선택한 우선순위를 고려함으로써 이루어진다. 1.4단계와 같은 기준을 사용하여 가족은 전체 우선순위 중 최우선순위 6개의 순서를 정한다([자료 1-6] 참고). 그 결과는 다음 해에 습득할 간략하고 개별화된 학습 목표 우선순위 세트가 된다.

우선순위 교차 점검은 가족이 교육과정 영역을 넘나들며 우선순위로 판별한 것 외에 나머지 학습 목표를 고려할 기회를 한 번 더 제공한다. 두 번째 혹은 세 번째 우선순위로 정해진 항목이 이 단계에서 마지막 순위로 선택되는 것은 흔한 일이다. 이러한 현상은, 시간 차이를 두어 다양한 기회 및 다른 선택 구성이 제시되면 사람들은 자신의 결정을 변경하는 경향이 있다고 밝혀진 가설에 신빙성을 더해 준다. COACH를 사용할 때, 각 단계는 잠재적인 우선순위를 고려할 기회를 다시 한 번 제공한다. 그리하여 우선순위 교차 점검 과정이 완료되면 가족과 다른 팀원은 그 선택이 가족의 관점 안에서 학생에게 중요한 우선순위를 나타내는 것임을 확신하게 된다.

COACH에 제시된 학습 목표는 가족이 다양하게 해석할 수 있도록 의도적으로 포괄적으로 진술되었다. 그러므로 진행자와 다른 팀원이 가족의 각 우선순위 선택 시 숨겨진 의도를 확실히 이해하는 것이 중요하다. 이는 진행자가 각 우선순위를 검토하면서 진행자가 가족이 추구하는 삶의 목표가 무엇인지 확인하여 가족의 의도를 이해함으로써 가능하게 된다. 예를 들면, 만약 그 우선순위가 '사회적 상호작용 시작하기'였다면, 진행자는 "제가 이해하기로는 자녀가 학급에서 또래들과 더 잘 어울리는 것에 관심을 가지고 있기 때문에 그 우선순위를 선택하신 것 같은데, 맞나요?"라고 물을 수 있다. 그다음, 부모는 진행자가 설명한 것의 정확성을 검토할 기회를 가지게 되고 그것을 명확하게 하거나 다시 설명한다. 대부분의 경우, 우리는 진행자들이 가족이 선택한 우선순위의 숨은 의미를 제대로 이해했음을 확인하였다. 이러한 1.5단계에서는 진행자가 가족의 이야기를 경청하고 있으며 가족의 관점을 이해하고자 한다는 명확하고 중요한 메시지를 가족에게 전달한다. 때때로 진행자가 우선순위의 숨겨진 의미를 잘못 이해할 수 있는데, 이 단계에서는 그 의미를 명확히 이해할 기회를 제공하며, 또한 가족에게 진행자가 종종 의사소통을 잘못 이해할 수 있음을 인식하고 명확히 할 여지가 있다는 또 다른 중요한 메시지를 전달한다.

마지막으로, 단지 가족이 특정 학습 목표를 전체 우선순위로 선택했다고 하여 그것을 개별화교육계획의 연간 목표와 단기 목표로 반드시 기재해야 하는 것은 아니다. 몇몇 우선순위는 결국 개별화교육계획의 장·단기 목표가 된다. 또한 나머지 우선순위는 학생의 추가 학습 목표의 부분이 되거나 가정의 책임이 된다. 예를 들면, 가족은 자녀의 우선순위로 선택한 '소집단과 대집단 활동 참여하기'가 학급 일과에서 지속되는 부분임을 인정하고 이 학습 목표를 COACH의 추가 학습 목표(2.1단계) 목록에 포함하는 것이 낫다고 말한다. 비록 그 항목이 개별화교육계획 목표로 제시되지는 않더라도, 그것은 여전히 학교팀에게 자신의 자녀가 보조교사와 함께 소외되는 것보다 다른 아동들과 함께 집단에서 활동하는 것이 더 가치 있다고 생각하는 가족의 관점에 대한 중요한 정보를 제공한다. 다른 예를 보면, 부모는 자녀의 치아 건강에 대한 지속적인 염려로 '양치질하기, 치실 사용하기'를 우선순위로 판별할 수 있다. 이것이 가족의 관점에서는 우선순위일지라도, 가족

1.5단계 우선순위 교차 점검

1.4단계에서 가족이 검토한 COACH 교육과정 영역의 1~4순위 학습 목표를 옮겨 적으세요.

	의사소통	사회성	개인관리	여가	학업준비기술
1					
2					
3					
4					
	기능적 학업기술	**학교생활**	**지역사회**	**직업**	**기타**
1					
2					
3					
4					

순위	최우선순위 학습 목표 (학습 목표를 구체적이고 명확하게 표현하기)	우선순위와 연결되는 가치 있는 삶의 목표					우선순위마다 한 가지만 선택(✓)		
		안전/ 건강	집	여가	개인의 선택권	활동	개별화교육 계획 목표	추가 학습 목표	집
1									
2									
3									
4									
5									
6									

다음 단계: 면담자는 2.1~2.3단계, 가족 면담과 다음 단계들의 관계를 설명한다.

[자료 1-6] 우선순위 교차 점검

은 자녀가 학교에서 점심시간에 양치질을 하는 것과 그것이 학교에 있는 동안 교수의 초점이 되는 것을 원하지 않아 가정에서 이를 지도하고자 한다. 가족 면담이 끝날 즈음, 가족은 전 학문 영역에 걸쳐 자유롭게 학습 목표를 선택하게 될 것이며, 이것은 개별화교육계획의 장 · 단기 목표로 재진술될 것이다.

추가 학습 목표

가족 면담(1단계) 실시 후, 팀원들은 추가 학습 목표(additional learning outcomes, 2단계)를 수행한다. 이 단계에서는 가족 면담에서 선택된 우선순위가 학생의 교육 프로그램에 초점을 제공하는 데 중요함에도 불구하고, 완벽한 교육 프로그램을 구성하기에 충분하지 않음을 인식한다. 모든 학생은 일반교육과정으로의 적절하게 수정된 접근을 포함하여 광범위한 교육과정을 누릴 자격이 있다. 이것은 부적절하게 추정된 능력 수준에 기초하여 풍부하고 흥미로운 교육과정에의 접근이 인위적으로 제한되었던 경험을 가진, 강도 높은 특수교육을 필요로 하는 학생에게 특별히 중요하다.

추가 학습 목표를 선택하기 위해서는 학생을 이해하고 일반교육과정에 대한 지식이 있는 전문가 팀원의 하위단계(subset)을 구성해야 한다. 이 단계는 COACH의 추가 학습 목표(2.1단계)와 일반교육의 추가 학습 목표(2.2단계)의 두 가지 하위단계으로 나뉜다. 이러한 두 하위단계는 순차적으로 제시되지만, 둘 중 먼저 완성되는 하위단계가 더 중요함을 의미하는 것은 아니다. 사실 2단계와 관련된 지침에서 발견할 수 있듯이, 각 팀은 이러한 2개의 하위단계 중 무엇을 먼저 완성할지에 대해 신중한 결정을 내려야 한다. 2.2단계 전에 2.1단계를 완성하는 것은 팀원의 관심을 일반교육 학습 목표에 앞서 COACH에서 제시한 학습 목표에 두고 모든 것을 결정하게 함으로써 개념적이고 실제적인 흐름을 유지할 수 있도록 도울 것이다. 또한 먼저 2.1단계를 완성하는 것은 진행자가 2.1단계에서 다룰 때까지 미룬, 잠재적으로 중요한 COACH 학습 목표를 재점검하기로 한 부모와의 약속을 지킬 수 있게 할 것이다. 그러나 2.1단계를 먼저 완성하는 것의 잠재적인 위험은 일반교육 학습 목표의 비중을 충분히 남겨두지 않은 채, COACH의 추가 학습 목표 안에서 학습 목표를 지나치게 많이 선택할 수 있다는 것이다.

일부 팀은 일반교육과정으로의 접근성 보장을 중요하게 생각하는 철학적 메시지를 전달하기 위하여 가족 면담에서 일반교육과정을 고려하는 2.2단계로 바로 넘어가는 것을 선호한다. 2.2단계를 먼저 완성하는 것은 일반교육 학습 목표에 충분한 강조와 시간을 쏟음으로써 학생의 잠재성에 대한 잘못된 가정의 위험을 최소화할 수 있도록 보장한다. COACH는 표준화된 도구가 아니므로, 2단계 안의 이러한 순서는 개별 팀이 결정할 수 있다.

2단계의 두 가지 하위단계를 완성한 후에, 팀은 두 단계를 통해 결정된 학습 목표를 주어진 시간 안에 합리적으로 다룰 수 있도록 최종적으로 선택된 학습 목표를 검토해야만 한다. 종종 팀은 2단계에서 광범위하게 선택하는 것이 도움이 되지 않음에도 너무 많은 학습 목표를 선택하고자 시도한다. 기억하라. 이러한 두 가지 하위단계의 목적은 학생이 수행할 수 있거나 배울 수 있는, 가능한 모든 학습 목표를 판별하는 것이 아니다. 정확히 말하면, 이것은 팀에게 교육과정 내용의 균형 있는 깊이와 너비를 제공하면서 어떤 학습 목표가 교수되어야 하는지에 대한 공유된 이해를 발전시키는 과정을 통해 팀을 돕고자 고안된 단계인 것이다. 두 단계를 통해 얻은 정보는 학생의 교육 프로그램에 관한 팀 결정을 문서화하기 위하여 개별화교육계획의 부록으로 첨부될 수 있다. 그러나 어떤 특별한 형식으로 규정지을 필요는 없으므로 융통성 있는 방법으로 팀에 제공하면 된다.

2.1단계 COACH의 추가 학습 목표

2.1단계에서는 1.2단계(가족 면담에서 논의할 교육과정 영역 선택)의 학습 목표 영역을 재검토할 뿐만 아니라, 개별화교육계획 목표에 포함하기로 정해진 것은 아니지만 가족 면담을 통해 결정된 중요한 선택을 검토한다. 이것은 가족 면담에서 우선순위로 선택되지 않은 COACH의 학습 목표가 잊히지 않도록 하기 위한 안전장치 단계이다. 2.1단계는 COACH에 제시된 모든 학습 목표를 체크리스트로 보여 준다([자료 1-7] 참고).

2.1단계 COACH의 추가 학습 목표

다음의 추가 학습 목표 중 교수 목표가 될 것만 선택하여 (✓) 표시하세요(타당한 개수만 선택). 안내 책자를 참고하세요.

날짜: ________________ 참여자: ________________________________

의사소통

__ 1. 특정 의사소통 양식을 보여 준다.
__ 2. '더' 또는 계속을 표현한다.
__ 3. 보기가 주어졌을 때 선택을 한다.
__ 4. 다른 사람에게 요구한다.
__ 5. 주의를 끌기 위해 신호를 보낸다.
__ 6. 거부 의사를 표현한다.
__ 7. 다른 사람과 의사소통을 유지한다.
__ 8. 자신의 말이 잘못 이해되었음을 알고 다른 방식을 시도한다.
__ 9. 만나거나 헤어질 때 인사를 한다.
__ 10. 지시를 따른다.
__ 11. 질문에 대답한다.
__ 12. 언급하거나 설명한다.
__ 13. 다른 사람에게 질문한다.

사회성

__ 14. 상호작용에 반응한다.
__ 15. 사회적 상호작용을 시작한다.
__ 16. 사회적 상호작용을 유지한다.
__ 17. 사회적 상호작용을 끝맺는다.
__ 18. 대상에 따라 적절한 방식으로 상호작용한다.
__ 19. 상황에 따라 적절한 방식으로 상호작용한다.
__ 20. 다른 사람의 도움을 받아들인다.
__ 21. 다른 사람에게 도움을 제공한다.
__ 22. 한 일과에서 다른 일과로 전환한다.
__ 23. 예측하지 못한 변화에 적응한다.
__ 24. 다른 사람과 공유한다.
__ 25. 자기옹호를 한다.

개인관리

__ 26. 활동보조를 위해 다른 사람의 도움을 받아들이거나 지시한다.
__ 27. 마시고 먹는다.
__ 28. 스스로 먹는다.
__ 29. 용변 실수를 하지 않도록 도움을 받는다.
__ 30. 적절한 옷을 선택한다.
__ 31. 옷을 입고 벗는다.
__ 32. 개인위생을 관리한다.
__ 33. 장소를 이동한다.
__ 34. 개인 소지품을 관리한다.
__ 35. 개인 정보를 안다.
__ 36. 전화를 사용한다.
__ 37. 비상경보에 반응한다.
__ 38. 잠재적 위험을 인식하고 피한다.
__ 39. 안전하고 건강한 행동을 유지한다.

여가

__ 40. 다른 사람과 함께 관람한다.
__ 41. 혼자 하는 여가 활동에 참여한다.
__ 42. 함께 하는 여가 활동에 참여한다.

[자료 1-7] COACH의 추가 학습 목표 일부 발췌

2.2단계 일반교육과정의 추가 학습 목표

2.2단계에서는 장애학생이 그들의 또래와 같이 광범위한 교육 프로그램 및 다양한 교육 내용(예: 국어 · 수학 · 과학 · 사회 · 예술 · 음악 · 보건 · 체육 교육)을 접할 수 있도록 동일한 기회를 제공받는 것을 보장한다. 이때 학생을 위해 선택된 일반교육 학습 목표들은 적합한 수준으로 개별화되어야 한다. 장애학생은 그들이 또래와는 다른 수준의 기능을 가진 이유로 지나치게 자주 일반교육 학급활동에서 불필요하게 배제된다. 이는 종종 다양한 과목에서 학생의 교육과정 기대에 대한 팀원 간의 의견 불일치에 기인한다. 2.2단계는 팀원들에게 학생의 일반교육 수업의 주요한 참여 유형(즉, 동일한 · 중다수준 · 중복 교육과정)에 대하여 고려할 것을 요구함으로써 중다수준 교육과정과 중복 교육과정에 대한 예상보다 이른 논의를 진행한다([자료 1-8] 참고). 주요한 참여 유형(예: 중다수준 교육과정, 같은 내용, 다른 수준)이 선정된 경우에도 종종 같은 수업 회기 혹은 활동 안에서 참여의 두 번째 유형(예: 중복 교육과정)을 위한 기회가 주어진다. 적극적으로 교수가 이루어질 때, 단일 수업 혹은 활동 안에서 다양한 학습 목표와 참여의 유형을 추구할 기회들이 생긴다(Giangreco, 2007). 2.2단계가 완성되면 팀원은 다양한 일반교육과정 영역 안에서 학생의 학습 기대에 관한 일반적인 합의에 도달하며, 교사가 학생을 이해하고 그에 맞추어 조정하는 기회를 충분히 가져야 함을 인식하는 가운데 일반교사에게 교수의 시작 시점을 제공하기 위한 학습 목표의 예들을 제공한다.

2.2단계 일반교육과정의 추가 학습 목표

✓	일반교육과정 영역 (짧은 설명 제시)	주요 참여 유형 선택	예시 (중다수준이나 중복 교육과정일 경우 교육의 시작점)
	국어:	○ 동일한(학년-수준 기대) ○ 중다수준(같은 내용) ○ 중다수준(다른 내용) ○ 중복 교육과정	
	수학:	○ 동일한(학년-수준 기대) ○ 중다수준(같은 내용) ○ 중다수준(다른 내용) ○ 중복 교육과정	
	과학:	○ 동일한(학년-수준 기대) ○ 중다수준(같은 내용) ○ 중다수준(다른 내용) ○ 중복 교육과정	
	사회:	○ 동일한(학년-수준 기대) ○ 중다수준(같은 내용) ○ 중다수준(다른 내용) ○ 중복 교육과정	

[자료 1-8] 일반교육과정의 추가 학습 목표 일부 발췌

일반적 지원

COACH는 또한 학생에게 제공되어야 하는 일반적 지원(general supports)을 문서화하기 위한 간단한 방법을 제공한다([자료 1-9] 참고). 일반적 지원은 교육 프로그램에 접근 혹은 참여하는 것을 돕기 위해 제공된다. 학생의 행동에서 관찰 가능한 변화를 추구하는 학습 목표와 달리, 일반적 지원은 다른 이들이 학생을 돕기 위해 필요한 것을 점검한다. 일반적 지원은 특정 주제, 활동 혹은 교수 상황에 따라 매우 특별한 것이 아닌, 광범위하며 종종 여러 상황에 교차적으로 적용될 수 있다는 것이다. COACH에서 일반적 지원으로 제시하는 요소는 일부 현장에서는 다른 용어들(예: 조정, 요구 관리)로 알려져 있을 수 있다. 일반적 지원은 전형적으로 다음의 다섯 가지 영역으로 나뉜다.

1. 개인적 요구(예: 음식 먹기 지원, 옷 입기 지원, 약 복용 지원)
2. 신체적 요구(예: 자세 교정, 특수한 장비 관리, 환경적 수정)
3. 다른 사람들에게 학생에 대해 알려 주기(예: 학생의 AAC 체계에 대해 또래에게 알려 주기, 응급조치 절차 알려 주기, 긍정적인 행동지원과 위기중재 절차 알려 주기)
4. 감각적 요구(예: 점자도서 제공, 확대 출력된 자료 제공, 보청기 배터리 충전)
5. 접근과 기회(예: 지역사회 직업 경험 주선하기, 학생의 모국어로 된 교재 제공하기, 일반 학급과 활동에 접근하도록 지원하기)

일반교사, 특수교사, 관련서비스 제공자, 특수교육보조원, 가족 구성원 그리고 그 밖의 사람들은 일반적 지원을 제공할 수 있으며, 또래들도 일부 일반적 지원을 적절하게 제공할 수 있다. 예를 들면, 장애학생이 속했던 전년도 학급 학생들은 장애학생의 새로운 또래들에게 장애학생과 의사소통하는 방법 및 그들의 독특한 소리와 움직임(예: 눈을 위로 올리며 "아."라고 소리 내는 것은 "맞아." 혹은 긍정을 의미함)을 해석하는 방법을 알려 줄 수 있다. 일반적 지원 제공 시 또래를 포함시킬 때에는 이러한 참여가 상호이익이 되고 적합하며 서로를 존중하게 하도록 도울 수 있는 방법인지를 검토하는 데 주의를 기울여야 한다.

3단계 일반적 지원

모든 필요한 일반적 지원을 선택하여 (✓) 표시하세요. 안내 책자를 참고하세요.

참여자: ______________________

개인적 요구

__ 1. 음식 먹기 및 음료 마시기 지원이 필요하다.
__ 2. 옷 입기 지원이 필요하다.
__ 3. 배변 실수를 하지 않도록 배변 관리 지원이 필요하다.
__ 4. 개인위생 지원이 필요하다.
__ 5. 약 복용 지원이 필요하다.
__ 6. 석션이나 배뇨관 관리 지원이 필요하다.
__ ______________
__ ______________
__ ______________
__ ______________
__ ______________
__ ______________
__ ______________
__ ______________
__ ______________
__ ______________
__ ______________
__ ______________
__ ______________
__ ______________

신체적 요구

__ 7. 규칙적 자세교정 지원이 필요하다.
__ 8. 접근성을 높이기 위해 환경 수정이 필요하다.
__ 9. 신체 보장구(예: 휠체어, 브레이스) 관리 지원이 필요하다.
__ 10. 특별한 이동수단의 지원이 필요하다.
__ 11. 특별한 방식으로 옮기고 자세를 취하도록 하는 지원이 필요하다.
__ 12. 장소 간 이동 지원이 필요하다.
__ ______________
__ ______________
__ ______________
__ ______________
__ ______________
__ ______________
__ ______________
__ ______________
__ ______________
__ ______________

다른 사람들에게 학생에 대해 알려 주기

__ 13. 교직원과 친구들에게 학생의 AAC 체제와 의사소통 행동에 대해 가르친다.
__ 14. 교직원과 친구들에게 학생과 의사소통하는 방법을 가르친다.
__ 15. 교직원에게 간질 관리(대처) 절차를 가르친다.
__ 16. 교직원에게 응급조치 절차를 가르친다(예: 의학, 대피).
__ 17. 교직원에게 행동 관리 절차를 가르친다.
__ 18. 교직원에게 위기중재 절차를 가르친다.
__ 19. 친구들과 교직원에게 학생의 말을 이해하지 못한 경우에는 학생에게 반복하거나 다른 방식으로 의사소통해 달라고 요청할 것을 가르친다.
__ ______________
__ ______________
__ ______________
__ ______________

[자료 1-9] 일반적 지원 일부 발췌

몇몇 일반적 지원은 일반학급에서 적절하게 이루어질 수 있는데, 이는 지원을 제공하는 상황이 장애학생의 지위에 아무런 영향을 미치지 않거나 오히려 지위를 높여 주는 경우에 가능하다. 다시 말하면, 일반학급에서 일반적 지원을 제공하는 것이 다른 학생들이 장애학생을 인식하는 데 어떠한 영향도 미치지 않거나 긍정적인 영향을 줄 수 있어야 한다는 것이다. 하지만 일부 일반적 지원(예: 옷 입기, 건강관리)은 사적으로 제공되어야 한다. 이러한 사적인 공간은 장애학생만을 위한 공간으로 지정할 필요는 없으며 일반학생도 동일한 목적으로 접근할 수 있는 공간(예: 접근하기 쉬운 화장실)이 될 수 있다. 일반적 지원 제공 시 장애학생을 폄하하게 하는 경험에 처하지 않도록 하는 것이 중요한데, 다시 말해 학생을 곤란한 상황에 놓이게 하거나 그들의 존엄성을 낮추거나 부정적으로 지각될 수 있게 하는 것들을 해서는 안 된다. 또한 이것은 장애의 유무에 관계없이 모든 학생에게 해당된다. 팀원이 3단계를 마치면 그들은 학생이 학교에 접근하고 참여하도록 촉진하는 데 필요한 일련의 일반적 지원을 선택하게 될 것이다.

COACH 실행 방법 및 그 이유

COACH는 1980년대 이래로 장애학생을 위한 교육 프로그램을 계획하는 데 성공적으로 사용되어 왔다. 이는 그간 여러 연구를 통해 효과가 검증된 교육계획(예: 협력적 팀워크, 의미 있는 방법으로의 가족 참여, 교육과정 선택에서의 초점과 폭 보장)으로의 접근을 조합하고, 현장 평가를 통한 피드백을 포함했기 때문이다. COACH는 다른 계획 및 평가 접근과 유사한 특성을 가지고 있지만, 다른 도구들과 구분되는 일부 독특한 특징 또한 가지고 있다. 이 장에서는 COACH의 특징과 효과성에 기여하는 몇 가지 주요 측면을 간단하게 설명하고자 한다.

장애학생을 위한 관련 교육 프로그램을 개발하는 것은 어려울 수 있으며, 어떤 의미에서는 해결되어야 할 문제일 수도 있다. 좋은 의도를 가진 전문가들은 종종 가족에게 조언을 구하지만, 가족에게 중요한 결정을 내리는 방법을 제공하는 데 실패한다. "올해 제임스의 개별화교육계획에 어떠한 내용이 포함되기를 원하세요?" 혹은 "벨라를 위한 당신의 우선순위는 무엇인가요?"와 같은 개방형 질문을 사용하는 것은 일부 가족에게 효과적일 수 있다. 그러나 대부분의 경우, 개방형 접근은 부모로 하여금 전문가의 의견을 따르게 하거나 그들의 최우선순위로 반드시 포함할 필요가 없는 것을 결정하도록 한다. 이는 가족이 수백 가지의 잠재적인 선택을 우선순위에 따라 구조화하는 데 도움을 줄 수 있는 어떠한 전략도 지원받지 못한 채, 우선순위를 결정해야 하는 상황을 직면할 때 발생할 수 있다. 따라서 우선순위를 구조화하는 전략으로 문제해결 방법을 사용하는 것은 의미 있는 선택을 촉진시킬 것이다.

COACH는 Osborn–Parnes의 **창조적 문제해결 과정**(Creative Problem–Solving Process; CPS; Osbon, 1993; Parnes, 1988, 1997)에서 선택된 요소들을 따르며, 이는 역사적으로 그 효과가 입증된 접근 방법이다(Parnes, 1992). CPS의 유형은 COACH에 삽입되어 가족이 자녀의 교육계획에 포함될 가장 중요한 학습 목표를 선택하도록 돕는다. 일단 문제 혹은 어려움이 판별되면, CPS는 다음과 같은 기본 단계를 제안한다.

- 비전 개발하기 혹은 목표 발견하기(일반적인 어려움 판별하기)
- 사실 발견하기(정보 모으기)
- 문제 발견하기(문제 명료화하기)
- 대안 발견하기(다양한 대안에 대하여 브레인스토밍하기)
- 해결 방법 발견하기(기준을 토대로 최선의 대안 선택하기)
- 수용 발견하기(계획 세우기, 다듬기, 실행하기)

비록 COACH는 전형적인 CPS 절차를 그대로 적용하지는 않지만, CPS의 핵심적 특징 중 많은 부분을 가지고 있다. 이어지는 장은 CPS의 세 가지 핵심 개념이 COACH에 삽입된 방법을 설명한다.

사실 발견하기와 판단 유보하기

COACH는 앞의 단계들에서 하나의 유형을 만들었는데, 그것은 참여자들이 사실 발견하기와 관련된 다양한 질문을 받은 어떤 시점에서 그들에게 판단을 유보하고, 그것에 대한 판단 없이 정보를 공유하도록 독려하는 것이다. 그러나 그들은 같은 단계에서 다른 시점에 적극적인 판단을 요청받기도 한다. 의식적으로 초기에 유보된 판단은 가족이 실수로 놓치거나 너무 성급하게 판단하여 놓칠 수 있었던 대안들을 고려할 수 있게 한다.

확산과 수렴의 단계 교차하기

앞선 단계들 안에서 확산되고 수렴되는 생각들을 번갈아 사용하는 것은 사실 발견하기와 판단 유보하기의 틈새를 좁히는 CPS의 매우 중요한 특징이다. 확산은 문제해결 시 하나의 지점으로부터 다양한 방향으로 문제를 확장시키면서 정보와 대안을 폭넓게 찾도록 돕는다. 수렴은 궁극적으로 선택할 수 있는 적은 수의 선택사항들에 집중하도록 다양한 자료를 분석하게 한다. COACH는 각 단계와 하위단계 안에서 생각을 확산하고 수렴하는 것을 번갈아 진행한다. 예를 들면, 1.1단계는 참여자들이 현재와 미래의 가치 있는 삶의 목표에 대하여 다양하게 생각할 수 있도록 돕는 사실 발견하기 질문으로 시작한다. 1.1단계는 가족에게 그들이 학생에게 올해 중요하다고 생각하는 것을 평정하게 함으로써 가치 있는 삶의 목표 범주에 대하여 판단할 것을 요청하면서 수렴적으로 마무리된다. 1.2단계 안에서 가족은 판단을 유보하고 COACH의 9개 교육과정 영역을 다양하게 고려할 것을 요청받으며, 이후 가족 면담 동안 9개 영역을 가장 중요하다고 여기는 4개 이하의 영역으로 좁히면서 수렴 과정을 거친다. 1~3단계는 판단을 유보한 채 다양한 사실 발견하기를 포함하며, 이후에는 참여자가 판단하고 학생의 교육 프로그램의 바람직한 요소에 초점을 두면서 의견을 수렴하도록 요구한다.

COACH 단계의 확산과 수렴 양상은 의도적으로 분리되었는데, 그 이유는 대안을 만들어 내고 그것들을 평가하기 위한 시도가 동시에 이루어지면 충분한 정보를 제공한 상황에서의 선택을 방해할 수 있기 때문이다. Firestien(1989)은 이것을 양발을 브레이크와 가속 페달에 동시에 놓고 운전하는 것에 비유하였다. 그러나 이러한 접근은 누구에게나 가능하지는 않다. 효과적인 문제해결사는 확산 · 사실 발견하기 동안 적극적으로 판단을 유보하고 수렴해야 할 시기가 되었을 때 의도적으로 판단에 참여한다.

다수의 기회와 다양한 관점

COACH는 또한 최종 선택에 앞서 가족이 다양한 관점을 통해 상당수의 교육과정 가능성을 고려할 다수의 기회를 제공함으로써 우선순위를 선택하도록 도우며, 최종 선택 전에 여러 번에 걸쳐 가능성을 점차 좁혀 가도록 이루어진다. “올해 미구엘의 개별화교육계획에서 어떤 것을 보고 싶습니까?”라고 묻는 더 전통적인 접근 안에서 부모들은 단 한 번만 대답할 수 있다. 개별화교육계획에 포함되는 우선순위로서 특정 학습 목표가 선택되기까지(1부, 1.5단계), 그것은 가족이 1.1~1.5단계의 다양한 항목에서 6~9회 정도 고려한 것이다([그림 1-4] 참고). 이것은 가족이 자녀에게 가장 적절한 학습 목표를 선택할 가능성을 증가시킨다.

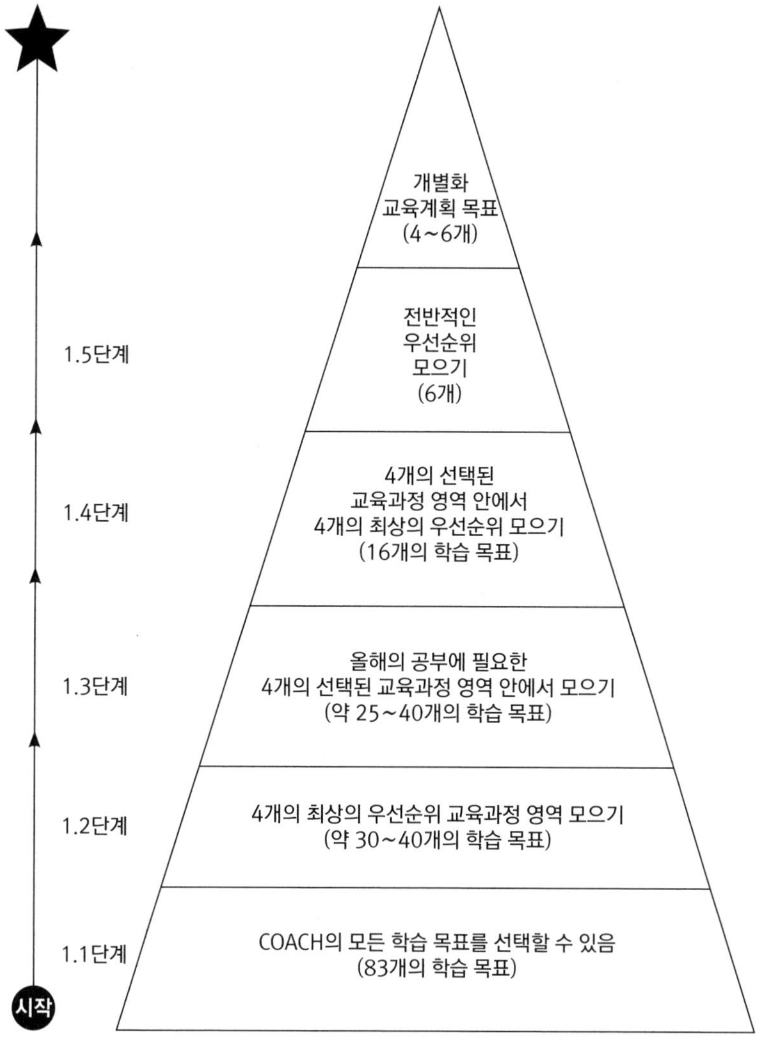

[그림 1-4] 부모가 최상의 우선순위를 수렴하도록 COACH가 돕는 방법

COACH 2부(4~6단계): 가족의 우선순위를 목표로 전환하기

2부는 가족이 결정한 우선순위를 ① 연간 목표, ② 단기 목표, ③ 프로그램 요약본

으로 전환시키도록 팀을 돕는 세 가지 단계로 구성된다. 연간 목표와 COACH의 이전 구성요소(추가 학습 목표, 일반적 지원)를 쉽게 접근할 수 있는 형식으로 짧게 요약한다.

연간 목표

4단계는 가족이 1.5단계에서 정한 우선순위에 근거하여 연간 목표를 개발하기 위한 과정을 제공하는데, 우선순위는 1년 안에 습득할 수 있다고 판단되는 관찰 가능한 행동과 그 행동이 사용될 환경(예: 비장애 또래와 함께하는 학교 · 가정 · 지역사회 또는 직업 현장에서 직장동료와 함께하는 휴게실)을 포함한다([자료 1-10] 참고). 맥락을 확인하는 것은 팀원이 학생이 기능할 것이라고 기대하는 자연스러운 환경과 자연적으로 발생하는 상황에서 교수를 계획하도록 돕는다. 연간 목표 작성 시 맥락을 기록하는 것 역시 일반 교실과 비장애인이 자주 방문하는 연령에 적절한 다른 장소(예: 나이 많은 학생을 위한 지역사회 작업장)로의 접근을 정당화할 수 있다.

가족이 정한 우선순위를 연간 목표로 전환하기 위해서는 확인된 우선순위와 관련된 학생의 현행 수행 수준을 완전히 이해해야 한다. 이러한 이해를 위해 기존 평가 정보 혹은 특정 우선순위에 대한 추가 평가 정보를 수집할 필요가 있다(Brown & Snell, 2011). COACH 학습 목표는 상당히 광범위하게 진술되고 폭넓게 해석되도록 의도적으로 열려 있기 때문에, 연간 목표로의 전환은 학생을 위한 우선순위의 의미를 명료화하는 것으로 시작한다. 때로 COACH의 학습 목표 문장이 연간 목표 진술로 적합할 것이다. 그러나 대부분의 경우 그 문장 진술은 팀이 1년 안에 습득 가능할 것으로 간주되는 것을 보다 잘 반영하도록 조정되어야 할 것이며, 수정된 언어가 어떻게 가족이 선택한 우선순위와 연결될지를 항상 염두에 두어야 한다.

연간 목표는 교육 프로그램의 로드맵으로서 기능하도록 고안되기 때문에, 팀이 계획을 실행하는 방향을 제시할 수 있는 방식으로 진술되어야 한다. 예를 들어, 반응 형태의 진술(예: 말하기, 가리키기, 눈 응시하기, 쓰기, 그리기)은 우선순위 학습 목표의 관찰 가능한 측면을 더해 주기 때문에 연간 목표를 명확하게 하는 데 도움이 된다. 이것은 배치 혹은 학교 관계자의 변화가 발생하는 2개의 다른 학년에 걸친 교육계획을 개발할 때 특히 중요하다. 이러한 유형의 변화가 발생했을 때 연간 목표가 명확히 쓰이지 않으면 목표를 전달받은 팀은 목표 선택의 숨겨진 의미를 오해할 위험이 있다.

행동의 어떤 양상이 교수의 초점인지를 명확하게 하는 것은 연간 목표에 포함되는 또 다른 도움 요소이다. 예를 들어, 만약 목표를 "토미는 지역사회의 가게에서 물건을 구매하는 능력을 향상시킬 것이다."라고 쓰면, 이 목표의 초점은 구매(예: 상품의 위치

4단계 연간 목표

목표: ___________

1. 1.5단계로부터 추출된 우선순위 학습 목표: ___________

2. 우선순위 학습 목표에 대한 현재 평가에 근거한 현재 수행 수준: ___________

____

3. 학생이 올해 사용할 것이라고 기대하는 기술 · 행동과 관련하여 자연스럽고 나이에 적절한 맥락(장소, 활동)은 무엇인가? ___________

____

4. 우선순위 학습 목표의 어떤 측면이 연간 목표에 반영되어야 하는가? 올해에 해당하는 것을 모두 선택하라. ___________

__ 부가적인 단서 · 지원 감소	__ 핵심 기술 습득	__ 수행의 질
__ 자연스러운 지원에 대한 반응	__ 기술목록 확장	__ 속도, 비율, 유창성
__ 환경, 사람, 자료 · 단서에 걸친 일반화	__ 지속시간 확장 또는 감소	__ 시간 경과 후 지속
	__ 기타:	__ 기타:
		__ 기타:

5. 팀이 학생이 올해 배우기를 원하는 관찰 가능하고 측정 가능한 특정한 기술 · 행동은 무엇인가? ___________

____

6. 최종 연간 목표(맥락과 기술 · 행동을 포함): ___________

____

[자료 1-10] 연간 목표의 형식 일부 발췌

알기, 가격 지불하기)와 관련된 핵심 기술의 습득이라고 가정된다. 비록 그런 핵심 기술은 한 학생에게 초점을 맞춘 것일 수 있으나, 같은 목표를 가진 다른 학생은 구매와 관련된 다른 초점을 가질 수 있다. 예를 들어, 한 학생은 물품을 찾을 수 없을 때 무엇을 해야 할지에 대한 문제해결 전략을 배울 필요가 있고, 다른 학생은 미리 포장된 상품 이외에도 농산물, 대량 포장 물품, 조리된 음식을 구입할 수 있도록 행동 목록을 확장시킬 필요가 있으며 이는 각각 다른 기술을 요구한다. COACH는 팀이 핵심기술과 학습 목표의 다른 측면을 포함하여 다음 중 어떤 측면이 학생에게 적절한지를 고려하도록 한다. ① 부가적인 단서와 지원을 감소시키기, ② 자연스러운 단서에 반응하기, ③ 장소, 사람, 자료, 단서에 일반화하기, ④ 지속 시간을 확장 또는 감소시키기, ⑤ 수행의 질을 높이기, ⑥ 속도, 비율, 유창성을 증가시키기, ⑦ 시간에 따른 기억력 증진하기, ⑧ 학생에게 중요한 학습 목표의 다른 양상을 변별하기(Brown, Evans, Weed, & Owen, 1987; Brown, Lehr, & Snell, 2011; Brown & Snell, 2011). 연간 목표의 의도를 명확하게 하는 것과 목표를 관찰 가능한 행동으로 서술하는 것은 단기 목표 개발 과정에서 단기 목표가 더 정제될 수 있는 지침을 제공한다(단계 5).

COACH를 사용하여 생성된 연간 목표는 학생의 교육에 적절하고 개별화된 초점을 제공하며, 교육계획과 역사적으로 관련된 일반적인 문제를 피하도록 고안되었다(Giangreco et al., 1994). 잠재적 대안을 가진 일반적인 문제들은 다음과 같다.

- 문제 1: 목표가 모호하고 행동의 광범위한 범주를 사용한다(예: "조스는 의사소통 기술을 향상시킬 것이다."). 이 목표는 어떤 의사소통 기술이 언급되어야 하는지를 우리에게 알려주지 않는다.

  → COACH 대안: 개별화된 학습 목표를 수립한다(예: "조스는 1학년 활동을 하는 동안 15개의 새로운 수화를 사용하기 시작할 것이다.").

- 문제 2: 본질이 없는 미사여구를 목표에 사용한다[예: "지나는 서클 오브 프렌즈(알고 지내는 친구들의 수)를 늘릴 것이다"는 지나가 자신의 서클 오브 프렌즈를 확장시키기 위해 무엇을 배워야 할 것인지를 우리에게 알려주지 않는다.].

  → COACH 대안: 가치 있는 삶의 목표에 근거하여 가족이 선택한 우선순위를 목

표에 포함시킨다[예: "지나는 교육과정 활동을 하는 동안 학급 친구들과 함께 사회적 상호작용(예: 인사하기, 대화 나누기)을 시작하고 유지할 것이다."].

- 문제 3: 개별화교육계획을 오랜 기간 사용하지 않은 채 불필요하게 놓아 둔다면 개별화교육계획을 통해 의도한 약속의 이행이 어렵게 되고 어떤 목표가 우선순위인지를 밝혀내는 것도 어렵게 된다.

  → COACH 대안: 짧고, 유용하고, 우선순위 학습 목표를 추가 학습 목표와 구별하는 프로그램 요약본을 개발한다.

- 문제 4: 학생을 위한 행동보다는 팀원을 위한 행동으로 목표를 기술한다(예: "언어치료사는 메리 앤의 보청기를 매일 점검할 것이다.").

  → COACH 대안: 학생을 위한 목표는 팀원이 제공하는 일반적인 지원과 구별한다(예: "특수교육보조원는 언어치료사에게 보청기 점검법을 배워서 메리 앤의 보청기를 매일 점검할 것이다."는 학생의 교육계획에 일반적 지원으로 쓰이는 것이지 장 · 단기 목표로 쓰이지 않는다).

- 문제 5: 목표가 전문용어와 알아들을 수 없는 말로 채워져 있다(예: "다렌은 언어치료에서 양순음 조음을 향상시킬 것이다.").

  → COACH 대안: 목표는 훈련에서 자유로워야 한다(예: "같은 반 친구와 교사와의 대화에서, 다렌은 말로 의사소통하려고 시도한 것이 이해되지 않았음을 인지하고, 말과 몸짓 및 가리키기를 함께 사용하는 등 대안적 의사소통 방식과 소리 내어 말하려는 시도를 결합할 것이다.").

이 보기들은 무엇을 가르치고 어디에서 가르칠 것인지가 명확하지만, 어떻게 교수가 일어날 것인지를 특정하지는 않는다. COACH는 여러 국가에서 사용되기 때문에 연간 목표 기술과 관련된 요구 및 권장사항은 다양하다. 그러므로 우리는 당신의 지역적 맥락 안에서 COACH의 제안을 고려하고, 보다 깊이 있게 목표 기술을 탐구하는 다른 자료들(예: Bateman, 2007; Bateman & Linden, 2006)과 풍부한 온라인 자료를 참조할 것을 권장한다.

단기 목표

5단계는 4단계에서 수립한 목표의 의도와 현재 수행 수준에 근거하여 연간 목표를 보다 작은 부분들로 나누는 간단한 형식을 제공한다. 단기 목표는 다양한 방식으로 쓰일 수 있지만, 광범위하게 수용될 수 있는 여러 형식들은 다음의 세 가지 구별되는 요소를 포함해야 한다. 즉, ① 조건(conditions), ② 행동(behavior), ③ 기준(criteria)이다(Janney & Snell, 2011; [자료 1-11] 참고).

5단계 단기 목표

조건	기술/행동	기준

[자료 1-11] 단기 목표 형식 일부 발췌

어떤 행동을 발생하게 하는 조건을 포함해야만 하는데, 조건은 학생을 행동에 참여시키기 위해 중요하다. 이런 조건들은 빈번히 특별한 단서(예: "네가 원하는 것을 보여 줘." "스위치를 켜."), 특별한 장비나 자료(예: 줄이 쳐진 종이, 손잡이가 있는 숟가락, 시각화된 상징 스케줄, 압착판이 있는 접시), 환경(예: 교실에서, 쉬는 시간 동안에 놀이터에서, 공부 시간에)으로 언급된다. 조건은 다양한 조합으로 설명할 수 있다. 모든 조건을 포함할 필요는 없고, 학생이 목표를 추구하도록 하기 위해 결정적이고 고유한 조건들만 포함할 필요가 있다. 교수가 부가적 단서를 추가하는 것으로 시작되더라도, 궁극적으로는 학생이 가능한 한 자연스러운 맥락에서 자연스러운 단서에 반응하도록 하는 것이 중요하다. 그러므로 인위적으로 발생하는 보조적인 조건은 신중하게 사용되어야만 하고, 그런 조건을 가능한 한 빨리 소거하도록 계획해야 한다.

학생이 보이는 행동은 모든 목표의 중심 특징이다. 행동은 관찰과 측정이 가능해야만 한다. 때로 사람들은 교수 결과로 학생이 할 수 있게 될 것보다는 교사나 관련서비스 제공자가 학생을 위해 하려고 하는 것을 부적절하게 장·단기 목표로 작성한다. '이해하다' '안다'와 같은 용어들을 피하고, 학생이 알거나 이해하는 척도(예: 가리킨다, 말한다, 쓴다, 씻는다, 센다, 산다)인 관찰 가능한 행동을 기술한다.

목표는 기준을 포함해야만 한다. 기준의 유형은 행동과 대응되는 방법에 기초하여 선택한다. 예를 들어, 학생이 다른 사람과 적절하게 인사를 시작하는 횟수를 늘리고자 한다면, 당신은 학생이 인사를 시작하는 빈도 또는 특정 시간 동안 학생이 갖는 기회의 수에서 시작하는 횟수를 비교하는 백분율을 취해야 한다. 기준의 유형은 제한되어 있지 않아서 빈도, 백분율, 속도, 질, 지속시간, 반응 지연속도 등을 포함할 수 있다. 목표를 충족시킴(예: 2주 이상 학교에 오는 날이 연속 5일 중 4일)을 만족스럽게 보고하기 전에 얼마나 행동이 안정되어 있는지를 나타내는 기준의 두 번째 요소를 포함하는 것이 유용하다.

단기 목표는 평가, 계획, 교수, 자료에 근거한 결정으로 이루어진 교수적 순환을 도울 수 있어야 한다. 3~4개의 단기 목표를 개발할 때, 세 요소는 일부 혹은 모두가 바뀔 수 있다. 즉, 행동이 목표에 따라 변하더라도 조건과 기준은 일관되게 유지할 수 있다. 마찬가지로, 기준이 변하더라도 조건과 행동은 일관되게 남아 있을 수 있다. 어떤 경우에, 특히 많은 단서와 지원, 다른 조건을 요구하는 학생의 경우에 각 목표 안에서 조건이 변하는 동안 행동과 기준은 똑같이 남아 있을 수 있다. 3개 중 2개의 요소가 다양할 수 있고, 세 요소 모두 다양할 수도 있다. 어떤 요소를 변화시킬 것이고 얼마나 많은 요소를 변화시킬 것인지에 대한 개별화된 결정은 교수 목표인 학습 목표의 성격, 당신이 가진 평가 자료, 학생의 특징과 교수에 대한 반응에 대해 당신이 알고 있는 것에 달려 있다. 어떤 학습 목표는 빈도의 증가를 기준으로 정할 수 있는 반면, 다른 학습 목표(예: 길 건너기)는 안전상의 이유로 100% 정확도가 필요하다. 그러므로 조건(예: 지원, 단서, 촉진의 수준)과 행동(예: 횡단보도 가드가 설치된 횡단보도 건너기, 신호등이 있는 횡단보도 건너기, 멈춤 표지판이 있는 횡단보도 건너기)을 수정하는 것은 보다 타당하게 이루어져야 한다.

어떤 도구이든 마찬가지겠지만, 단기 목표는 잘 사용될 수도 있지만 잘못 사용될 수도 있다. 어떤 사람들은 단기 목표를 쓰는 방식이 학생이 배울 필요가 있는 것을 더 측정하기 쉬운 것으로 한정해서 사소하게 만들거나, 계획과 실행에서 팀의 창의력을 방해하진 않을지 우려한다. 이런 사례가 만들어져서는 안 된다. 단기 목표는 팀이 문제에 어떻게 접근해 나가느냐에 따라 사소하고, 지겹고, 제한적이거나 적절하고, 흥미롭고, 창의적이 될 수 있다. 최상의 조건에서, 단기 목표는 규명된 목적지(연간 목표)에 도달하기 위해 선택한 지름길로 가는 지도로 사용될 수 있다. 어떤 여행 계획에서도 당신은 한 가지 길에서 출발한 후 자신이 얻은 새로운 정보에 부합하는 길로 바꿀 수 있다. 대부분의 학교가 대략 40주의 회기로 운영되기 때문에, 각 (연간) 목표에는 학교의 한 학기에 해당하는 대략 10~12주의 간격으로 운영되는 3~4개의 단기 목표를 쓰는 것이 제안된다. 교육과 관련된 대부분의 일에서처럼 단기 목표는 결코 완벽하지 않고 자주 변화의 상태에 있다. 따라서 비록 단기 목표를 가치 있는 활동으로 설정했을지라도 추후에 재조정할 필요가 있을 수 있으므로 세부사항을 너무 자세하게 진술하지 않는 것이 중요하다. 초기 단기 목표는 정보가 주어진 그 시기에 팀원이 할 수 있는 '최상의 추측'이다.

프로그램 요약본

많은 교사가 개별화교육계획 문서는 매일 계획하고 사용하기에는 너무 복잡하다고 생각한다. 프로그램 요약본은 학생의 교육과정에 대한 결정적인 정보를 포함하고, 학교에서 지내는 동안 적용될 수 있는 요구들을 지원한다([자료 1-12] 참고). 그러므로 빠른 접근을 위해 손이 닿기 쉬운 장소에 두면서도, 학생 정보에 대한 비밀 보장이 이루어지도록 보관해야 한다. 프로그램 요약본은 전형적으로 ① 가족이 정한 우선순위(1.5단계)에 근거한 연간 목표(4단계), ② COACH의 추가 학습 목표(2.1단계), ③ 일

6단계 프로그램 요약본

학생 이름: ________________ 날짜: ________________

프로그램 요소들의 목록: ① 개별화교육계획에 포함될 가족의 최우선순위, ② 교육과정 영역에서 도출한 COACH의 추가 학습 목표, ③ 기본적인 참여 유형과 학습 목표 '시작점' 샘플을 나타내는 일반교육과정의 추가 학습 목표, ④ 일반적 지원의 범주와 항목

[자료 1-12] 프로그램 요약본 일부 발췌

반교육과정과 참여의 기초 유형(예: 중다수준 · 중복 교육과정)에서 얻은 추가 학습 목표의 시작점(2.2단계), ④ 일반적 지원(3단계)을 내용으로 하는, 약식 형태로 제시되는 간결한 교육 프로그램 요소들의 목록이다.

프로그램 요약본은 학생의 교육적 프로그램 요소들을 문서화하고 의사소통하기 위한 축약된 형식을 제공한다. 담임교사(학급교사), 특수 영역의 교사(예: 미술, 음악, 체육, 도서관), 관련서비스 전문가(언어치료사, 물리치료사, 작업치료사), 학생을 지원하는 특수교육보조원과 공유하기에 유용한 요약이다.

Section Ⅱ

COACH에 관한 Q & A

COACH는 개별화교육계획과 어떻게 연결되는가?

COACH는 장애학생에게 적절한 교육을 계획하기 위한 전반적인 접근의 한 부분으로 개발되었다. 그러므로 개별화교육계획 도구로 간주되며 전환계획의 유용한 요소로 입증되고 있다(예: 유아원에서 유치원으로 전환, 학년 전환, 학교에서 중등 이후 교육기관으로 전환). COACH는 다음과 같은 특성을 토대로 교육계획을 지원한다.

- 가족 중심 우선순위 판별
- 추가 학습 목표 판별(예: 일반교육과정)
- 학생에게 제공되는 일반적 지원 판별
- 판별된 우선순위를 개별화교육계획의 장단기 목표(연간 목표 및 단기 목표)로 전환
- 프로그램 요약본을 통해 교육 프로그램 요약
- 일반교육 수업 및 활동에 참여하도록 계획
- 교육적 노력의 영향 평가

하지만 COACH는 다음의 이유로 개발된 것은 아니다.

- 특수교육 적격성 여부 결정
- 종합 평가 프로파일 제공

- 성적 혹은 발달수준 결정
- 다른 계획도구 배제
- 장애학생 분리의 정당화

일반적으로 COACH는 개별화교육계획의 장 · 단기 목표 설정을 지원하고 선정된 장 · 단기 목표와 관련하여 학생의 현행 수준을 작성하기 위한 정보를 제공하고자 한다. 이 정보는 또한 COACH를 이용하여 판별된 교육 프로그램 구성요소를 실행하는 데 요구되는 교육 관련 지원 서비스(Giangreco, 2000)를 결정하기 위해 팀이 사용할 수 있다. COACH는 개별화교육계획 개발의 주요 단계들의 순서와 잘 맞는다. 순차적 단계로 제시되었을지라도 서로 겹치는 다양한 부분이 있을 것이다.

◆ COACH를 활용한 개별화교육계획 개발 단계

① 특수교육의 적격성을 결정한다(COACH 사용 전).

② 학생을 위한 계획 팀을 구성한다.

③ 학생의 장점, 흥미, 요구에 관해 배울 수 있는 전반적 계획서를 작성한다. 팀은 자신의 전문 영역을 바탕으로 개별적인 목표를 세우는 것이 아니라 학생에 대한 서술적 정보를 생성한다.

④ COACH의 1부를 사용하여 교육 프로그램의 구성요소를 결정한다(우선순위 학습 목표, 추가 학습 목표, 일반적 지원).

⑤ COACH 2부를 사용하여 학습 목표의 우선순위를 연간 목표와 단기 목표들로 전환한다.

⑥ 학생의 교육적 배치를 결정한다. 이는 학생을 위해 개별적으로 결정된 교육 프로그램을 실행할 수 있는 최소 제한적 환경이어야만 한다. 학생이 장애가 없었다면 배치되었을(이웃학교의 일반교실), 부가적인 지원과 서비스가 제공되는 교육환경을 항상 먼저 고려해야 한다.

⑦ 배치된 교육환경에서 학생의 교육 프로그램을 지원하는 데 필요한 관련서비스를 결정한다(Giangreco, 1996b 2000; Giangreco, Edelman, Luiselli, & MacFarland,

1996, 1998; Giangreco, Edelman, Nelson, Young, & Kiefer-O'Donnell, 1999). 교육 프로그램(예: 개별화교육계획)과 배치는 관련서비스에 대한 공식적 결정보다 먼저 이루어져야 하는 것으로 알려져 있다(Giangreco, 2001a).

⑧ COACH와 다른 자료(예: 문해력 측정, 구어-언어 평가)를 통해 얻은 정보는 공식적인 개별화교육계획 문서로 전환된다. 양질의 개별화교육계획은 일회성 사건으로 그치지 않는 과정이다.

⑨ 이 시점에서 팀은 학생이 무엇을 배울지, 어디에 배치될지, 학생의 프로그램을 지원하기 위해 누가 참여하고 어떻게 지원할지 안다. 이제는 COACH에 기초한 계획을 실행할 수 있는 도구를 사용하여 계획을 더 정교화하고 지속적으로 계획한다(Section IV 참조).

COACH는 누구를 위해 사용해야만 하는가?

COACH는 자신의 생활연령에 맞는 전형적인 일반교육과정 및 지원 이상의 교육적 요구를 가진 3~21세 장애학생을 위한 교육 프로그램 계획을 돕고자 개발되었다. 다시 말해서, 이 학생들이 배울 필요가 있는 가장 중요한 것들의 일부를 그들의 또래 대부분은 이미 습득하였기에 전형적인 일반교육과정과 지원으로는 충분하지 않다. COACH는 중등도 혹은 중도장애를 가진 학생들에게 적절한 도구로 활용될 수 있다. 국제기구인 미국중도장애인협회(The Association for Persons with Severe Handicaps: TASH)에 의한 중등도 및 중도장애인의 정의는 다음과 같다.

> 통합된 지역사회에 참여하고 모든 시민과 유사한 삶의 질을 즐기기 위해 하나 혹은 그 이상의 주요 일상활동에서 지속적인 지원을 요구한다. 지원은 이동, 의사소통, 자기관리, 지역사회 생활, 고용, 자기충족을 위해 필요하다.

비록 중도장애와 같은 용어가 명확하거나 동의된 정의 없이 일반적으로 사용되고 있지만 미국지적장애및발달장애협회(American Association on Intellectual and Developmental Disabilities)와 같은 기관(Schalock et al., 2010)에서는 지적장애 정도에 따라 사람들을 묘사하는 것(예: 경도, 중등도, 중도, 최중도)으로부터 벗어나 지원요구의 유형 및 강도를 기초로 분류하는 다차원적 분류체계(예: 지적능력, 적응행동, 건강, 참여, 맥락)의 사용으로 옮겨 가고 있다. 이러한 움직임은 개인의 현재 능력과 환경의 요구 사이의 더 나은 조합을 촉진하고자 하는 의도이며, 이는 COACH의 목적과도 일치한다.

비록 장애 진단 혹은 분류가 특정 학생에게 COACH 사용이 적절한지를 결정하는 것과는 무관하더라도 지금까지 COACH를 적용한 학생들의 공통된 장애 유형을 아는 것은 유용할 수 있다: 다운증후군, 자폐성장애, 뇌성마비, 시청각장애, 취약 X 증후군(fragile X syndrome), 레트 증후군(Rett syndrome), 윌리엄 증후군(Williams syndrome), 코넬리아 디란지 증후군(Cornelia de Lange syndrome), 앤젤만 증후군(Angelman syndrome), 레쉬-니한 증후군(Lesch-Nyhan syndrome), 댄디-워커 증후군(Dandy-Walker Syndrome). 수정을 통해 COACH의 요소들은 연령이 더 낮거나 높거나 장애 정도가 더 경한 학생에게도 사용될 수 있지만, 일반적으로 COACH는 고출현율 장애를 가진 학생(예: 특정 학습장애, 구어-언어장애), 정서 · 행동장애학생, 오직 감각장애만 가진 학생(예: 시각장애, 청각장애), 다른 장애(예: 지적장애)와 함께 발생하지 않는 지체장애를 가진 학생을 위해 개발된 것은 아니다. 이 학생들은 일반적으로 자신의 학년 수준이나 비슷한 수준의 일반교육과정을 따르기 때문에 COACH가 필요하지는 않다. 그들은 일반교육과정을 넘어서는 COACH에 포함된 학습 목표를 성취할 필요가 없다. COACH는 영유아를 가르칠 때 자주 고려되는 발달기술의 대부분을 포함하지 않는다. 어떤 교사는 COACH 과정에 포함되어 있는 학습 목표를 다른 교육과정의 내용들로 대체함으로써 연령이 낮거나 장애 정도가 경한 아동에게 COACH를 성공적으로 이용한다.

COACH를 완성하는 데 얼마나 걸리는가?

COACH는 융통성 있는 도구이기 때문에 완성 시간은 매우 다양하다. 가족 면담(1단계)에는 1시간 정도 소요될 수 있다. 면담 시간은 다음과 같은 요소에 따라 다양하다. ① 진행자의 익숙함(경험, 기술), ② 면담에 참여한 가족 구성원의 수(보통 부모 한 명보다는 2명과 면담 시 약간 더 오래 걸린다), ③ 면담 동안 가족 구성원이 검토하고자 선택한 교육과정의 영역(1.2단계; 교육과정 영역 전반에 걸쳐 학습 목표의 수가 다르기 때문). 일반적으로 COACH를 처음 사용하는 진행자는 시간이 더 오래 걸린다. 만약 가족 면담에 90분 이상이 소요된다면 무언가 문제가 있는 것이다. 〈표 2-1〉은 1부의 다양한 단계와 하위 단계들을 완성하는 데 걸리는 대략적인 세부 시간들을 보여 준다. 2부 활동을 완성하는 데 걸리는 시간은 2부에 속해 있는 활동들을 지속해서 실행해야 하므로 더 다양하기도 하다.

〈표 2-1〉 COACH의 1부 단계와 하위 단계 완성 소요 시간

단계	시간(분)
1단계: 가족 면담	60~85
참여자들에게 COACH 소개	5~10
1.1 가치 있는 삶의 목표	10~15
1.2 교육과정 영역 선택	5~10
1.3 학습 목표 평정	15~20
1.4 학습 목표 우선순위 선정	12~15
1.5 우선순위 교차 점검	13~15
2단계: 추가 학습 목표	45~60
2.1 COACH의 추가 학습 목표	10~20
2.2 일반교육과정의 추가 학습 목표	35~40
3단계: 일반적 지원	10~15
4단계: 연간 목표	다양
5단계: 단기 목표	다양
6단계: 프로그램 요약본	10~15

COACH의 진행자는 누구인가?

COACH의 과정에 익숙한 팀원은 누구라도 진행자가 될 수 있다(예: 특수교사, 일반학교 심리학자, 생활지도 상담사, 언어치료사, 가족지원 인력). 팀원은 COACH의 다양한 파트를 누가 책임지게 될지에 동의해야 한다. COACH는 학생 및 가족과 친숙한 사람이 실행하거나 상황과 무관하여 질의시간 동안 편견의 개입을 최소화할 수 있는 제삼자가 실행할 수도 있다. 어떤 방법이든 효과적일 수 있으며, 그것은 팀의 선택과 역동성에 달려 있다. 가족 및 학생과 친숙한 사람은 부모의 반응을 이끌어 내는 질문에 면담자의 관점이 반영되지 않도록 주의를 기울여야 한다. 가족과 친숙하지 않은 사람은 질문 방식, 어휘, 속도 등을 조정할 수 있어야만 한다. COACH는 두 가지 상황 모두에서 성공적으로 실행될 수 있으며, COACH에 대한 익숙함과 능숙함이 그것을 효과적으로 사용하는 데 필수적인 공통 요인이라는 것이 발견되었다.

COACH의 참여자는 누구인가?

다양한 팀원이 COACH의 다양한 단계에 참여한다. 각 상황이 독특하기 때문에 팀은 COACH의 다양한 단계에 누가 참여해야 하는지에 대한 명확한 규칙을 제공하기보다 각 단계의 목적과 성과를 이해하고 누가 다양한 단계에 참여할 필요가 있는지 개별적으로 결정해야 한다. 팀 전체는 적절할 때 참여하기 위해 그 계획을 알고 있어야 한다. 이러한 참여자의 개별화에 예외가 되는 상황이 있는데, 가족 면담은 반드시 가족을 포함해야 한다.

때때로 전문가들은 자신들끼리 가족 면담 단계를 실행할 수 없는지 질문한다. 그에 대한 대답은 명백히 '안 된다'이다. COACH에 부모를 참여시키지 못한 전문가들은 COACH의 몇몇 개념과 생각을 사용할 수 있을지는 모른다. 하지만 가족 및 부모라는 용어는 넓은 의미로 아동과 함께 살고 돌보는 성인을 언급하기 위해 사용된다는 것을 알아 주었으면 한다.

비록 팀 전체가 가족 면담 과정과 목표를 알아야 하지만 면담 그 자체는 진행자, 특수교사(종종 진행자 역할을 함), 일반교사, 부모, 적절한 경우에는 학생을 포함하는 더 친밀한 활동이 되어야 한다. 학생이 한 명 이상의 일반교사와 만나는 중학생 혹은 고등학생인 경우에는 대표 일반교사를 지명하되 특수교사는 가족 면담에 앞서서 다른 교사들과도 의사소통해야 한다.

가족 면담 동안 가족은 학생의 참여에 대한 개별적 결정을 해야만 한다. 학생, 특히 청소년(17~21세)이 COACH에 참여할 때 학생과 부모 중 누가 우선순위 결정 권한을 가질 것인지를 분명히 하는 것이 중요하다. 우리는 일반학생에게 제공되는 권리와 책임을 장애학생에게도 똑같이 적용할 것을 제안한다. 이는 학생이 점점 나이가 들면서 의사결정권도 증가되는 것을 의미한다. 학생이 17~18세가 되면, 즉 그들의 또래가 고등학교를 졸업하는 나이에 그들은 가능한 만큼 그리고 그들의 가족이 문화적으로 수용할 수 있을 만큼의 우선순위 선택의 결정권을 제공받아야 한다. 그리고 그런 결정은 반드시 개별적으로 이루어져야 한다.

가족 면담은 문서에서 수집되기 어려운 가족의 관점을 듣는 풍부한 기회를 제공하기 때문에 일반교사의 가족 면담 참여는 중요하다. 만약 팀이 가족 면담에 더 많은 사람을 초대하길 원한다면, 가족과 그러한 상황이 편안한지, 사람들의 수에 압도되거나 겁나지 않는지를 먼저 상의해야 한다.

핵심집단(진행자, 특수교사, 일반교사, 부모, 학생)은 2단계(추가 학습 목표)와 3단계(일반적 지원)의 실행 동안 참여해야만 한다. 일반교사나 관련서비스 제공자 모두가 참여하지 않는 경우 누군가(일반적으로 특수교사 혹은 대표 일반교사)는 일반교육과정 영역 · 수업, 회의에 참여하지 않는 서비스 제공자의 관점에 대해 알고 있어야 한다. 이는 COACH 실행에 앞서 그들과의 미팅을 통해 교육과정 내용, 목표학생을 위한 참여와 지원에 대해 정보를 수집할 것을 요구한다(2.2단계와 3단계의 지침 참고). 팀이 COACH의 다양한 단계를 완성하는 데 누구를 지정하든지 상관없이 지명받은 진행자는 팀 구성원들로부터 피드백을 얻기 위해 정보를 수집하고 모든 팀 구성원과 의사결정 사항들을 공유할 책임이 있다. 이러한 과정은 면대면 회의(대집단 또는 소집단 회의) 또는 전화, 서신(이메일)을 통해 이루어질 수 있다.

2부 4단계(연간 목표)와 5단계(단기 목표)는 다른 시점에서 팀원 중 지명받은 구성원 집단에 의해 이루어지며 반드시 부모를 포함할 필요는 없다. 수집된 정보는 개별화 교육계획 문서에 포함되기에 적절하고 교수에 도움이 되는 양식으로 전환된다. 단기 목표들은 특정 목표들과 연관된 관련서비스 제공자들을 포함하는 하위팀에 의해 완성될 수 있다. 예를 들어, 학습 목표의 우선순위('2개의 선택사항이 제시되었을 때 눈 응시를 사용하여 선택')를 고려할 때 팀은 이 목표는 작업치료사와 언어치료사의 지원이 필요하다는 점에 동의할 수 있다. 따라서 구성원들은 연간 목표에 따른 단기 목표를 계획할 때 핵심 팀 구성원에 합류할 수 있다. 프로그램 요약본(6단계)은 한 사람이 준비할 수 있기 때문에 팀 모두가 만날 필요는 없다.

COACH는 어디서 실행되는가?

COACH를 실행하기 위한 장소는 가족과 개별적으로 협의하여 그들의 참여 기회를 최대화할 수 있는 곳이어야 한다. 그 환경은 가족이 편안하게 느끼면서 산만하지 않고 회의 내용의 비밀이 보장되어야 한다. COACH의 1부를 실행할 때 가장 일반적인 장소 두 곳은 가족의 집이나 학교이다. 지역센터의 회의실과 같은 장소도 적절하다. 학교 관계자는 가족이 선호하는 다른 장소에도 개방적이어야 한다.

COACH는 언제 실행되는가?

COACH를 실행하는 일정은 모든 참여자가 동의한 시간대를 찾는 것에 달려 있다.

학교 관계자들이 부모의 일정과 자녀 돌봄 요구를 존중한다는 것을 보여 주는 노력으로 가능한 부모의 시간에 맞추기를 권장한다. COACH가 학기 중 언제 실행되어야 하는지와 관련해서 COACH는 학생의 개별화교육계획 개발을 위해 사용된다는 것을 기억해야 한다. COACH의 학기 중 실행 시기와 관련하여, COACH는 학생의 개별화교육계획 수립을 위해 활용될 수 있으므로 개별화교육계획 회의 전에 수행되어 개별화교육계획 개발 과정에 기여할 수 있어야 함을 기억해야 한다. 예를 들어, 팀은 개별화교육계획 일정보다 2~3주 앞서 시작할 수 있다. COACH를 사용하여 개별화교육계획을 개발하면 팀원들은 이미 준비활동에 참여하였고 개별화교육계획에 포함되는 구성요소에 익숙하기 때문에 일반적으로 간략한 개별화교육계획 회의가 가능하다. 그런 경우에 개별화교육계획 회의는 COACH를 통해 개발된 교육 프로그램의 구성요소를 검토하고 요약하며 교육적 배치를 타당화하기 위해 이용된다.

COACH는 학기의 시기와 상관없이 새로운 학생의 입학 과정에서 성공적이기도 하다. 이미 학교 시스템에 있는 학생들에게는 다음 학년을 준비하는 봄[1]에 COACH를 실행하는 것이 유익하다는 것이 발견됐다. COACH는 개별화교육계획 개발 혹은 전환 계획과 동시에 시행되도록 학기의 어떤 시기에도 이용될 수 있다.

COACH는 매년 실행되는가?

COACH의 사용 빈도는 다양하지만 사용에 대한 일반적 지침이 있다. 개별화교육계획이나 전환계획을 위해 COACH를 처음 사용하는 경우라면 1부와 2부를 모두 실행할 필요가 있다. 그 후 1부 사용 시 팀은 ① 그것 전체를 또다시 사용할지, ② 부분적으로 사용할지 혹은 수정된 양식으로 사용할지, ③ 다시 사용하지는 않고 재확인만

1) 역주: 미국은 9월에 새학년이 시작된다.

할지를 결정해야 한다. 이러한 선택은 학생의 상황을 고려하였을 때 기대되는 혹은 발생한 변화의 정도에 달려 있거나 가치 있는 삶의 목표, 학습 목표, 추가 학습 목표, 일반적 지원의 변화로 이어질 수 있는 기능 수준의 변화 정도에 달려 있다.

만약 유의미한 변화가 일어났다면 팀은 1부 모두를 다시 실행하겠다는 결정을 할지도 모른다. 경우에 따라서는 가치 있는 삶의 목표와 일반적 지원 같은 특정 요소는 유의미하게 변화되지 않으므로 매년 1부의 모든 요소를 반복하는 것이 불필요하다. 그런 경우에 팀은 작년의 가치 있는 삶의 목표와 일반적 지원을 간단히 확인하고 최소로 수정하며, COACH의 학습 목표, 추가 학습 목표 각각을 갱신하기 위해 1.2~1.5단계, 2.1단계, 2.2단계만을 실행한다. 갱신된 정보는 개별화교육계획의 연간 목표와 단기 목표(4단계와 5단계)를 수정하기 위해 사용될 수 있으며 프로그램 계획서에 요약될 수 있다(6단계).

어떤 경우에 새로운 팀원들은 COACH에 적응해야만 하고 팀은 초기 사용 후 1부를 계속 사용할지에 대한 개별적 결정을 내려야 한다. 이러한 지속적 사용은 COACH의 기초를 형성하는 원칙들과 일관성을 갖는다. 우리는 팀이 최소한 3년에 한 번 1부를 실행하거나 유아원에서 유치원으로 혹은 중학교에서 고등학교로 옮겨 갈 때처럼 주요한 전환 시기에 맞춰서 사용할 것을 제안한다.

COACH 사용 시 주의사항은 무엇인가?

우리가 COACH에 대해 받은 피드백 대부분이 긍정적이긴 하지만, 우리는 이것을 개정하기 위해 건설적인 피드백을 받았으며 잘못된 사용의 사례를 계속 찾고 있다. 이러한 잘못된 사용은 준비의 부족에서 비롯하거나 COACH의 기저가 되는 원칙들을 어기는 것 때문이기도 하다. COACH 사용 시 적극적으로 피해야 할 행동들은 다음과 같다.

- 매뉴얼을 최소한 한 번 완벽히 읽지 않고는 COACH를 사용하지 말 것
- 1부의 나머지 단계들을 실행하고자 하는 계획이 없다면 COACH 가족 면담을 실행하지 말 것
- COACH의 학생기록양식을 가정으로 보내 부모에게 작성하라고 요구하지 말 것
- 팀원의 동의를 얻지 못했거나 관련서비스 제공자들(예: 언어치료사, 작업치료사, 물리치료사)이 COACH 사용의 시사점을 이해한다는 확신이 없다면 COACH를 시작하지 말 것
- 팀원이 COACH 과정을 숙지하고 절차에 모두 동의하기 전에 회의에 부모를 초대하여 COACH를 시작하지 말 것
- 가족의 동의 없이 COACH 회의에 다른 사람들을 참석시키지 말 것
- 초기 기술 및 발현되는 기술보다 낮은 수준의 점수[기술을 가지고 있지 못함(no skill)]를 매기지 말 것. 이것은 도움이 되지 않으며 COACH 과정과 상호작용에 악영향을 미칠 수 있음
- 만약 가족에게 가장 우선순위가 되는 목표들을 결정하도록 기꺼이 양보하지 않으려면 COACH에 가족을 참여시키지 말 것
- COACH 사용이 적절하다고 여겨지는 모든 학생에게 COACH를 무조건 사용하지 말 것[학생별로 가족과 함께 고려할 것]
- 장애학생의 통합 기회를 제한하는 것을 정당화하기 위해 COACH를 사용하지 말 것

Section Ⅲ

COACH
사용 지침

Section III에서는 COACH의 각 단계와 하위 단계를 실행하기 위한 사용 지침을 명료하고 간결하게 제시하였다. 이 장은 다음의 네 가지 정보를 제공한다.

✤ **목적** ☞ **사용 지침**

✎ **자료** ✪ **도움말**

COACH 사용 시 고려할 점

이 책에서 제시하는 구체적인 사용 지침은 COACH를 수년간 광범위하게 적용한 결과에 근거하였다. 우리는 이 지침이 효과가 있다는 것을 확신하기에, COACH를 처음 사용한 사람일수록 지침을 세세하게 따르기를 추천한다. 하지만 우리는 COACH가 기계적으로 빈칸을 채워 넣는 문서가 아닌, 능동적으로 사고하는 사람의 도구가 되기를 바란다. COACH를 늘 엄격하고 표준화된 방식으로 사용하는 것을 바라지 않으며, 사용자가 가진 기술과 창의력을 발휘하여 더 효과적으로 적용하기를 원한다. 그러므로 COACH를 사용자의 특수한 상황에 맞게 개별화하여 사용하기를 추천한다. 다만 COACH를 수정하여 사용하더라도 기본 원칙을 준수해야 좋은 결과를 얻을 수 있음을 명심해야 한다. 그렇지 않으면 수정된 사항들은 COACH가 아닌 다른 무엇이 되어 버리고 말 것이다. 우리의 경험으로 미루어 볼 때, 사용자가 일단 이 지침서의 지침들을 서너 번 자세하게 적용하고 나면 준비가 된 것이며, 이후에는 편안하게 자신의 방식으로 COACH를 개별화하여 사용할 수 있을 것이다.

COACH의 사용 지침은 사례를 통해 제시한다. 사례 속 주인공은 제이크 가드너로 중복장애(지적장애, 지체장애, 감각장애)를 가진 초등학교 3학년 학생이다.

제이크 가드너

제이크는 매력적인 8세 남자아이로 아버지, 새어머니, 누나와 함께 산다. 그는 사람들을 좋아하며 특히 또래와 함께 있는 것을 좋아한다. 제이크는 표정, 발성, 웃음으로 다른 사람과 있을 때의 즐거움을 표현한다. 그리고 음악 듣기, 책 읽어 주는 것 듣기, 집에서 시끌벅적 뛰어놀기, 실외 활동, 애완견 블리츠와 노는 것을 매우 즐긴다. 제이크는 구어를 사용하지 않으며, 현재 시선 처리나 손으로 가리키기를 통해 비일관적으로 사람들의 질문에 대답하기 때문에 제이크가 주변 상황을 얼마나 이해하는지는 확실하지 않다. 전문가 팀은 제이크의 현재 운동기술을 기반으로 다양한 보조공학기술을 고려하여 그를 위한 보다 효과적인 보완대체의사소통(AAC) 체계를 개발하고자 한다. 제이크는 뇌성마비로 중도 지체장애(severe physical disabilities)를 갖게 되었다.

제이크의 지적능력은 명확하지는 않으나 현재 기능수준은 또래에 비해 현저히 낮다. 부모와 교사들은 제이크가 의사소통능력에 비해 더 많은 것을 이해한다고 생각하기 때문에, 전문가 팀은 그의 지적능력을 제한적이라고 성급하게 간주하지 않는다. 팀은 제이크가 또래들과 같은 경험을 하고 같은 수업 내용을 접하도록 하고 있다. 제이크는 다른 사람이 밀어 주는 휠체어를 타고 이동한다. 제이크의 팔과 손의 기능은 제한적이어서 하루 일과 활동을 하는 데 도움이 필요하다. 그는 시력 보완을 위해 안경을 쓰는데 교정시력이 대략 0.5이며 뇌피질시각장애(cortical visual impairment: CVI)로 진단받았다.

제이크는 집 근처에 있는 일반 초등학교 3학년 반에 다닌다. 제이크의 담임교사는 특수교사, 언어치료사, 작업치료사, 물리치료사, 시각장애아동지원 순회교사에게 지원을 받는다. 특수교육보조원 한 명이 제이크의 교실에 배치되어 제이크와 다른 학생들(장애학생 및 비장애학생)에게 정해진 도움을 제공한다. 팀은 제이크가 반드시 일반교사와 특수교사에게 대부분의 지도를 받도록 하고, 특수교육보조원의 지원 때문에 그가 교실에서 의도치 않게 고립되거나 의존적이 되거나 또래와의 상호작용을 방해받거나 또래에게 낙인찍히지 않도록 유의한다. 특수교육보조원은 특수교육보조원에게 적절한 명확히 정해진 역할이 있으며, 전문적으로 준비된 계획에 근거하여 일하고, 주요 지원 영역(예: 교사가 계획한 교수를 적용하기, 또래 상호작용 촉진하기, 개인 자기관리 지원하기)에 대하여 지속적으로 훈련과 자문을 받는다.

1부

학생의 교육 프로그램 결정하기

✤ 목적

COACH의 1부는 전문가 팀이 학생의 교육 프로그램 내용을 결정하고 문서화하는 것을 돕도록 만들어졌으며, 다음 세 가지 요소를 포함한다.

1. 우선순위 학습 목표: 가족이 우선순위로 생각하는 학습 목표를 선정하여 교육적 초점을 어디에 두어야 하는지를 파악함('가족 면담' 단계에 해당).
2. 추가 학습 목표: 우선순위 학습 목표 외에 COACH와 일반교육과정에서 추가 학습 목표를 파악하여 교육과정의 범위를 제시함('추가 학습 목표' 단계에 해당).
3. 일반적 지원: 학생이 교육 환경에 접근하거나 학습 목표를 달성하기 위해서 받아야 할 일반적인 지원을 다룸.

✎ 자료

- COACH 지침서
- 부록 A 복사본
- 부록 B 복사본
- 연필과 지우개
- 시계나 타이머

☞ 사용 지침

1. COACH를 활용하여 교육 프로그램을 계획하기에 적합한 학생을 판별한다.
2. 팀원들이 모두 COACH에 대해 충분한 지식을 갖추고 있어서 COACH 사용 여부를 결정할 때 사전지식에 근거한 결정을 내릴 수 있어야 한다(예: 부록 A나 COACH 지침서 읽기, COACH 훈련 교육에 참여하기, 팀 회의에서 논의하기).
3. 학생의 교육 프로그램을 계획할 때 COACH 사용 여부는 팀 회의를 통해 결정한다. 팀 의사결정에는 반드시 학부모의 의견을 반영해야 하며, 이때 학부모는 미리 COACH에 대한 정보를 제공받아야 하고 적절한 경우에는(예: 전환 시기) 해당 학생도 반드시 참여해야 한다.
4. 팀은 COACH와 전반적인 개별화교육계획 개발 과정을 어떻게 접목할지 결정한다. 예를 들면, 다른 평가 도구(예: 언어, 읽기-쓰기, 운동기능 검사)나 교육계획 개발 도구들도 사용할 것인가? 이러한 도구들이 개별화교육계획 개발 과정에 어떤 정보를 제공할 것인가? 이 모든 과정을 어떤 순서로 진행하는 것이 좋은가?
5. 준비 점검 목록에 제시된 모든 단계를 실행한다.
6. 한 번 이상의 회의를 거쳐 COACH 1부의 세 단계를 모두 실행한다.
   - 1단계: 가족 면담
   - 2단계: 추가 학습 목표
   - 3단계: 일반적 지원

   이 세 단계에 대한 구체적인 지침은 다음과 같다.
7. 1부는 단 한 번의 회의를 통해서 마칠 수도 있다. 회의는 일단 1회에 두 시간으

로 계획한다. 그러나 두 시간보다 일찍 끝날 수도 있다. 필요에 따라서 1부를 2회에 걸쳐 진행할 수 있다. 2회에 걸쳐 회의를 진행하고자 한다면 첫 회의 때 1단계를 끝내고, 2차 회의 때 2~3단계를 끝내는 것을 추천한다.

✪ 도움말

1. 준비보다 중요한 것은 없다. 가장 중요한 첫 단계는 COACH에 대해 충분히 알도록 시간을 투자하는 것이다. 연습하고, 피드백을 받으면서 기술을 연마한다.
2. COACH는 '학생의 교육 프로그램을 계획하는' 목적을 가진 도구로, 독립적인 전반적 평가도구가 아니다. 따라서 COACH는 다른 계획도구나 평가도구와 함께 사용할 수 있다. COACH를 사용자의 팀 상황에 맞게 다른 도구들과 함께 사용하는 것을 추천한다.
3. 1부의 모든 단계를 전부 실행해야 한다. 1단계만 하고 멈춰 버리면 불완전한 교육 프로그램이 된다. 이는 사용자들이 가장 많이 저지르는 실수인데, 2단계와 3단계까지 모두 완료하여 이러한 실수를 피하도록 한다.
4. 1부는 학생의 교육 프로그램에 들어갈 내용만을 다루며, 교육 방법에 대한 부분은 다루지 않는다.
5. 가족마다 독특한 특징을 가지고 있다. COACH를 사용할 때 각 가족의 문화를 고려하여 이에 맞게 개별화하여 진행한다.
6. 처음 COACH를 사용하는 사람은 각 단계를 마치는 데 예상보다 시간이 더 걸릴 수 있다. 예상 시간과 각 단계의 목적을 머릿속에 유념하여 계획한 시간에서 벗어나지 않도록 한다. 가족의 의견이나 질문에 융통성 있게 대응하는 것도 중요하지만 각 단계의 목적에서 너무 벗어나거나, 특정 주제나 사안을 미리 깊게 파고들어서는 안 된다. 이야기를 하다 보면 목적을 잃고 옆길로 새기 쉽다. COACH의 각 단계와 목적을 잘 이해하고 이에 대해 잘 설명할 수 있을 때 순조롭게 COACH를 진행할 수 있다.
7. 1부를 마치면 모든 일이 끝나는 것이 아니라 본격적인 단계가 시작된다. 1부를 완성하고 나면, 첫째, COACH로 얻은 정보를 개별화교육계획에 들어갈 수 있는

형식으로 바꾸고[예: 가족이 선정한 우선순위를 연간 목표나 단기 목표로 넣기 (2부 참고)], 둘째, '프로그램 요약본'을 모든 팀원과 공유하고(2부 참고), 셋째, 여러 가지 관련서비스에 대한 의사결정을 내리고 이 서비스들을 서로 조율하며, 넷째, 계획을 구체화하여 대상 학생의 교육 프로그램에 적용한다.

8. 양식을 작성할 때 수정하기 쉽도록 연필을 사용한다. 실수를 하거나 중간에 부모가 생각을 바꿀 수 있기 때문이다.
9. COACH 실행 과정은 많은 언어기술을 요구하기 때문에 충분한 의사소통기술을 갖추지 않은 자녀를 대신하여 주로 부모가 대표 응답자로서 참여하게 된다. 비록 그렇다 할지라도 학생 자신 역시 주 응답자가 되거나 부모와 함께 공동 응답자가 될 수 있다. 만약 학생이 COACH 과정에 참여하기에 연령이나 문화적으로 적합한 상황이고 본인이 참여하기를 원한다면 학생을 COACH 과정에 참여시키려고 최대한 노력해야 한다. 비록 학생이 COACH의 모든 과정에 완벽하게 참여할 수 없을지라도 1.4~1.5단계에서 우선순위를 정할 때 부분적인 참여는 할 수 있을 것이다.

준비 점검

♣ 목적

준비 점검 단계는 당신의 팀이 COACH를 보다 생산적으로 사용할 수 있게 돕도록 만들어졌다. 준비 점검은 팀원들, 그중에서도 특히 부모가 초반에 COACH 사용에 대하여 충분히 이해하고 의사결정을 내리도록 길잡이 역할을 하는 중요한 단계이다. 준비 점검 양식을 사용함으로써 부모들은, ① COACH의 사용 여부, ② 회의 장소, ③ 회의 일시를 정하는 데 자신의 의견을 낼 수 있다. 당신이 다른 사람의 의견을 듣고 잘 준비하여 전문성을 보여 주면 가족과 다른 팀원들은 존중받는다고 느낄 것이다. 다음의 활동은 가족 면담이나 COACH의 다른 부분을 시작하기 며칠 또는 몇 주 전에 실행해야 한다.

✎ 자료

- 준비 점검 양식
- 연필과 지우개

☞ 사용 지침

1. 준비 점검 양식의 문항 6개를 점검한다. ([자료 3-1] 참고)

✪ 도움말

1. 만약 학부모가 주로 사용하는 언어가 국가의 공식 언어와 다르다면, 번역이나 통역 서비스를 미리 계획한다. 두 언어를 사용하여 COACH 작업을 한다면, 각 단계를 실행하는 데 더 많은 시간이 걸릴 것이다.
2. 학부모가 읽기에 어려움이 있다면, COACH의 배경정보(예: 부록 A) 일부를 녹음하여 제시할 수 있다. 아니면 가족과의 통화나 면대면 대화를 통해 COACH를 안내하고, COACH를 사용하고 싶은지 결정하도록 한다.
3. 학부모에게 COACH 사용을 강요하면 안 된다. 학생이 COACH 적용 기준을 갖췄다고 해서 학교나 교육 프로그램이 학생과 가족에게 무조건 COACH를 적용해서는 안 된다. 예를 들어, "저희는 강도 높은 특수교육이 필요한 학생 모두에게 COACH를 사용하고 있습니다. 그러니 부모님도 COACH를 실행하기 위해 시간을 내 주셨으면 합니다."라고 학부모에게 공지하는 것은 적절하지 않다. 부모를 개별화교육계획 준비 과정에 참여시키는 방법으로 COACH라는 단 한 가지 방법만을 제시한다면, 이는 부모에게 선택권을 아예 안 주는 것과 마찬가지다. 따라서 COACH를 제안할 때 사용자는 자신이 알고 있는 다른 도구들이나 부모 상담(대화)과 같이 덜 형식적인 방법들도 함께 제시할 수 있다. 이때 각 선택의 장단점을 함께 설명한다.
4. 1단계를 진행할 때 팀원 모두가 모일 필요는 없다. COACH는 소집단(예: 학부모 중 한 명, 특수교사, 일반교사)으로 진행하도록 만들어졌다. 다른 팀원들은 가족이 필요로 할 때나 가능할 때 참여하면 된다. 학부모와 특수교사, 일반교사의 참여는 필수적이다.

5. 주로 특수교사가 COACH 과정을 진행하지만, COACH를 잘 알고 있다면 그 누구라도 진행할 수 있다. 학부모, 특수교사, 일반교사가 모두 회의에 참여한다면 COACH 진행자는 학생과 가족을 잘 알지 못하는 외부사람(예: 상담가)이 되어도 괜찮다. 다만 진행자는 학부모에게 편한 사람이어야 한다. 모두가 동의하는 COACH 진행자를 찾기 어렵다면 가족을 불편한 활동에 참여하도록 하여 가족과의 관계를 손상시키는 것보다 COACH를 아예 사용하지 않는 편이 나을 것이다.
6. COACH의 사용 여부를 결정할 때, 서로 다른 학문 분야(예: 언어치료, 물리치료, 작업치료)를 대표하는 팀의 관련서비스 전문가들이 자신의 분야에서 학생에 대한 별도의 목표를 세우지 않도록 한다. '교육적으로 필요하다'는 관련서비스의 취지에 맞도록, 팀의 모든 구성원은 자기 분야의 지식과 기술을 적용하여 학생의 교육 프로그램(예: 가족이 선정한 우선순위, 추가 학습 목표, 일반교육과정에서 선정한 학습 목표)을 지원하는 것에 동의해야 한다.
7. 학생의 가족 형태는 다양하기 때문에 처음부터 COACH 과정에 참여하기에 적합한 가족 참여자를 선정하는 것은 매우 중요하다. 대상 학생의 부모가 이혼했거나, 학생이 수양가족과 함께 사는 경우 이러한 과정은 민감하거나 곤란한 문제가 되기도 한다. 이혼가정의 경우, 많은 부모가 자녀와 같이 살지는 않지만 여전히 자녀와 가깝게 지내며 자녀의 교육계획 과정에 참여한다. 부모 중 한 명이 자녀에 대한 주 양육권을 갖더라도, 나머지 부모도 법적 양육권을 공유할 수 있으며, 따라서 자녀의 건강이나 교육에 대한 의사결정에 함께 참여할 수 있다. 수양가족의 경우, 수양가족 배치를 주관한 사회기관과 연락하여 누가(예: 친부모, 수양부모, 기관 대표) COACH 과정에 참여하기 적합한지 알아보는 것을 권장한다. 시작 단계부터 이러한 쟁점에 주의를 기울이고(쟁점을) 명확하게 다루면 전체 과정이 보다 순조롭게 진행될 수 있으며, 적합한 가족 구성원이 학생의 교육과 관련된 의사결정 시 의견을 낼 수 있다.
8. 디지털 양식을 사용하고자 한다면, 학생의 가족에게 전자기술 사용이 편한지, 서면 양식이 편한지 미리 확인해 두는 것이 좋다. 디지털 양식을 사용하기로 결정했다면 프로젝터와 큰 화면(벽 공간 활용)을 사용하여 모든 사람이 양식에 쓰인 내용을 잘 볼 수 있도록 한다.

준비 점검

COACH(1부) 진행 전에 다음의 모든 사항을 확인하여 해당하는 칸에 (✓) 표시하세요.

✓ 1. 전문가 팀원은 모두 COACH의 전 과정을 이해하고 팀원 중 최소 한 명은 COACH의 전 과정을 진행할 수 있는 기술을 가지고 있다.

✓ 2. 가족은 COACH의 과정을 이해하고 자녀의 교육 프로그램 개발을 위해 전문가들과 함께 COACH를 실행하는 데 동의하였다. (부록 A와 Section I, Section II 참고)

✓ 3. 전문가 팀원은 가족 면담을 통해 학생의 가족이 선택한 교육의 우선순위를 수용하고 실행하기로 모두 동의하였다.

✓ 4. 1~3단계를 실행하는 과정에 가족, 진행자, 특수교사, 일반교사는 반드시 참석할 수 있도록 모두에게 적절한 시간과 장소를 정하였다.

가족(한 명 이상): 소피 가드너, 톰 가드너

진행자: 카렌 그린

특수교사: 카렌 그린

일반교사(교과교사): 매리앤 부스

그 외 참석자: ________

- 1단계

  날짜: 5월 5일 시간: 2:00~3:15 장소: Little Mountain 커뮤니티 센터(LMCC)

- 2단계

  날짜: 5월 12일 시간: 2:00~2:45 장소: LMCC

- 3단계

  날짜: 5월 12일 시간: 2:00~2:45 장소: LMCC

✓ 5. 학생기록양식이나 COACH 양식을 미리 준비하였다.

✓ 6. 4단계(연간 목표), 5단계(단기 목표), 6단계(프로그램 요약본) 실행을 위한 계획을 세웠다.

[자료 3-1] 제이크의 준비 점검

1단계: 가족 면담

✤ 목적

1단계는 가족이 학생의 우선순위 학습 목표를 선정하는 단계로, 이 우선순위 학습 목표는 학생의 올해 교육 프로그램에 포함된다.

✎ 자료

- COACH 지침서
- 부록 A 복사본
- 부록 B 복사본
- 연필과 지우개
- 시계나 타이머
- 탁자와 의자

☞ 사용 지침

1. 가족 면담에 대해 소개하고 1.1~1.5단계를 실행한다. 하위 단계의 사용 지침은 다음과 같다.

✪ 도움말

1. 질문을 할 때 사용자는 자신만의 스타일과 정감 있는 말투를 사용하고, 자신이 이해한 답변을 가족에게 다시 확인한다.
2. 인사나 상호작용 방식, 자리 배치, 눈 맞춤 여부, 언어 사용, 간식이나 다과, COACH 관련 업무 전후에 가정 방문하기 등과 같은 사항을 결정할 때 가족이 선호하는 방식과 가족의 문화를 존중한다.
3. 스스로가 가지고 있는 편견에 주의한다. 진행자의 역할은 질문을 하고, 생각을 듣고, 자신이 생각하는 우선순위가 아닌 가족의 우선순위를 찾도록 돕는 것이

다. 자기도 모르는 사이에 가족에게 자신이 생각하는 우선순위로 몰아가는 질문들을 하기 쉽다. 스스로의 편견에 대해 의식한다면, COACH를 진행하는 과정에서 그 편견을 피할 수 있다. COACH 과정을 잘 알지만 해당 학생이나 가족을 모르는 사람이 COACH를 진행하는 것이 도움이 될 수 있는데, 이러한 외부 진행자는 학생과 가족의 최우선순위가 무엇인지에 대한 선입견이 없기 때문이다. COACH의 후반부로 가면, 전문가가 학생에게 중요하다고 생각되는 목표를 피력할 수 있는 부분이 나온다. 따라서 하나의 교육 프로그램 개발 도구로서, 또 학교-가정 간 의사소통과 신뢰를 증진하는 하나의 수단으로서 COACH를 통해 최대한의 도움을 받기 위해서는 이 단계에서 반드시 가족이 스스로 우선순위를 결정하도록 해야 한다.

4. COACH의 하위 단계를 진행할 때는, 첫째, 각 하위 단계의 목표를 간단히 다시 설명하고, 둘째, 각 단계를 마치는 데 걸리는 대략적인 시간을 알려 주며, 셋째, 서두르지 말되 적절한 진행 속도를 유지할 수 있도록 응답은 짧게 하도록 요청한다.
5. COACH 양식은 쉽게 수정할 수 있도록 연필로 작성한다.
6. COACH 학생기록양식을 부모가 혼자서 작성하지 않도록 한다. 가족 면담양식도 가족이나 전문가가 혼자서 서면으로 작성하지 않는다. COACH의 중요 가치 중 하나는 바로 가족과 학교 관계자 간에 일어나는 상호작용에 있다.
7. 가족 면담을 진행하는 동안 가족이 학생기록양식에 기입하는 내용을 잘 볼 수 있도록 한다. 진행자는 학생기록양식에 표시하거나 내용을 적은 후 그 양식을 가족을 향하여 돌려놓도록 한다.
8. 내용을 명확하게 하기 위해 양식 위 공간에 자유롭게 메모해도 좋다. 나중에 가족이 선정한 우선순위를 연간 목표와 단기 목표로 전환할 때 이러한 메모들이 도움이 될 것이다.

가족 면담 안내

✤ 목적

'가족 면담 안내'의 목적은 COACH 계획 회의에 참여한 가족을 환영하고, 가족 면담의 목적, 내용, 활동, 소요 시간, 바라는 성과 등 기본적인 정보를 재점검하는 것이다. 가족은 이미 '준비 점검' 단계를 통해 COACH의 기본 정보를 소개받고 사전정보에 근거하여 COACH 참여 결정을 내렸기 때문에 이는 기본 정보들을 재점검 또는 재확인하는 과정이 된다.

✎ 자료

COACH 학생 기록 양식 중

- 가족 면담 안내 스크립트
- COACH의 단계
- COACH 1, 2, 3단계의 관계

☞ 사용 지침

1. 가족 면담을 위해 모든 참석자가 약속된 시간과 장소에 모이면, 진행자는 가족을 환영한 후 가족이 문서를 잘 볼 수 있으면서도 편안하게 느끼는 자리에 앉도록 안내한다. 개인의 선호도, 문화적 특성에 따라 좌석 배치는 그때그때 다를 수 있다.
2. '가족 면담 안내([글상자 3-1] 참고)' 스크립트에 있는 모든 정보를 가족에게 읽어주어 내용을 재확인한다.

[글상자 3-1] 가족 면담 안내 스크립트

가족 면담 안내

다음 내용을 가족에게 읽어 준다.

가족 환영 및 가족 참여의 중요성 안내

자녀의 개별화교육계획 개발에 COACH를 활용하고자 열린 회의에 참여해 주셔서 감사합니다. 부모님께서 ○○이의 교육적 요구와 우선순위에 대해 어떻게 생각하는지 알려 주신다면 저희에게 큰 도움이 될 것입니다.

가족 면담의 목적

가족 면담을 통해 부모님께서 ○○이에게 중요하다고 생각하시는 것이 무엇인지를 이해하고자 합니다. 면담을 통해 교사들은 ○○이를 위한 적절한 개별화교육계획을 개발하고 적용할 수 있게 될 것입니다.

가족 면담에서 다룰 교육과정 내용

COACH에는 9개 영역의 교육과정과 각 영역에 해당하는 학습 목표가 제시되어 있습니다. 학습 목표는 일반교육과정에는 거의 포함되지 않은 내용들입니다. 그러나 학습 목표는 일반교육과정을 대체하기 위한 것이 아니라 ○○이가 받을 일반교육과정을 보완하거나 확장하기 위한 내용들입니다. 따라서 COACH를 뒷부분까지 모두 완성하는 것이 매우 중요합니다. COACH의 뒷부분을 통해 ○○이가 비장애 또래들과 같이 일반교육과정에 적절하게 접근할 수 있는 방법을 계획하고자 합니다.

면담 시 진행되는 활동과 소요 시간

면담에 걸리는 시간은 60~90분 정도입니다. 저는 여러 가지 질문을 한 후 부모님의 대답을 잘 듣고 기록할 것입니다. 여러 가지 가능성을 고려하기 위해 질문은 광범위한 주제부터 시작하겠습니다. 면담이 진행될수록 부모님이 생각하기에 올해 ○○이가 노력하여 성취했으면 하는 중요한 학습 목표로 질문의 범위가 좁혀질 것입니다. 질문이 상당히 많기 때문에 간단하게 답해 주시기 바랍니다. 대답을 원치 않는 질문에는 대답하지 않으셔도 됩니다.

가족 면담의 결과물

COACH 가족 면담이 끝날 무렵, 부모님께서는 올해 ○○이에게 중요하다고 생각되는 5~7개 정도의 학습 목표를 선정하시게 됩니다. 이 학습 목표는 개별화교육계획의 연간 목표에 포함됩니다.

다음 단계
면담이 끝나면 저희는 부모님이 선정하신 학습 목표를 오늘 가족 면담에 참여하지 않은 다른 팀원들과 공유할 것입니다. 부모님께서 판별하신 우선순위 학습 목표는 개별화교육계획에 연간 목표로 기록될 텐데, 이때 단기 목표 혹은 부모님이 점검하실 수 있는 기준(benchmarks)을 추가할 것입니다. 이후 저희가 2.1단계와 2.2단계를 완료하여 추가 학습 목표를 선정하고, 3단계를 통해 일반적 지원 내용을 판별하여 ○○이의 전반적인 교육계획에 포함시킬 예정입니다. 이제 면담을 시작할 텐데요. 그 전에 질문 없으신가요?

✪ 도움말

1. 일반적으로 부모와 마주 보고 앉기보다는 나란히 앉는 것이 좋다. 만약 직사각형 탁자에 앉는다면 진행자는 좁은 면에 앉고, 부모는 테이블의 넓은 면에 나란히 가깝게 앉는다. 진행자가 오른손잡이라면 부모를 진행자의 우측에 앉도록 하여 문서들을 잘 볼 수 있게 한다. 부모가 분명하게 요청하지 않는 이상, 진행자는 일반적으로 부모 사이에 앉지 않는다. 참여자들의 좌석 배치는 미묘하지만 한편으로 강력한 메시지를 전달할 수 있다.
2. 진행자가 COACH를 처음 사용한다면 부모에게 이 사실을 밝히고, '가족 면담 안내 스크립트'의 내용을 그대로 읽어 주는 것을 추천한다. COACH에 익숙해지면 진행자는 '가족 면담 안내 스크립트'를 참고하여 자신의 방식대로 중요한 내용을 설명한다.
3. 가족 면담 안내는 5분 정도 소요된다.

1.1단계: 가치 있는 삶의 목표

✤ 목적

1.1단계는 가족 면담의 뒷부분에 해당하는 교육과정 영역이나 관심 있는 학습 목표 선정의 바탕이 되는 단계이다. 이 단계에서는 가족의 관점에서 바라보는 학생의 '현재와 미래에 가치 있는 삶의 목표'를 탐색한다. 가족은 여러 질문에 답하면서 팀에 학

생의 강점, 흥미, 어려운 점에 대한 정보를 제공한다. 1.1단계는 마지막에 '가치 있는 삶의 목표'를 평정하는 것으로 마무리되는데, 이를 통해 팀은 올해 가족에게 가장 중요한 것이 무엇인지를 알 수 있게 된다. [자료 3-2]는 제이크의 가치 있는 삶의 목표를 예시로 보여 준다.

✎ 자료

COACH 학생 기록 양식 중

- 1.1단계 양식

☞ 사용 지침

1. 가족에게 1.1단계 양식의 첫 페이지에 있는 스크립트를 읽어 주며 1.1단계의 목적과 절차를 설명한다([글상자 3-2] 참고).
2. 부모에게 1.1단계는 10~15분 정도 소요됨을 설명한다.
3. 다섯 가지 '가치 있는 삶의 목표' 중 첫 번째 목표인 '안전과 건강'부터 시작한다. 부모에게 "이 주제에 대한 질문에 응답하시겠습니까?"라고 질문하고, 응답을 '예/아니요'로 기록한다.
   - '아니요'로 대답한 경우 다음 목표로 넘어간다.
   - '예'로 대답한 경우 아래에 제시된 질문들을 하고 대답을 경청한 후 이를 요약하여 기록한다.
4. 필요한 경우 추가적인 질문을 하여 대답을 명확하게 이해한다.
5. '가치 있는 삶의 목표'에 속한 모든 목표에 대해 앞의 2번과 3번 사용 지침을 반복한다.
6. 1.1단계 양식 마지막 페이지에 있는 스크립트를 가족에게 읽어 주고 평정하는 방법을 설명한다.
7. 부모에게 가치 있는 삶의 목표 중 첫 번째 목표에 제시된 척도에 평정하도록 질문하고, 부모가 평정한 내용을 양식에 기록한다.
8. 나머지 가치 있는 삶의 목표에 대해서도 이러한 평정을 반복한다.

[글상자 3-2] 가치 있는 삶의 목표 스크립트

가치 있는 삶의 목표

다음 내용을 가족에게 읽어 준다.

다음에 제시된 가치 있는 삶의 목표는 여러 장애아동 부모님들에게 "자녀가 좋은 삶을 살기 위해서 필요한 것은 무엇인가요?"라고 물은 후 선정한 주제들입니다. 이 가치 있는 삶의 목표는 각 가정의 상황과 문화에 맞게 개별적으로 해석되어야 합니다.

가치 있는 삶의 목표

- 안전과 건강(신체와 정서)
- 현재와 미래의 주거
- 의미 있는 대인관계
- 개인의 선택권(학생의 연령과 문화에 맞는)
- 의미 있는 활동에의 참여

이제 부모님께 가치 있는 삶의 목표 각각에 대한 질문에 응답하고 싶으신지 여쭤 볼 텐데요. 답하기를 원하시는 주제에 대해서는 제가 몇 개의 질문을 드린 후 다음 주제로 넘어가게 됩니다. 어떤 이유에서든지 질문에 답하기를 원하지 않으시면 저에게 알려 주시고 그 이유는 설명하지 않으셔도 됩니다. 그럴 경우 다음 주제로 넘어가도록 하겠습니다.

총 11개의 질문이 있는데, 어떤 부분에서는 답변을 명확하게 하기 위해 추가 질문을 할 때도 있습니다. 대략 10~15분 안에 마칠 계획이니 간단하게 답변해 주시기 바랍니다. 모든 질문이 끝난 후 다섯 가지 가치 있는 삶의 목표를 올해 부모님과 자녀에게 중요한 정도에 따라 평정해 주시기 바랍니다. 부모님의 대답을 듣고 기록하면서, 부모님의 입장을 잘 이해하고 부모님과 함께 개별화교육계획을 위한 토대를 마련하기를 바랍니다.

✪ 도움말

1. 만약 가족이 가치 있는 삶의 목표 중 특정 주제에 대해 대답하기 원치 않는다면, 면담자는 의견을 받아들이고 가치 판단 없이 다음 질문으로 넘어간다. 면담자는 왜 질문을 거절했는지 캐묻거나 가족에게 이유를 설명하도록 압박해서는 안 된다.
2. 질문을 할 때는 질문을 곧이곧대로 하기보다 면담 상황에 맞는 단어를 사용하는 것을 추천한다.
3. 만약 가족이 여러 가지 이야기를 하거나 길게 이야기를 하면 가족 면담을 진행하는 시간이 상당히 늘어져서 문제가 될 수 있다. 가족이 최종 결정을 내리는 1.5단계(우선순위 교차 점검)에 도달할 때까지 지치지 않는 것이 중요하기 때문이다. 초반 단계에서 너무 오랜 시간을 소요하면 부모는 최종 결정 단계에서 신체적으로나 정서적으로 지치게 된다. 진행자는 부모에게 답변을 보다 간단하게 해 줄 것을 요청하고, COACH 회기가 예정된 시간대로 진행되도록 환기한다. COACH의 여러 단계 중 특히 1.1단계는 많은 사용자가 예상 시간보다 긴 시간을 할애하는 부분이다. 사용자가 의도치 않게 길고 심도 있는 반응을 끌어내거나 시간을 염두에 두지 않을 때 이런 일이 자주 생긴다. 따라서 시계나 타이머를 곁에 두고 늘 시간을 염두에 두도록 한다.

안전과 건강(신체와 정서)

"이 주제에 대한 질문에 응답하시겠습니까?"

(✓) 표시: ☑ 네, ○ 아니요

1. ○○[대상학생 이름]이의 건강이나 안전과 관련하여 한 해 동안 나아졌으면 하는 부분이 있습니까?

음료 더 많이 마시기; 탈수증에 잘 걸림; 음료를 잘 안 마셔서 변비 생김; 다른 건강이나 안전 문제는 없음.

현재와 미래의 주거

"이 주제에 대한 질문에 응답하시겠습니까?"

(✓) 표시: ☑ 네, ○ 아니요

2. 현재 ○○[대상학생 이름]이는 어디서 누구와 삽니까? (예: 부모 및 형제자매와 집에서, 위탁가정에서, 그룹홈에서)

제이크는 집에서 아빠(톰)와 새엄마(소피), 누나(로즈)와 함께 살고 있음.

만약 별일이 생기지 않는다면 ○○[대상학생 이름]이는 학령기 내내 같은 곳에서 살 것으로 예상하시나요?

(✓) 표시: ☑ 네, ○ 아니요

"아니요"로 응답한 경우, 어떤 환경이 ○○이에게 살기 좋은 곳이라고 생각하시나요?

3. ○○[대상학생 이름]이가 성인이 되었을 때 살 곳에 대하여 이야기하실 수 있습니까? 응답하기를 원치 않으시면 응답을 거절하시고, 지금 논의하기엔 너무 이른 주제라고 생각하시면 알려 주십시오.

(✓) 표시: ○ 네, ○ 아니요, ☑ 아직 응답하기 이름

"네"로 응답한 경우, 어떤 환경이 ○○이에게 살기 좋은 곳이라고 생각하시나요?

4. 장래에 ○○[대상학생 이름]이가 살 주거환경 중에 반드시 피하고 싶은 곳이 있습니까?

수용시설이나 규모가 큰 요양시설은 절대 안 됨.

[자료 3-2] 제이크의 가치 있는 삶의 목표 일부 발췌(계속)

의미 있는 대인관계

"이 주제에 대한 질문에 응답하시겠습니까?"
(✓) 표시: ☑ 네, ○ 아니요

5. 평상시 한 주 동안 ○○[대상학생 이름]이가 누구와 가장 많은 시간을 보냅니까? (예: 가족, 이웃, 친구)

엄마, 아빠, 누나; 사촌 로버트와 게일; 반 친구들(학교에서만)

6. 앞으로 ○○[대상학생 이름]이의 대인관계가 어떻게 변하기를 원하시나요? (예: 또래와 더 많은 시간을 보내기)

학교, 방과 후 활동 또는 비공식적인 상황(집에 놀러 오기)에서 또래와 더 많은 친구관계를 맺길 원함.

개인의 선택권 (학생의 연령과 문화에 맞는)

"이 주제에 대한 질문에 응답하시겠습니까?"
(✓) 표시: ☑ 네, ○ 아니요

7. ○○[대상학생 이름]이에게 또래와 비슷한 정도로 자신이 원하는 것을 선택할 기회가 주어지나요? (✓) 표시: ☑ 네, ○ 아니요

예: 장난감을 정할 때는 가끔 선택의 기회가 있음. 그러나 다른 대부분의 결정은 남이 해 줌.

8. 앞으로 ○○[대상학생 이름]이 개인의 선택권이 어떻게 변화하기를 원하시나요?

스스로 결정하는 것의 종류를 늘리기(예: 음식, 옷, 장소, 사람, 활동).

[자료 3-2] 제이크의 가치 있는 삶의 목표 일부 발췌(계속)

의미 있는 활동에의 참여

"이 주제에 대한 질문에 응답하시겠습니까?"
(✓) 표시: ✓ 네, ○ 아니요

9. ○○[대상학생 이름]이가 가장 좋아하거나 많이 참여하는 활동은 무엇입니까? 이런 활동은 어디서 참여하나요? (예: 학교, 여가 센터, 직장)
개와 노는 것을 아주 좋아함; 따뜻한 날에 수영장에 들어가는 것을 좋아함; 많은 활동이 벌어지고 있는 공공장소(예: 가게, 시장, 지역 축제)에 가족과 함께 가는 것을 좋아함.

10. 이런 활동이나 장소가 어떻게 변화하거나 확장되기를 원하시나요?
많은 활동에 주로 수동적으로 참여함. 더 적극적으로 참여할 기회가 필요함. 참여 기회를 늘리기 위해 보조공학이 필요할 수 있음. 혼자 있을 때 할 수 있는 활동들도 있으면 좋겠음.

11. 학생이 14세 이상일 때만 질문하시오:
부모님과 ○○[대상학생 이름]이는 고등학교 졸업 후 성인이 되었을 때 하고 싶은 일에 대해 생각해 보셨습니까? (예: 취직해서 일하기, 자원봉사, 계속 교육받기) 이런 졸업 후 가능성에 대해 어떤 기대를 가지고 계신가요?
답변하지 않음.

[자료 3-2] 제이크의 가치 있는 삶의 목표 일부 발췌(계속)

올해의 가치 있는 삶의 목표 평정

다음 내용을 가족에게 읽어 준다.

자녀의 가치 있는 삶의 목표에 대한 부모님의 생각을 들려주셔서 감사합니다. 이야기 나눈 다섯 가지 삶의 목표는 모두 중요하지만, 그중 부모님께서 올해 가장 중요하게 생각하시는 목표가 무엇인지를 알려 주시면 교직원들에게 매우 도움이 될 것입니다. 이제 각 삶의 목표를 올해 자녀에게 중요한 정도에 따라 1점에서 5점까지로(1점: 올해에는 중요하지 않음, 5점: 올해 매우 중요함) 평정해 주시기 바랍니다. 각 삶의 목표에 대해 체크(✓) 표시를 하시면 됩니다. 올해에 중요하지 않은 주제라고 해서 아예 중요하지 않거나 앞으로도 계속 안 중요하게 다룬다는 뜻은 아닙니다. 예를 들어 자녀의 '안전과 건강'은 부모에게 늘 중요한 주제이지만, 자녀가 최근까지 안전하고 건강했다면 이 주제를 올해 중요하게 다룰 필요는 없을 것입니다. 또한 아동이 안정된 주거를 가지고 있다면 '현재와 미래를 위한 주거'는 올해 중요한 주제는 아닐 것입니다. 하지만 성인 주거 형태로 전환하는 시기라면 매우 중요한 주제가 되겠지요. 다음의 다섯 가지 가치 있는 삶의 목표에 대해 평정하실 때 올해 상황에 초점을 맞추어 평정해 주시기 바랍니다.

1=올해에는 중요하지 않음 5=올해 매우 중요함

안전과 건강 (신체와 정서)

1○ 2○ 3✓ 4○ 5○

현재와 미래를 위한 주거

1✓ 2○ 3○ 4○ 5○

의미 있는 대인관계

1○ 2○ 3○ 4○ 5✓

개인의 선택권

1○ 2○ 3○ 4✓ 5○

의미 있는 활동에의 참여

1○ 2○ 3○ 4○ 5✓

[자료 3-2] 제이크의 가치 있는 삶의 목표 일부 발췌

1.2단계: 가족 면담에서 논의할 교육과정 영역 선택

✤ 목적

1.2단계의 목적은, ① 참여자들이 COACH에 포함된 9개의 교육과정 영역과 각 영역에 해당하는 학습 목표에 익숙해지도록 하고, ② 가족이 생각하는 가장 중요한 교육과정 영역을 최대 4개까지 선택하여 가족 면담 중 이 선택 영역('지금'으로 표시한 영역)들을 자세히 살펴보도록 하는 것이다. 가족 면담 때 선택되지 않은 나머지 영역은 나중에 2.1단계(추가 학습 목표)에서 다루기 위해 표시해 두거나 올해에는 그냥 넘어간다. [자료 3-3]은 제이크의 완성된 양식을 보여 준다.

✎ 자료

COACH 학생 기록 양식 중

- 1.2단계 양식

☞ 사용 지침

1. 1.2단계의 목적을 설명하고, 참여자들에게 이 단계는 대략 5~10분이 소요됨을 설명한다.
2. 부모에게 1.2단계 두 번째 페이지의 '참고자료'를 보여 주어 9개의 교육과정 영역과 하위 학습 목표들을 점검한다.
3. 부모에게 다음의 내용을 상기시킨다. 이 단계는 일반교육과정에서 잘 다루지 않는 교육과정 내용을 포함하는데, 이는 일반교육과정을 대체하기 위한 것이 아니며, 일반교육과정과 관련된 부분은 2.2단계 '일반교육에서의 추가 학습 목표'에서 논의할 것이다.
4. 부모에게 각 교육과정 영역에 대해 묻고 다음 세 가지 답변 중 하나를 선택하도록 한다.
   - 지금: 올해 학생에게 가장 우선순위가 높은 중요한 영역으로 부모가 부모 면담에서 자세하게 논의하고 싶은 영역을 '지금'으로 선택한다. 최대 4개 영역을

'지금'으로 선택할 수 있다.

- 나중에(2.1단계에서 다룸): 부모가 학생의 교육 프로그램에 넣기를 희망하는 학습 목표를 일부 포함하고는 있지만, 4개의 최우선순위 교육과정 영역에 포함되지 않은 영역은 '나중에'로 표시한다. '나중에'를 표시하는 이유는 중요한 교육내용이 우선순위에 밀려 간과되지 않도록 하기 위함이다.
- 건너뛰기: 부모가 올해 필수적이라고 생각하지 않는 교육과정 영역에 '건너뛰기'로 표시한다. 건너뛰기로 결정하는 이유는 여러 가지가 있을 수 있는데, 첫째, 학생이 해당 영역을 잘 수행하고 있어서 별도의 노력이 필요하지 않거나, 둘째, 부모가 생각하기에 학생이 올해 성취하기에는 너무 먼 학습 목표를 포함하고 있거나, 셋째, 중요한 영역이기는 하지만 올해보다는 나중에 더 중요한 영역일 경우(예: 직업), 넷째, 3단계 '일반적 지원'을 통하여 해당 영역의 내용을 주요하게 다룰 예정일 경우이다(예: 활동보조 지원).

5. 부모의 선택에 따라 9개의 교육과정 영역을 ① 지금, ② 나중에, ③ 건너뛰기 중 한 곳에 표시한다.
6. 1.3단계와 1.4단계는 '지금'으로 선택한 최대 4개의 교육과정 영역에 대해서만 실행한다.

✪ 도움말

1. 이 단계는 확산적 요소(COACH의 9개 교육과정 영역을 모두 검토하기)와 수렴적 요소(가족 면담에서 다룰 최대 4개의 교육과정 영역으로 범위 줄이기)를 다 갖추고 있다. 진행자가 COACH의 여러 부분, 단계, 목적을 잘 이해하고 있어야 가족도 이 수렴적 과정이 가족의 최고 우선순위를 선정하는 데 도움이 됨을 이해할 수 있다. 또한 COACH는 중요한 교육과정 내용을 간과하지 않도록 만들어져서, 2단계로 넘어간 후에도 중요한 교육과정 내용을 검토할 기회가 있다. COACH에 대한 부모의 명확한 이해를 위해 [그림 3-4]를 다시 확인하는 것이 도움이 될 것이다.
2. 특정 교육과정 영역의 일부 항목만 집중적으로 검토하는 것이 적절할 때도 있다. 예를 들어, 중도 지체장애가 있어서 타인에 의한 활동보조 지원(예: 먹고 마시

기, 옷 입기, 화장실 사용)이 필요한 학생의 부모에게는 개인관리 영역 중 특정 항목인 '활동보조를 위해 다른 사람의 도움을 받아들이거나 지시한다'가 다른 항목들을 검토할 필요도 없이 잠재적인 우선순위 목표가 될 수 있다. 나머지 항목들은 3단계 '일반적 지원'에서도 다룰 수 있기 때문이다. 따라서 부모가 어떤 교육과정 영역 속 한두 항목의 학습 목표에만 관심이 있어서 망설이고 있다면, 진행자는 특정 하위 항목들만 자세히 살펴보도록 할 수 있다.

3. 효과적인 진행자는 COACH에 대한 지식을 구체적인 예를 들어 설명하거나, 초반에 부모가 한 이야기와 연결해서 설명한다. 예를 들어, 사회성 영역을 다루고 있을 때 진행자는 다음과 같이 말할 수 있다. "이 영역은 긍정적인 사회적 상호작용을 촉진하기 위한 학습 목표를 포함하고 있어서 부모님이 매우 중요하게 생각하시는 부분일 것 같아요. 가치 있는 삶의 목표 단계에서 보모님은 제이크가 사람들과 있는 걸 많이 좋아하고, 다른 또래 아이들과의 관계를 좀 더 넓혀 가기를 원한다고 하셨잖아요. 그리고 '의미 있는 대인관계'를 올해 매우 중요한 목표로 평정하셨고요."

1.2단계 가족 면담에서 논의할 교육과정 영역 선택

COACH에 포함된 9개의 교육과정 영역을 모두 살펴보고, 가족 면담 동안 논의하고 싶은 영역을 최대 4개 선정하여 '지금'에 표시한다. 나머지 영역 중 COACH의 후반 단계에서 다루고 싶은 영역은 '나중에'로, 아니면 아예 내년에 고려하고자 한다면 '건너뛰기'로 표시한다. 영역당 한 칸에만 (✓) 표시한다.

교육과정 영역	지금 가족 면담에서 다루기	나중에 2.1단계에서 다루기	건너뛰기 올해는 다루지 않음
의사소통	✓		
사회성	✓		
개인관리			✓
여가		✓	
학업준비기술	✓		
기능적 학업기술	✓		
학교생활		✓	
지역사회(전환 시기 학생인 경우 고려하기: 14~21세)			✓
직업(전환 시기 학생인 경우 고려하기: 지역사회에서 근무하는 14~21세)			✓

[자료 3-3] 제이크의 완성된 1.2단계 양식

1.3단계: 선택한 교육과정 영역의 학습 목표 평정

✤ 목적

1.3단계는 두 가지 주요 목적을 가진다. 첫 번째 목적은 학생의 현행 수준에 대한 가족의 생각을 조사하는 것으로, 선택한 교육과정 영역 속 각 학습 목표에 대하여 가족은 학생의 현행 수준을 세 단계 평정 체계(초기 · 발현 기술, 부분적 기술, 능숙한 기술)를 통해 평정한다. 두 번째 목적은 '올해' 특별히 노력을 기울여야 할 학습 목표를 가족이 선정하는 것이다. 1.3단계에서는 잠재적 우선순위 목표들을 좁혀 나가는 과정을 거치는데, 이때 올해 당장 주력할 필요가 없는 몇몇 학습 목표는 잠재적 우선순위 고려대상에서 제외한다. [자료 3-4]는 제이크의 의사소통 영역에서의 학습 목표 평정 결과이다.

✎ 자료

COACH 학생 기록 양식 중

- 1.3단계 양식

☞ 사용 지침

1. 1.3단계의 목적을 설명하고, 이 단계를 마치는 데 약 15~20분이 소요됨을 알린다.
2. 1.2단계에서 우선순위로 선택한 4개의 교육과정 영역에 대해서만 1.3단계를 진행하고, 나머지 영역은 빈칸으로 둔다.
3. 진행자는 선택된 교육과정 영역의 각 학습 목표에 대하여 다음 두 가지 사항을 진행하도록 부모에게 요청한다. 첫째, 진행자는 선택된 교육과정 영역에 해당하는 학습 목표들을 제시하고 부모에게 자신이 생각하는 자녀의 현행 수준을 다음 세 단계의 수준 중 하나로 평정하도록 한다.
   - 초기: 초기 · 발현 기술
   - 부분: 부분적 수행 가능 기술
   - 능숙: 능숙한 기술

이 평정 결과는 점수로 환산되어 총점을 내거나, 자녀에게 등급을 매기거나, 자녀에게 어떤 명칭(label)을 부여하기 위한 것이 아님을 부모에게 설명한다. 평정을 하는 이유는 단지 부모가 자녀의 기술 수준에 대해 어떻게 생각하는지를 알기 위함이다. 따라서 진행자는 부모에게 세 가지 기술 수준 중 하나를 고르도록 권유하지만, 부모가 2개 수준에 걸쳐 평정하는 것이 더 정확하다고 생각한다면 2개 수준에 모두 평정하는 것(초기-부분, 부분-능숙)도 가능하다. 둘째, 진행자는 방금 부모가 평정한 학습 목표를 달성하기 위해 '올해 노력이 필요한지'를 표시하도록 한다. 학생의 기술 수준에 대한 평정 결과와는 상관없이 어떤 학습 목표는 올해 꼭 노력이 필요하기도 하고, 어떤 학습 목표는 아닐 수도 있다. 즉, 세 가지 기술 수준(초기, 부분, 능숙 평정)과 '예/아니요' 응답은 어떤 조합도 가능하다. 예를 들어, 부모는 특정한 학습 목표에 대해 자녀의 기술 수준을 '초기'로 평정하고 올해 노력이 필요하다고 표시하면서, 다른 학습 목표의 기술 수준은 '초기'로 평정하지만 올해 노력이 필요하지 않다고 표시할 수 있다. 이와 비슷하게 부모는 특정 학습 목표에 대해 자녀의 수준을 '능숙'하다고 평정하면서 동시에 올해 노력이 필요하다고 표시하고, 또 다른 학습 목표는 '능숙'하다고 평정하면서 올해 노력이 필요하지 않다고 표시할 수 있다. 〈표 3-1〉에서 화살표로 표시한 순서에 따라서 이 단계는 목록에 있는 학습 목표를 제시하기, 학습 목표에 대한 기술 수준을 평정하기, 올해 다뤄야 하는 목표인지를 표시하기, 다음 학습 목표로 넘어가기의 흐름으로 진행된다. 선택한 교육과정 영역의 모든 학습 목표에 대해 이 과정을 반복하고 나서, 해당 교육과정 영역에 대한 1.4단계(선택한 교육과정 영역에서 학습 목표의 우선순위 선정)로 넘어간다.

4. 부모에게 이 단계는 약 15~20분이 소요됨을 설명한다.
5. 다음은 선정된 4개 교육과정 영역에서 각각 진행해야 하는 활동들이다.
   - 해당 영역의 학습 목표를 제시한다.

〈표 3-1〉 1.3단계의 흐름

	1.3단계					1.4단계
학습 목표	기술 수준			올해 노력이 필요한가?		1~4위 우선순위 매기기
	초기	부분	능숙	예	아니요	
1. 특정 의사소통 양식을 보여 준다(예: 제스처, 가리키기, 목소리, 표정, AAC).	✓	○	○	✓	○	
2. "더" 또는 계속을 표현한다(예: 더/계속한다고 소리 내거나 움직이기).	○	✓	○	○	✓	
3. 보기가 주어졌을 때 선택을 한다(예: 책, 음식, 활동, 개인적 요구).	○	✓	○	✓	○	
4. 다른 사람에게 요구한다(예: 물건, 음식, 상호작용, 활동, 활동 보조).	✓	○	○	✓	○	
5. 주의를 끌기 위해 신호를 보낸다(예: 제스처, 소리 내기, 보조공학).	✓	○	○	○	✓	

- 부모에게 학습 목표에 대한 자녀의 현행 기술 수준을 세 가지 중 하나로 고르도록 한다. 진행자는 다음과 같이 물을 수 있다. "다음 항목은 '보기가 주어졌을 때 선택을 한다'입니다. 이 학습 목표에 대한 자녀의 기술을 초기·발현 기술, 부분적 기술, 능숙한 기술 중 무엇으로 평정하시겠습니까?"
- 부모의 응답에 따라 '기술 수준' 칸에 초기, 부분, 능숙 중 하나로 평정한다.
- 방금 평정한 항목에 대해 진행자는 다음과 같이 질문한다. "이 학습 목표는 자녀가 올해 노력해야 할 부분입니까?"
- 부모의 응답을 듣고 '올해 노력이 필요한가?' 칸에 '예/아니요'로 표시한다.
- 이 과정을 선정된 교육과정 영역 내의 모든 학습 목표에 대해 반복한다.

(참고: COACH에서 제시하지 않은 특수한 항목들도 양식에 마련된 기타 의견 칸에 넣

어 추가할 수 있다.)

6. 한 교육과정 영역에서 나열된 모든 학습 목표에 대해 1.3단계를 완료하면 다음 영역으로 페이지를 넘기지 말고 1.4단계를 실시한다. 즉, 하나의 교육과정 영역에서 1.3단계와 1.4단계를 실시한 후 다음으로 선정된 교육과정 영역으로 넘어간다.
7. 도움이 될 만한 구체적인 내용이나 잊지 말아야 할 중요한 내용은 양식의 기타 의견 칸이나 여백에 적어 놓는다.
8. 1.2단계에서 선정한 4개의 교육과정 영역에 대해 5번, 6번, 7번 과정을 반복한다.

의사소통

1.2단계에서 이 영역을 '지금' 다루기로 선택한 경우에만 작성하세요.

학생은 어떤 방식으로 의사소통을 하나요? (예: 소리 내기, AAC 도구, 수화, 몸짓, 말)

표현언어: 표정, 시선, 목소리, 가리키기

수용언어: 말

학습 목표	1.3단계 기술 수준: 초기	부분	능숙	올해 노력이 필요한가?: 예	아니요	1.4단계 1~4위 우선순위 매기기
1. 특정 의사소통 양식을 보여 준다(예: 제스처, 가리키기, 음성, 표정, AAC 사용).	✓	○	○	✓	○	
2. '더' 또는 계속을 표현한다(예: 더/계속한다고 소리 내거나 움직이기).	○	✓	○	○	✓	
3. 보기가 주어졌을 때 선택을 한다(예: 책, 음식, 활동, 개인적 요구).	○	✓	○	✓	○	
4. 다른 사람에게 요구한다(예: 물건, 음식, 상호작용, 활동, 활동보조).	✓	○	○	✓	○	
5. 주의를 끌기 위해 신호를 보낸다(예: 제스처, 소리 내기, 보조공학).	✓	○	○	○	✓	
6. 거부의사를 표현한다(예: 그만하거나 하기 싫음을 나타내기).	○	○	✓	○	✓	
7. 다른 사람과 의사소통을 유지한다(예: 말차례 주고받기, 다른 사람의 말 듣기, 주제 유지하기).	○	✓	○	○	✓	
8. 자신의 말이 잘못 이해되었음을 알고 다른 방식을 시도한다(예: '회복 전략'[2] 사용, 의사소통 포기하지 않고 시도하기).	✓	○	○	✓	○	
9. 만나거나 헤어질 때 인사를 한다.	○	✓	○	○	✓	
10. 지시를 따른다(예: 한 단계 지시, 여러 단계 지시).	○	✓	○	✓	○	
11. 질문에 대답한다(예: 예/아니요, 언제, 어디서, 누가, 무엇을, 어떻게, 왜).	○	✓	○	✓	○	
12. 언급하거나 설명한다(예: 물건, 사건, 상호작용, 느낌에 대한 어휘 사용).	✓	○	○	✓	○	
13. 다른 사람에게 질문한다.	✓	○	○	✓	○	

평정점수 설명(1.3단계 동안 세 가지 수준 중 1개 혹은 2개에 평정할 수 있음, 예를 들어, '부분'과 '능숙' 모두에 평정할 수 있음)
초기=초기 · 발현 단계 기술(1~25%); 부분=부분적 수행 가능 기술(25~80%); 능숙=능숙한 기술(80~100%)

[자료 3-4] 제이크의 의사소통 영역에서의 학습 목표 평정

✪ 도움말

1. 진행자가 학습 목표 목록과, 학습 목표와 가치 있는 삶의 목표 간의 잠재적인 연관성을 숙지하면 이후 과정 진행에 도움이 될 것이다.
2. 학습 목표 항목들에 대해 질문할 때 상황에 맞게 단어나 표현을 수정하여 말한다.
3. 학생에 대해 이미 알고 있는 정보를 토대로, 불필요한 질문을 하는 것은 피한다. 그렇다고 단순히 특정 학습 목표에 관한 질문을 불필요하다고 단정하여 임의로 건너뛰지 말고, 부모에게 이 학습 목표에 대한 질문이 필요한지를 먼저 확인한다. 진행자가 느끼기에 두어 개 이상의 학습 목표를 질문하는 것이 불필요하다면, 이전 1.2단계, 교육과정 영역을 선택하는 과정에서 진행상의 실수가 있었을 가능성이 있다.
4. 1.3단계는 진행자가 부모에게 각 학습 목표에 대한 질문을 하고, 부모가 질문에 대해 보기 중 하나에 평정하도록 요청하는 편이 더 빠르고 순조롭게 진행된다. 부모에게 학습 목표에 대해 개방형으로 질문(예: "여러 가지 선택권이 주어졌을 때, 자녀는 어떻게 하나요?")하면 이 단계는 불필요하게 길어질 것이다. 이런 개방형의 질문에는 더 길고 구체적인 응답이 뒤따르기 때문이다. 이러한 길고 구체적인 응답은 중요한 정보들을 담고 있지만 현 단계에서 내용을 자세히 파고들기는 아직 이르며, 이는 오히려 전체 부모 면담 결과에 부정적인 영향을 미칠 수 있다. 진행자가 요구한 내용보다 더 많은 내용을 부모가 응답한다면, 정중하게 현재 단계를 상기시키고 부모의 우선순위가 일단 결정되고 나면 우선순위 학습 목표에 초점을 맞추어 구체적인 이야기를 나누는 시간이 있음을 상기시킨다. 때로는 그냥 부모의 말을 듣고 있는 것이 최선의 방법일 때도 있다. 따라서 상황에 따라 융통성 있게 대처하되, 이 단계의 목적과 전체 진행 소요 시간을 계속 염두에 둔다.
5. 자녀의 기술 수준에 대한 평정 과정에서 부모가 두 수준 사이에서 고민하거나, 부모끼리 서로 의견의 일치를 보지 못했을 때 오직 한 개를 선택하라고 고집하여 부모가 이를 결정하느라 시간을 허비하지 않도록 한다. 부모 중 한 명은 자녀의 기술 수준이 초기 수준이고 다른 한 명은 부분적 수행 가능 수준이라고 생각한다면, 진행자는 초기-부분 둘 다에 평정하여 기록할 수 있다.

6. COACH 양식의 기술 수준 중에 '기술이 없음'은 없다. COACH의 철학 중 하나는 개인의 역량을 인정하고 개인의 강점을 발전시키는 것이다. 장애가 아무리 심하더라도 모든 학생은 발전시켜 나갈 기본 기술을 반드시 가지고 있다. 부모가 자녀의 수준을 기술이 없다고 표현하는 것보다, 초기 단계 또는 이제 발현하고 있는 기술이라고 표시하는 것은 훨씬 더 긍정적이면서도 정확한 표현이다. 이것은 사소하지만 강력한 언어의 힘으로, 가족 면담의 분위기와 결과 그리고 그 이후의 상호작용에도 영향을 미친다. 모든 학생은 토대가 되어 발전해 나갈 기본적인 기술을 가지고 있음을 명심하라.

1.4단계: 선택한 교육과정 영역에서 학습 목표의 우선순위 선정

✤ 목적

1.4단계는 가족이 가장 우선시하는 학습 목표를 선정하도록 여러 가능성을 줄여 나가는 과정이다. 이 단계는 앞에서 부모가 선정한 4개의 교육과정 영역에 대하여 진행하는데, 진행자는 부모에게 각 영역의 학습 목표 중 올해 노력이 필요한 목표(1.3단계 "올해 노력이 필요한가?"에서 '예'로 표시한 목표)를 살펴보고, 이 중 가장 중요한 목표들을 1~4위로 순위를 매기도록 한다. [자료 3-5]는 제이크의 우선순위 학습 목표 1~4위를 보여 준다.

✎ 자료

COACH 학생 기록 양식 중

- 1.4단계 양식

☞ 사용 지침

1. 1.4단계의 목적을 설명하고, 이 단계를 마치는 데 약 15분이 소요됨을 알린다.
2. 부모에게 1.3단계에서 '올해 노력이 필요하다'고 표시한 학습 목표에 대해서만 진행자가 질문을 할 것임을 알리고, 이 학습 목표 중 가장 중요한 순으로 1위에서 4위

까지 순위를 매길 것을 요청한다. 우선순위를 선정하는 것은 부모가 결정하는 것임을 상기시킨다.

3. 어떤 학습 목표가 올해 노력이 필요하다고 표시되었는지 가리켜 보여 주고, 부모에게 올해 다루기를 원하는 4개의 가장 중요한 목표의 순위를 매기도록 요청한다. 올해 노력이 필요한 학습 목표들을 진행자가 한 개씩 읽어 주고, 부모에게 각각 생각하여 응답할 시간을 주는 방식으로 진행하면 도움이 될 것이다.
4. 부모의 응답을 듣고 이를 '1~4위 우선순위 선정' 칸에 기록한다.
5. 선택된 각 교육과정 영역에 대하여 1.4단계를 반복한다. 한 교육과정 영역 내에서 1.3단계와 1.4단계를 연속으로 실행한 후 다음 교육과정 영역으로 넘어가야 함을 기억한다. 4개의 선택된 교육과정 영역에 대해 1.3단계를 모두 실행한 후, 다시 돌아가 4개의 선택된 교육과정 영역에 대해 1.4단계를 다 실행하는 방식으로 진행하면 안 된다.
6. 4개의 선택된 교육과정 영역에 대해 1.3과 1.4단계를 실행하고 1.5단계(우선순위 교차 점검)로 넘어가기 전에 부모에게 짧은 휴식 시간을 제공하는 것을 추천한다. 이때 쉬는 시간을 가짐으로써 부모는 최종 결정을 내리기 전에 쉬면서 생각할 기회를 얻을 수 있고 진행자는 1.5단계 양식에 우선순위를 옮겨 적을 시간이 생긴다.

✪ 도움말

1. 진행자가 학습 목표를 직접 읽어 주고 1.1단계나 초반에 부모가 이야기한 내용과 연결지어 주면 도움이 될 것이다.
2. 한 교육과정 영역 안에서 우선순위를 반드시 4위까지 선정하지 않아도 괜찮다. '올해 노력이 필요하다'라고 표시된 항목이 4개 미만일 수도 있기 때문이다.
3. 4개 이상의 항목에 순위를 정해서 시간을 낭비하지 않도록 한다. 어차피 선정된 각 교육과정 영역 안에서 최대 4개까지의 학습 목표만 1.5단계(우선순위 교차 점검)로 넘어가 논의 대상이 되기 때문이다.
4. 만약 부모가 1~4위의 우선순위 선정을 어려워한다면, 순위를 억지로 정하느라

시간을 보낼 필요는 없다. 만약 부모가 어떤 학습 목표를 1위로 하고, 어떤 것을 2위로 할지를 두고 계속 고민한다면, 진행자는 순위 자체가 중요하다기보다는 이 두 학습 목표가 우선순위 4위 안에 들어 있다는 것이 더 중요함을 설명한다. 따라서 그 두 학습 목표를 1위로 기록하고, 부모에게 나머지 2개의 우선순위 목표를 고르도록 요청한다.

5. 부모가 가장 중요한 4개의 우선순위 목표를 고르는 것을 어려워할 때, 우선순위 4위에 들지 못할 학습 목표들을 먼저 제외시키는 방법이 도움이 될 수 있다.
6. 자녀를 관찰할 기회가 적은 교육과정 영역(예: 학교생활, 직업)에 대해서 부모는 우선순위를 고르기 위해 교직원의 의견이나 도움을 요청할 수도 있다. 이런 경우 교직원이 부모와 대화하여 정보를 제공하는 것은 타당하며 부모에게 도움이 될 수도 있지만, 학습 목표를 정하고 순위를 선정하는 결정권은 부모에게 있음이 전제되어야 한다.
7. 학생의 연령이 COACH에 참여하기에 적절하다면, 1.4와 1.5단계에 학생을 참여시킬 수 있다.
8. 가족 면담 중 학생의 우선순위를 결정하는 것은 전문가가 아니라 가족임을 항상 명심해야 한다. 전문가가 학생에게 잠재적으로 중요하다고 생각하는 내용을 피력할 기회는 COACH의 다른 단계에 마련되어 있다(예: 2단계).
9. 진행자가 가족과 함께 1.3단계와 1.4단계를 진행하는 동안, 진행자가 아닌 팀원(예: 일반교사, 언어치료사)이 1~4위의 우선순위 목표들을 1.5단계 양식에 옮겨 적으면 일이 더 효율적으로 진행될 수 있다. 이렇게 하면 시간도 절약되고, 휴식 시간에 진행자도 쉴 수 있다.

의사소통

1.2단계에서 이 영역을 '지금' 다루기로 선택한 경우에만 작성하세요.

학생은 어떤 방식으로 의사소통을 하나요? (예: 소리 내기, AAC 도구, 수화, 몸짓, 말)

표현언어: 표정, 시선, 목소리, 가리키기

수용언어: 말

학습 목표	1.3단계 기술 수준: 초기	부분	능숙	1.3단계 올해 노력이 필요한가?: 예	아니요	1.4단계 1~4위 우선순위 매기기
1. 특정 의사소통 양식을 보여 준다(예: 제스처, 가리키기, 음성, 표정, AAC 사용).	✓	○	○	✓	○	1
2. '더' 또는 계속을 표현한다(예: 더/계속한다고 소리 내거나 움직이기).	○	✓	○	○	✓	
3. 보기가 주어졌을 때 선택을 한다(예: 책, 음식, 활동, 개인적 요구).	○	✓	○	✓	○	2
4. 다른 사람에게 요구한다(예: 물건, 음식, 상호작용, 활동, 활동보조).	✓	○	○	✓	○	3
5. 주의를 끌기 위해 신호를 보낸다(예: 제스처, 소리 내기, 보조공학).	✓	○	○	○	✓	
6. 거부의사를 표현한다(예: 그만하거나 하기 싫음을 나타내기).	○	○	✓	○	✓	
7. 다른 사람과 의사소통을 유지한다(예: 말차례 주고받기, 다른 사람의 말 듣기, 주제 유지하기).	○	✓	○	○	✓	
8. 자신의 말이 잘못 이해되었음을 알고 다른 방식을 시도한다(예: '회복 전략' 사용, 의사소통 포기하지 않고 시도하기).	✓	○	○	✓	○	
9. 만나거나 헤어질 때 인사를 한다.	○	✓	○	○	✓	
10. 지시를 따른다(예: 한 단계 지시, 여러 단계 지시).	○	✓	○	✓	○	
11. 질문에 대답한다(예: 예/아니요, 언제, 어디서, 누가, 무엇을, 어떻게, 왜).	○	✓	○	✓	○	
12. 언급하거나 설명한다(예: 물건, 사건, 상호작용, 느낌에 대한 어휘 사용).	✓	○	○	✓	○	
13. 다른 사람에게 질문한다.	✓	○	○	✓	○	4

평정점수 설명(1.3단계 동안 세 가지의 수준 중 1개 혹은 2개에 평정할 수 있음, 예를 들어, '부분'과 '능숙' 모두에 평정할 수 있음)
초기=초기 · 발현 단계 기술(1~25%); 부분=부분적 수행 가능 기술(25~80%); 능숙=능숙한 기술(80~100%)

[자료 3-5] 제이크의 우선순위 학습 목표 1~4위

1.5단계: 우선순위 교차 점검

♣ 목적

1.5단계는 ① 가족이 생각하는 최대 6개의 최우선순위 학습 목표를 결정하고 ② 최우선순위 학습 목표를 결정하면서 각각의 목표가 '가치 있는 삶의 목표' 중 어디에 해당하는지를 명확하게 하고 ③ 어떤 최우선순위 학습 목표가 개별화교육계획의 장·단기 목표에 포함되고, 어떤 목표가 추가 학습 목표 혹은 가정에서의 목표가 될지 결정한다. 1.5단계는 모든 최우선순위가 반드시 개별화교육계획의 장·단기 목표로 들어갈 필요는 없음을 보여 준다. 어떤 목표는 중요하지만 많은 논의를 한 끝에 추가 학습 목표로서 문서에 포함될 수 있다. 자기관리나 지역사회기술과 같은 영역의 학습 목표는 가족에게 최우선순위 학습 목표가 될 수 있지만, 가족은 이러한 목표를 가정이나 방과 후에 집중해서 노력하는 것이 더 적절하다고 결정할 수 있다. 그러면 학교에서는 집에서 달성하기 어려운 목표(예: 학업, 또래와의 상호작용 등)를 위해 더 많은 시간과 노력을 쏟을 수 있을 것이다. [자료 3-6]은 제이크의 우선순위 교차 점검 내용을 보여 준다.

✎ 자료

COACH 학생 기록 양식 중

- 1.5단계 양식

☞ 사용 지침

1. 참여자들은 짧은 휴식을 갖는다. 휴식을 하면서 가족은 재충전을 하고, 진행자는 1.4단계의 우선순위 목표를 1.5단계 양식의 첫 쪽으로 옮겨 적는다.
2. 모두 다시 모였을 때 1.5단계의 목적을 설명하고 참여자들에게 이 단계는 약 15분 미만이 소요될 것이라는 것을 상기시킨다.
3. 부모에게 그들이 선택한 모든 우선순위를 1.5단계 양식의 첫 번째 장에 모두 옮겨 적었으며, 따라서 모든 우선순위 목표를 순위별로 한눈에 볼 수 있음을 안내

한다. 부모의 역할은, ① 선택한 교육과정 영역 내 우선순위 학습 목표들을 고려하면서 전체 목표 중 상위 6개의 목표에 순위를 매기고, ② 팀원들에게 부모의 최우선순위 학습 목표 결정의 이유를 설명하여 이해시키고(예: 선택한 목표가 가치 있는 삶의 목표와 연관이 있기 때문에), ③ 학교 관계자와 합의하여 어떤 최우선순위 학습 목표가 개별화교육계획 장・단기 목표로 들어가고, 어떤 목표는 추가 학습 목표나 가정의 목표로서 문서에 포함될지를 결정하는 것이다.

4. 참여자들에게 우선순위로 선택되지 않은 목표들은 완전히 버려지는 것이 아니라 2.1단계에서 다시 논의하여 문서에 포함된 것임을 설명한다.
5. 부모에게 1.5단계 첫 페이지에 정리되어 있는 우선순위들을 검토하도록 요청하고 이 중 하나를 최우선순위 학습 목표로 선정하도록 한다. 부모가 최우선순위 학습 목표를 선정할 때 어떤 교육과정 영역이나 어떤 순위에 있는 목표를 선정하든지 상관없음을 설명한다. 예를 들어, 1.4단계에서 선택한 교육과정 영역 속 3순위 목표가 더 높은 순위의 목표보다 먼저 선택될 수도 있다. 선택 가능한 학습 목표들을 소리 내어 읽어 주고, 부모가 생각하여 대답할 시간을 준다.
6. 부모의 이야기를 듣고 '최우선순위 학습 목표' 칸에 그들이 선택한 목표를 기록한다.
7. 가족이 6개의 최우선순위 학습 목표를 선정하고 진행자가 이를 기록할 때까지 이 과정을 반복한다.
8. 최우선순위 학습 목표들이 결정되면 다음과 같은 질문을 하여 완성된 목표 목록에 대한 부모의 동의를 구한다. "여기 최우선순위 학습 목표 목록을 보세요. 이 목표들이 자녀가 올해 성취해야 할 가장 중요한 우선순위라는 데 동의하시나요?" 필요하다면 목록을 수정하거나 명료화한다.

1.5단계 우선순위 교차 점검

1.4단계에서 가족이 검토한 COACH 교육과정 영역의 1~4순위 학습 목표를 옮겨 적으세요.

	의사소통	사회성	개인관리	여가	학업준비기술
1	특정 의사소통 양식을 보여 준다.	사회적 상호작용을 유지한다.			활동에 주의를 기울이고 유지한다.
2	보기가 주어졌을 때 선택을 한다.	다른 사람에게 도움을 제공한다.	(건너뛰기)	추가학습 목표 (A.L.O)	환경과 물건을 탐색한다.
3	다른 사람에게 요구한다.	자기옹호를 한다.			사물 간의 차이를 구분한다.
4	다른 사람에게 질문한다.	사회적 상호작용을 끝맺는다.			비언어적 상징의 의미를 이해한다.

	기능적 학업기술	학교생활	지역사회	직업	기타
1	컴퓨터를 사용한다.				
2	글자에 의미가 있음을 이해한다.	추가학습 목표 (A.L.O)	(건너뛰기)	(건너뛰기)	(없음)
3	일과표나 달력을 사용한다.				
4	쓰기 도구를 사용한다.				

순위	최우선순위 학습 목표 (학습 목표를 구체적이고 명확하게 표현하기)	우선순위와 연결되는 가치 있는 삶의 목표					우선순위마다 한 가지만 선택(✓)		
		안전/건강	집	여가	개인의 선택권	활동	개별화교육 계획 목표	추가 학습 목표	집
1	특정 의사소통 양식을 보여 준다.			✓	✓	✓	✓		
2	보기가 주어졌을 때 선택을 한다.			✓	✓	✓	✓		
3	사물 간의 차이를 구분한다.				✓	✓		✓	
4	다른 사람에게 요구한다.	✓		✓	✓	✓	✓		
5	다른 사람에게 도움을 제공한다.			✓				✓	
6	컴퓨터를 사용한다.			✓	✓	✓	✓		

다음 단계: 면담자는 2.1~2.3단계, 가족 면담과 다음 단계들의 관계를 설명한다.

[자료 3-6] 제이크의 우선순위 교차 점검

9. 부모가 선택한 각각의 최우선순위 학습 목표가 '가치 있는 삶의 목표' 중 어느 항목을 추구하는지 확인한다. 이는 진행자의 적극적인 경청 기술이 요구되는 단계로, 진행자는 가족 면담 단계에서 부모에게 들은 내용들을 반영하여 재진술하는 역할을 한다. 진행자는 다음과 같이 말할 수 있을 것이다.

> 부모님이 선택하신 최우선순위 학습 목표를 간단하게 검토하여 이 목표들이 제이크의 가치 있는 삶의 목표와 연결되는지 확인해 보도록 하겠습니다. 부모님께서는 '다른 사람에게 도움 제공하기'를 최우선순위로 선택하셨는데요. 제가 이해하기로는 제이크가 평소에 다른 사람들의 도움을 많이 받기 때문에, 친구들이 제이크는 남을 도울 수 없다고 생각할 것을 우려하신 것이지요. 제이크가 늘 도움을 받기만 하는 게 아니라 남에게 도움을 주기도 하면 또래관계에 긍정적인 영향을 미칠 것이라고 생각하셨을 텐데요. 제가 바르게 이해했나요?

가족은 선택에 담긴 의미를 확인하고, 명료화하거나 시간을 가진다.

10. 가족의 의견을 듣고, 각 최우선순위 학습 목표와 관련되는 가치 있는 삶의 목표를 확인하여 우선순위와 연결되는 가치 있는 삶의 목표 칸에 (✓) 표시한다.

11. 최우선순위 학습 목표마다 '각 우선순위에서 하나만 선택하기' 칸에 개별화교육계획 목표로 선정하기를 원하는지, 2.1단계의 추가 학습 목표에 기록하기를 원하는지, 혹은 주로 가정의 책임으로 남기를 원하는지 세 가지 중 하나에 (✓) 표시한다. 이것은 회의에 참석하는 가족과 학교 관계자들 간의 결정을 위한 절충을 가능하도록 할 것이다. 진행자는 이 세 가지의 차이를 명확하게 설명하고 부모가 선택하도록 요청함으로써 1.5단계의 마지막 과정에 이른다. 모두가 동의한다면 이것은 협의된 결정이 된다. 학교 측에서 부모에게 다시 생각해 주기를 바라는 부분이 있다면, 그것에 대한 의견을 설명하고 부모와 합의하도록 노력해야 할 것이다. 예를 들어, 6개의 최우선순위 중에서 부모가 개별화교육계획에 2개의 목표만 넣기 원할 때 특수교사는 4~5개의 목표를 포함해야 한다고

설득할 수 있을 것이다.

12. 다음 단계와 관련한 중요한 정보를 부모에게 제공한다. 개별화교육계획 목표로 전환되기 원한다고 표시된 최우선순위 학습 목표들은 개별화교육계획 팀으로 전달될 것임을 설명해야 한다. 또한 부모가 이 우선순위들은 전형적으로 일반 교육과정에서 다루는 것이 아님을 기억할 수 있도록 해야 한다. 마지막으로, 이렇게 개별화교육계획을 위한 우선순위 학습 목표들은 자녀의 교육 프로그램의 핵심 내용으로 반영되며, 더 넓은 범위의 학습 목표들은 2단계에서 추가될 것임을 부모에게 상기시킨다.
13. 참여에 대한 감사를 표현하며 가족 면담을 마무리하고 다음 단계를 설명한다.

✪ 도움말

1. 우선순위 교차 점검 과정에서 부모는 선택한 학습 목표들의 순위를 변경하고자 할 수도 있을 것이다. 순위를 다시 정하는 것은 가능하며 바람직한 일이다. 이 과정을 통해 부모가 학습 목표의 중요성을 생각해 볼 수 있을 것이며 그들의 우선순위를 재정비할 수 있을 것이기 때문이다. 부모에게 그들의 요구에 따라 우선순위를 바꿀 수 있다는 것을 알려 주어야 한다.
2. 우선순위 교차 점검은 우선순위 목록을 소리 내어 읽어 주고 반응을 잠시 기다리는 것으로 진행될 수 있다. 예를 들어, 진행자가 "올해의 최우선순위 학습 목표가 무엇입니까?"라고 물어본 후 교육과정 영역의 몇몇 최우선순위 학습 목표를 읽어 줄 수 있을 것이다. 반면, 어떤 부모는 목표들을 훑어보며 생각을 정리하기 위해 조용한 것을 선호할 수도 있다. 진행자는 참여자의 상호작용 스타일을 민감하게 파악해서 면담 과정에 적절하게 적용하는 것이 좋다.
3. 선택한 학습 목표 항목 옆에 체크 표시를 하거나 다른 표시를 하여 시각적 효과를 주는 것도 가족에게 도움이 될 것이다.
4. 가족이 최우선순위 학습 목표를 선정하는 것을 어려워한다면, "만약 최우선순위를 선정하는 것이 어렵다면 가장 중요한 2~3개를 선택할 수도 있어요. 이 단계에서 6개의 우선순위를 고르는 것이 순위를 선정하는 것보다 더 중요해요."라

고 말하며 도와줄 수도 있다. 참여자들이 진도를 나가지 못하면 역으로 학습 목표을 지워 나가면서 우선순위를 정할 수도 있다. 진행자는 "가능성이 있는 목록들을 살펴보면, 6개의 우선순위 안에 들어올 수 없는 목표가 있을 것입니다. 그것들을 지워 나가도 괜찮아요."라고 말하고, 만약 가족이 상위 6개의 우선순위를 선택하고 순위를 매기는 것을 어려워한다면 결국 진행자는 순위에 상관없이 6개를 고르라고 할 수도 있다.

5. 가족 면담을 진행하면서 최우선순위는 다양한 조합으로 정해질 수 있다. 예를 들어, 최우선순위 학습 목표는 4개의 교육과정 영역에서 골고루 정해질 수도 있고 2~3개 영역에서만 정해질 수도 있다.
6. 가족 면담에서 학생을 위해 우선순위를 선택하는 사람은 전문가가 아니라 가족이라는 것을 늘 기억해야 한다.

2단계: 추가 학습 목표

✤ 목적

2단계는 가족 면담에서 우선순위로 선정된 학습 목표 외에 추가적으로 고려해야 할 학습 목표를 선정하기 위하여 고안되었다. 추가 학습 목표를 개별적으로 선택하는 것은 더 넓은 범위의 학습 기회를 갖도록 하고 교육 프로그램의 내용이 부자연스럽게 편협해지는 것을 방지할 것이다. 우선순위 학습 목표를 정하고 그것의 중요성을 확인하는 COACH의 1단계만 실시한다면 교육 프로그램은 편협해질 수 있을 것이다. 최우선순위 학습 목표를 선택한 1단계와는 달리, 2단계는 모든 참여자가 자신의 관점을 공유하고 추가 학습 목표를 위한 합의를 할 수 있도록 한다.

✎ 자료

COACH 학생 기록 양식 중

- 2.1단계 양식: COACH의 추가 학습 목표
- 2.2단계 양식: 일반교육과정의 추가 학습 목표

☞ 사용 지침

1. 2.1단계와 2 .2단계 중 어떠한 것을 먼저 완성할 것인지 팀에서 정한다(어느 단계를 먼저 완성하든지 간에 두 하위단계를 모두 완성해야 한다).
2. 두 단계를 완료하여 합친 추가 학습 목표들을 당신의 기준에 근거하여 판단할 때 목표 목록이 합리적인 양이며 실현 가능한지, 우선순위에 있는 학습 목표를 침해하지 않는지 확인하고, 팀의 교육적 교수와 지원을 안내해야 할 것이다.

✪ 도움말

1. 2단계에서 선택한 추가 학습 목표는 (1단계에서 정한 최우선순위 목표들과 함께) 부분적으로 학생의 교육 프로그램 내용으로 명시될 것이다. 1단계와 같이 2단계는 교수해야 할 교육 내용(학습 목표)만을 다루며 학생이 어디에서 어떻게 교수를 받을 것인지 조언을 제공하지는 않을 것이다. 사람들은 때때로 무엇을, 어디에서, 어떻게 해야 하는지 혼란스러워하고 정확한 것을 추론하지 못할 수도 있다. 예를 들어, 학생이 과학 과목과 관련한 추가 학습 목표를 가지고 있지 않아도 그것이 학생이 과학 수업 혹은 활동에 통합되지 못한다는 것을 의미하는 것은 아니다. 학생은 과학 수업 및 활동에 중복 교육과정을 통해 통합될 수 있으며, 과학 활동은 다른 교육과정 영역(예: 의사소통, 사회성, 학업준비기술, 기능적 학업기술)의 학습 목표 달성을 위한 방법이 될 것이다.
2. 2단계는 학생에게 제시할 수 있는 모든 교육 목표를 기록하는 것을 의미하는 것이 아니다. 오히려 이것은 교육 목표가 되어야 할 것을 판별하기 위해 고안된 것이다. 그러므로 한 해 동안 달성 가능한 수 · 분량의 교육 목표를 선택하는 것이 필수적이다.
3. 팀원은 추가 학습 목표가 개별화교육계획의 장 · 단기 목표로 기록되지 않는다면 해당 목표가 적절한 관심을 받지 못하여 책무성에 문제가 발생할 것이라고

우려할 수 있다. 이러한 우려사항은 추가 학습 목표를 개별화교육계획의 부록으로 첨부하는 등의 방식을 통해 해소할 수 있다. 「미국장애인교육법」은 개별화교육계획의 최소 요건만을 기술하고 있으니 개별화교육팀은 이러한 최소 요건을 넘어 추가 학습 목표를 기록해도 된다는 것을 기억해야 한다(예: 추가 학습 목표 첨부하기 등).

4. 계획된 학급 배치를 위해, 활용 가능한 일반교육과정의 학년 수준 교육과정 내용을 알고 있어야 한다. 이것은 팀이 2.2단계를 수행하기 위해 필요하다.

2.1단계: COACH의 추가 학습 목표

♣ 목적

2.1단계는 가족 면담에서 다루지 않았으며, 개별화교육계획의 연간 목표로 선택되지 않고 COACH의 추가 학습 목표에서 다시 보기로 한 COACH 교육과정을 확인하기 위해 고안되었다. [자료 3-7]은 COACH에서 가져온 제이크의 추가 학습 목표의 예를 보여 준다.

✎ 자료

- 2.1단계 양식

☞ 사용 지침

1. 2.1단계의 목적을 설명하고 참여자들에게 이 단계를 수행하는 데 약 10~15분이 소요될 것이라고 상기시킨다.
2. 1.5단계에서 작성한 우선순위 학습 목표들을 참조한다. 1.5단계에서 추가 학습 목표로 분류된 우선순위 학습 목표(오른쪽에서 두 번째 열)를 2.1단계의 학습 목표에서 찾아 표시한다. 이것은 단순히 정보를 1.5단계에서 2.1단계로 옮기는 작업이다. 2.1단계에서 교육 목표들을 확인하면서 개별화교육계획의 우선순위 목표가 아닌 목표들도 간과할 수 없다는 것을 확신하게 될 것이다.

3. 1.5단계의 첫 페이지에 교육과정 영역별로 순위를 매긴 우선순위 학습 목표들을 참조한다. 우선순위 교차 점검의 두 번째 페이지로 넘어가면서 탈락한 학습 목표들도 추가 학습 목표로 표시해야 한다. 이러한 우선순위에 해당하는 학습 목표를 2.1단계 양식에서 찾아 표시한다. 팀은 그 목표들이 교수를 위한 중요한 학습 목표가아니라면 추가 학습 목표로 고려할 필요가 없다고 결정할 것이다.
4. 올해에 노력할 필요가 있다고 표시하였으나 1.5단계의 우선순위에 들어오지 못한 다른 학습 목표들을 추가 학습 목표로 고려해 보아야 한다. 그것들은 교수해야만 할 의미 있는 학습 목표일 수도 있기 때문이다. 그러나 2.2단계에서 일반교육과정으로부터 추가 학습 목표를 더 설정해야 하니 적은 수의 목표만 설정해야 함을 다시 한 번 기억해야 한다. 이뿐만 아니라 전체 추가 학습 목표 목록의 수가 실행하기에 합리적인지도 생각해야 한다.
5. 1단계에서 상세하게 살펴보지 않은 교육과정 영역의 하위 학습 목표들을 고려해야 한다. 이러한 교육과정 영역은 두 군데서 발견할 수 있다. 첫 번째, 1.2단계를 마쳤을 때 교육과정 영역에서 '나중에'라고 표시된 부분([자료 3-4]에서 여가와 학교생활 영역이 그렇게 표시가 되었다.), 두 번째, 1.5단계의 첫 페이지에서 추가 학습 목표로 표시된 2개의 교육과정 영역이다. 이 두 영역을 살펴보면서 올해의 교육 목표로 정해야 하는지 결정할 필요가 있다. 그러한 교육 목표는 2.1단계 양식에 표시한다.
6. 순서에 상관없이 2.1단계와 2.2단계를 완성한 후에 팀은 합친 추가 학습 목표의 개수가 합리적인지 검토해야만 한다. 목표의 가짓수를 줄이거나 차기학년도로 목표를 미루어야 할 수도 있을 것이다.
7. 학생이 초기에 설정한 학습 목표들을 성취하면 해당 학년도 내에 추가 학습 목표들을 다시 논의하여 새로운 항목을 추가한다.

2.1단계 COACH의 추가 학습 목표

다음의 추가 학습 목표 중 교수 목표가 될 것만 선택하여 (✓) 표시하세요(타당한 개수만 선택). 안내 책자를 참고하세요.

날짜: 5월 12일 참여자: 소피 가드너, 톰 가드너, 카렌 그린, 매리앤 부스

의사소통

__ 1. 특정 의사소통 양식을 보여 준다.
__ 2. '더' 또는 계속을 표현한다.
__ 3. 보기가 주어졌을 때 선택을 한다.
✓ 4. 다른 사람에게 요구한다.
__ 5. 주의를 끌기 위해 신호를 보낸다.
__ 6. 거부 의사를 표현한다.
__ 7. 다른 사람과 의사소통을 유지한다.
__ 8. 자신의 말이 잘못 이해되었음을 알고 다른 방식을 시도한다.
__ 9. 만나거나 헤어질 때 인사를 한다.
__ 10. 지시를 따른다.
__ 11. 질문에 대답한다.
__ 12. 언급하거나 설명한다.
__ 13. 다른 사람에게 질문한다.

사회성

__ 14. 상호작용에 반응한다.
__ 15. 사회적 상호작용을 시작한다.
✓ 16. 사회적 상호작용을 유지한다.
✓ 17. 사회적 상호작용을 끝맺는다.
__ 18. 대상에 따라 적절한 방식으로 상호작용한다.
__ 19. 상황에 따라 적절한 방식으로 상호작용한다.
__ 20. 다른 사람의 도움을 받아들인다.
✓ 21. 다른 사람에게 도움을 제공한다.
__ 22. 한 일과에서 다른 일과로 전환한다.
__ 23. 예측하지 못한 변화에 적응한다.
__ 24. 다른 사람과 공유한다.
✓ 25. 자기옹호를 한다.

개인관리

__ 26. 활동보조를 위해 다른 사람의 도움을 받아들이거나 지시한다.
__ 27. 마시고 먹는다.
__ 28. 스스로 먹는다.
__ 29. 용변 실수를 하지 않도록 도움을 받는다.
__ 30. 적절한 옷을 선택한다.
__ 31. 옷을 입고 벗는다.
__ 32. 개인위생을 관리한다.
__ 33. 장소를 이동한다.
__ 34. 개인 소지품을 관리한다.
__ 35. 개인 정보를 안다.
__ 36. 전화를 사용한다.
__ 37. 비상경보에 반응한다.
__ 38. 잠재적 위험을 인식하고 피한다.
__ 39. 안전하고 건강한 행동을 유지한다.

여가

__ 40. 다른 사람과 함께 관람한다.
__ 41. 혼자 하는 여가 활동에 참여한다.
__ 42. 함께 하는 여가 활동에 참여한다.

학업준비기술

__ 43. 사물, 활동, 상호작용에 반응한다.
✓ 44. 활동에 주의를 기울이고 유지한다.
✓ 45. 환경과 물건을 탐색한다(예: 장난감/책 훑어보기, 조사하기, 탐색하기).
✓ 46. 사물 간의 차이를 구분한다.
__ 47. 일상생활 기술을 모방한다.
__ 48. 목적에 맞게 사물을 사용한다.
✓ 49. 비언어적 상징의 의미를 이해한다.

기능적 학업기술

__ 50. 컴퓨터를 사용한다.
✓ 51. 글자에 의미가 있음을 이해한다(예: 글자, 단어, 숫자).
__ 52. 단어/구절을 읽는다(해독한다).
__ 53. 읽어 주는 것을 이해한다.
✓ 54. 쓰기 도구를 사용한다.
__ 55. 글자나 단어를 쓴다.
__ 56. 일대일 대응을 하며 센다.
__ 57. 계산을 한다.
__ 58. 돈을 사용한다.
✓ 59. 일과표나 달력을 사용한다.

학교생활

__ 60. 등하교를 한다.
__ 61. 소집단 활동에 참여한다.
__ 62. 대집단 활동에 참여한다.
__ 63. 과제를 독립적으로 완수한다.
__ 64. 학용품을 관리한다.
__ 65. 학교의 일과를 따른다.
__ 66. 학급(교)에서 맡은 임무를 한다.
__ 67. 학교 시설을 이용한다.
__ 68. 방과 후 활동에 참여한다.

지역사회

__ 69. 지역사회에서 안전하게 이동한다.
__ 70. 식당을 이용한다.
__ 71. 여가문화시설을 이용한다.
__ 72. 물건을 구입하거나 지역사회 서비스를 이용한다.
__ 73. 자동판매기를 사용한다.
__ 74. 은행 시설을 이용한다.
__ 75. 대중교통을 이용한다.

직업

__ 76. 구직 활동을 한다.
__ 77. 직장으로 출퇴근을 한다.
__ 78. 출근 확인을 한다.
__ 79. 직장의 규범에 따라 다른 사람과 적절하게 상호작용한다.
__ 80. 용모, 안전, 태도 등 직장 내 규율을 따른다.
__ 81. 직장 내 일과를 따른다.
__ 82. 업무를 완수한다.
__ 83. 직장 시설을 이용한다.

기타

__ ______________________
__ ______________________
__ ______________________
__ ______________________
__ ______________________
__ ______________________
__ ______________________
__ ______________________
__ ______________________
__ ______________________
__ ______________________

[자료 3-7] 제이크의 COACH의 추가 학습 목표

✪ 도움말

1. 추가 학습 목표를 결정하기 위해 확산적 사고와 수렴적 사고를 교대로 해야 한다. 이것은 팀이 넓은 범위의 학습 목표들을 고려하는 동시에, 이번 학년도에 해야 할 소수의 (관리 가능한) 목표들에 집중할 수 있도록 할 것이다.
2. 팀원 중 누군가(관련서비스 제공자 등)가 추가 학습 목표를 선택하기 위한 회의에 참석할 수 없다면 회의 전에 그들의 요구를 담은 정보를 미리 얻어 참여하는 구성원이 대변할 수 있을 것이다.
3. COACH의 학습 목표와 일반교육과정의 목표가 중복되는 경우가 있을 것이다. 이러한 일은 어린이집, 유치원, 초등학교 저학년 교육과정과 COACH의 기능적 학업기술 영역 간에 흔히 일어난다. 2.1단계와 2.2단계에서 동일한 항목이 선택되는 것을 방지하기 위하여 이러한 잠재적 특성을 인식해야 한다.

2.2단계: 일반교육과정의 추가 학습 목표

♣ 목적

2.2단계는 장애학생이 비장애학생이 사용하는 일반교육과정에 적절하게 접근할 수 있도록 체계적인 방법을 제시한다. 1단계가 학생들의 교육 프로그램에 초점을 맞추고 있고, 2.1단계는 일반교육과정을 확장하는 학습 목표에 대해 다루고 있지만, 2.2단계는 학생의 교육과정의 폭을 더욱더 넓게 한다. 2.2단계는 팀이 국어, 수학, 과학, 사회, 미술, 음악, 체육, 기술, 외국어 등 일반적인 교육 목표를 고민해 볼 수 있도록 돕는다. 가장 중요한 것은 2.2단계가 팀 구성원들이 일반학급 수업에 참여하는 장애학생의 주요한 참여 유형(동일한 · 중다수준 · 중복 교육과정)에 대한 기대를 공유할 수 있도록 한다는 것이다. 2.2단계는 모든 팀 구성원이 주요한 참여 수준 및 교수 시작 지점에 관한 합의를 이룰 수 있도록 그들의 관점을 공유하도록 한다. [자료 3-8]은 제이크의 일반교육과정을 위한 추가 학습 목표를 보여 준다.

✎ 자료

- 2.2단계 양식

☞ 사용 지침

1. 다음 네 가지의 참여 유형에 익숙해지도록 한다. 즉, ① 같은 교육과정(학년 수준 기대), ② 중다수준 교육과정(같은 내용), ③ 중다수준 교육과정(다른 내용), ④ 중복 교육과정이다. 다음 페이지 및 학생 기록 양식에 수록되어 있는 이것에 대한 안내를 본다.
2. 2.2단계의 목적을 설명하고 참여자들에게 이 하위 단계를 수행하는 데 35~40분 이상 소요되지 않을 것이란 사실을 상기시켜 준다. 만약 팀 구성원이 ① 네 가지 참여 유형, ② 일반교육과정, ③ 학생의 특성을 잘 이해하고 있다면 훨씬 적은 시간이 걸릴 것이다.
3. 일반교육과정의 영역들을 검토한 후, ① 학년 수준 일반교육과정에 전형적으로 참여하기로 계획한 과목, ② 학생이 참여할 수 있으리라 기대하는 과목에 해당하는 왼쪽 옆칸에 모두 체크를 한다. 일반적으로 학생에 대한 기본적인 기대치, 즉 시작점은 장애학생도 모든 과목에 비장애학생과 통합될 수 있는 것으로 한다. 초등학교 및 중학교에서는 이러한 기본적 기대치가 대부분의 학생에게 적용된다. 학생들이 다양한 선택권을 갖고 선택과목을 수강하는 고등학교에서는 다양성이 존재한다. 이러한 경우에 팀은 같은 학년의 다른 학생들이 선택할 수 있는 옵션들과 같은 수준의 선택권을 학생에게 제공한다.
4. 체크 표시된 교육과정 영역의 제공된 칸에 학년 수준의 교육과정 내용의 예를 적는다(예: 과목의 단원명). 예를 들어, 3학년 과학의 몇몇 단원은 삶의 주기, 식물, 동물, 기후·날씨, 천문, 자석, 힘, 과학적 방법을 포함한다. 이 단계는 학생이 또래보다 학업 기능이 낮더라도, 학생이 배치된 학년 수준의 교육과정에 대한 부모와 학교 관계자 간의 이해를 공유하기 위한 것이다. 이 칸은 학년 전체 교육과정을 제시하는 것이 아닌 교육과정 내용을 맛보기로 알아보기 위한 것이기 때문에 작게 제시된다. 2.2단계 안에 있는 다음 하위 단계를 완수하기 위해서는 학

년 수준의 교육과정을 이해해야 한다.

5. 학년 수준의 교육과정 내용과 학생의 필요와 특성에 대해 알고 있는 바를 토대로 팀 구성원은 교육과정 영역에서 기대되는 참여 유형을 동일한 · 중다수준(같은 내용 및 다른 내용) · 중복 교육과정의 네 가지 유형 중에서 선택할 수 있을 것이다([글상자 3-3]에서 각 용어의 정의를 참고한다). 2.2단계 양식을 진행하기에 앞서 두 페이지의 용어 정리를 보라. 팀의 합의 사항을 네 가지 중 하나에 표시하라. 하나의 참여 유형을 선택한다는 것이 같은 수업에서 다른 참여 유형을 적용하지 못하게 한다는 것은 아니다. 하나의 수업 혹은 한 활동 안에서 다양한 참여 유형을 통해 다양한 학습 목표를 다루어야 하는 경우가 빈번히 있다. 이 단계의 목적은 모든 참여 유형을 결정하는 것이 아니라 주로 사용되는 참여 유형을 결정하는 것이다.
6. 예시(2.2단계 양식의 가장 오른쪽 열) 칸에 교사가 학생을 이해하고 교수를 시작할 수 있도록 고안된 짧고 단편적인 학습 목표의 예를 적어 넣는다. 만약 두 종류의 중다수준 교육과정 중 하나를 선택하였다면, 이것에 대한 교육 목표의 예시는 해당 교육과정 내에서 제시해야 한다. 예를 들어, 국어 수업에서 반 전체가 새로운 단어의 맞춤법을 배울 때, 주로 중다수준(다른 내용)으로 참여하는 대상 학생은 사진, 사물, 기호를 식별하는 활동을 하게 될 것이다. 만약 수학 수업에서 중복 교육과정 유형을 주로 사용하기로 하였다면, 수학 수업 동안 학생은 가족 면담에서 도출된 학습 목표(예: 특정 의사소통 양식을 보여 준다, 보기가 주어졌을 때 선택을 한다, 개조된 스위치를 통해 컴퓨터를 사용한다.)에 초점을 맞출 것이다.
7. 2.1단계와 2.2단계 중 무엇을 먼저 하든지 관계없이 모든 과정을 마친 후 팀은 추가 학습 목표의 수가 합리적인지 검토해야 한다. 목표의 가짓수를 줄이거나 혹은 특정 학습 목표를 해당 년도 후반에 다루도록 미룰 수 있다.
8. 학생이 초기에 설정한 학습 목표들을 성취하면 해당 학년도 내에 추가 학습 목표들을 다시 논의하여 새로운 항목을 추가한다.

[글상자 3-3] 교육과정에서 학생에게 기대되는 네 가지 참여 유형의 정의

일반교육과정에서의 참여 유형

학생은 다음 네 가지의 참여 유형과 관련하여 접근을 위한 지원 또는 교수적 지원이 필요할 수 있다(예: 보조공학, AAC 도구, 시간 연장, 교재 수정).

지원을 받는 동일한 교육과정(같은 내용, 같은 수준)

- 교육과정 과목이나 수업 활동(예: 국어, 수학, 과학)에서 장애학생은 비장애학생이 학년 수준에서 성취하도록 기대되는 것과 동일한 목표를 성취할 것이라고 기대된다.
- 동일한 교육과정은 같은 내용, 같은 수준, 같은 양, 같은 진도를 의미한다.
- 필요한 지원이 제공되면 장애학생이 일반학급에서 같은 교육과정에 접근할 수 있다고 기대된다.

중다수준 교육과정(같은 내용, 다른 수준)

- 교육과정 과목이나 수업 활동(예: 국어, 수학, 과학)에서 장애학생은 개별화된 학습 목표를 따르게 되며 비장애학생과 같은 교육과정 영역에서 같은 내용을 배우지만 내용의 수준은 다르다.
- 중다수준 교육과정은 같은 교육과정, 같은 내용을 의미한다. 그러나 수준, 양, 진도는 다를 수 있다. 예를 들어, 수학 과목에서 대부분의 학생이 계산하기(예: 세 자릿수 계산)를 할 때 장애학생은 다른 수준의 계산하기(예: 한 자릿수 계산)를 할 수 있는데 일반적으로 적은 양을 학습하거나 진도를 천천히 나간다.
- 중다수준 교육과정은 장애학생과 비장애학생이 자연스러운 비율로 배치된 대집단 혹은 소집단 안에서 교육활동을 함께 할 때 실행될 수 있다.

중다수준 교육과정(다른 내용, 다른 수준)

- 교육과정 과목이나 수업활동(예: 국어, 수학, 과학)에서 장애학생은 개별화된 학습 목표를 따르게 되며 비장애학생과 같은 교육과정 영역 안에서 다른 내용을 다른 수준으로 배운다.
- 중다수준 교육과정은 같은 교육과정 영역이지만 다른 내용, 다른 수준과 양, 진도를 의미한다. 예를 들어, 수학 수업에서 대부분의 학생이 계산(예: 세 자릿수)을 할 때 장애학생도 수학을 배우지만 다른 내용(예: 수 세기, 도형)을 배우고, 더 적은 양과 더 느린 속도로 진도를 나가게 된다.
- 중다수준 교육과정은 장애학생과 비장애학생이 자연스러운 비율로 배치된 대집단 혹은 소집단 안에서 교육활동을 함께 할 때 실행될 수 있다.

중복 교육과정(다른 교육과정 영역, 다른 수준)

- 교육과정 과목이나 수업활동(예: 사회, 건강)에서 장애학생은 비장애학생과 다른 교육과정 영역에서 다른 수준으로 개별화된 학습 목표를 갖는다.
- 중복 교육과정은 다른 교육과정 영역, 다른 내용, 다른 수준과 양, 진도를 의미한다. 예를 들어, 사회과목에서 대부분의 학생이 지리를 배울 때 장애학생은 친구들이 하는 지리 활동에 참여한다(예: 친구들과 지리게임 하기). 그러나 장애학생의 우선적인 학습 목표는 선택권이 주어졌을 때 선택하기, 일관된 가리키기 반응, 사물 탐색처럼 다른 교육과정 영역(예: 의사소통, 사회성, 기초학업기술 등)에 맞추어져 있다.
- 장애학생은 중복 교육과정을 위해 접근이나 교수적 지원이 필요할 수도 있다(예: 보조공학, AAC 도구, 시간 연장, 교재 수정 등).
- 중복 교육과정은 장애학생과 비장애학생이 자연스러운 비율로 배치된 대집단 혹은 소집단 안에서 교육활동을 함께 할 때 실행될 수 있다.
- 중복 교육과정은 학급의 대다수 학생이 목표로 하는 교육과정 영역에서 권장하는 학습 목표를 배제하지 않는다.

2.2단계 일반교육과정의 추가 학습 목표

✓	일반교육과정 영역 (짧은 설명 제시)	주요 참여 유형 선택	예시 (중다수준이나 중복 교육과정일 경우 교육의 시작점)
✓	국어: 큰 소리로 읽기와 속으로 읽기, 이야기 및 시 쓰기, 철자, 사전 사용하기, 동의어, 이의어	○ 동일한(학년-수준 기대) ○ 중다수준(동일한 내용) ✓ 중다수준(다른 내용) ○ 중복 교육과정	책에 적응하기 사진 · 사물 · 기호 판별하기 한 단계 지시 따르기
✓	수학: 문장제 문제, 덧셈, 뺄셈, 곱셈, 나눗셈, 분수, 도형, 측정, 로마 숫자	○ 동일한(학년-수준 기대) ○ 중다수준(같은 내용) ○ 중다수준(다른 내용) ✓ 중복 교육과정	다른 과목에서 최우선 학습 목표 달성을 위한 작업에 수학 활동 활용하기
✓	과학: 삶의 주기, 행성, 동물, 날씨 · 기후, 행성, 자성, 에너지	○ 동일한(학년-수준 기대) ✓ 중다수준(같은 내용) ○ 중다수준(다른 내용) ○ 중복 교육과정	식물과 동물 구분하기 날씨와 옷 매치하기
✓	사회: 의식주, 전통의상, 원주민, 지역사회 도우미, 시민권, 사회적 책임	○ 동일한(학년-수준 기대) ✓ 중다수준(같은 내용) ○ 중다수준(다른 내용) ○ 중복 교육과정	반 친구, 학교 직원, 도움을 주는 사람들을 판별하기

✓	일반교육과정 영역 (짧은 설명 제시)	주요 참여 유형 선택	예시 (중다수준이나 중복 교육과정일 경우 교육의 시작점)
✓	체육: 게임, 스포츠, 피트니스, 오리엔티어링	○ 동일한(학년-수준 기대) ☑ 중다수준(같은 내용) ○ 중다수준(다른 내용) ○ 중복 교육과정	특수체육* 및 물리치료사의 지침에 따라 몇몇 활동에 부분 참여하기
✓	보건 교육: 치아 건강, 몸의 부분, 영양, 재난 안전, 건강을 위한 레저, 눈과 귀 건강	○ 동일한(학년-수준 기대) ☑ 중다수준(같은 내용) ○ 중다수준(다른 내용) ○ 중복 교육과정	신체의 부분을 판별하기, 친구들과 레저 활동에 참여하기
✓	예술(미술/무용): 다양한 매체를 사용하기, 풍경화와 초상화, 정물화의 차이 알기, 미술 용어	○ 동일한(학년-수준 기대) ☑ 중다수준(같은 내용) ○ 중다수준(다른 내용) ○ 중복 교육과정	다양한 미디어를 사용한 자기표현법
✓	음악(노래/악기): 다른 문화권의 노래 혹은 악기 연주하기, 생태 음악, 이야기에 적절한 음악 연결하기, 음악 기호	○ 동일한(학년-수준 기대) ☑ 중다수준(같은 내용) ○ 중다수준(다른 내용) ○ 중복 교육과정	보조도구(스위치 등)를 사용해서 리듬, 음율, 노래 등을 표현하기

[자료 3-8] 제이크의 일반교육과정의 추가 학습 목표

* 미국의 『아동낙오방지법(No Child Left Behind)』[PL 107-110]에서는 모든 학생에게 국어, 수학, 과학 과목에서의 평가를 의무화하였다. 지역별로 추가적인 교육과정 영역에서의 평가를 요구할 수 있다.

✪ 도움말

1. 일반 교과 교사가 여러 명인 경우(예: 고등학교)에 팀은 적어도 한 명은 COACH 회의에 대표로 참여시켜야 한다. 특수교사는 교육과정 영역에 대해 일반교사에게 사전에 연락하여, ① 과목의 단원에 대한 설명, ② 학생의 주요 참여 유형, ③ 시작점이 되는 학습 목표의 예시에 대한 정보와 조언을 얻는다. 확신이 없고 불명확한 느낌이 드는 교사는 COACH 계획 과정 중 본 단계에 반드시 참여해야 한다.
2. 국가나 지역 교육청에서 필수로 지정한 교육과정 영역(예: 체육, 건강)은 반드시 포함한다.
3. 학생에게 적절한 수준의 추가 학습 목표를 선택하는 것은 중요하지만, 학생이 당신의 기대치를 넘어서서 당신을 놀라게 할 여지를 주어야 한다. 여기 제시한 학습 목표들은 학생의 학습을 안내하려는 것이지 기회를 제한하려는 것이 아니다.
4. 추가 학습 목표를 선택하거나 학교 수업 일수를 고려할 때 당신의 팀이 합리적이라고 느낄 수 있는 양만 선택해야 한다는 것을 유의하라. 낙관주의와 현실주의 간의 균형이 필요하다.

3단계: 일반적 지원

♣ 목적

3단계는 학생들이 자신의 개별화교육계획에 접근할 수 있도록 6개의 영역에 걸쳐 일반적인 지원을 결정하고 문서화하기 위해서 고안되었다. 이 6개의 영역은 ① 개인적 요구, ② 신체적 요구, ③ 다른 사람들에게 학생에 대해 알려 주기, ④ 감각적 요구, ⑤ 접근과 기회, ⑥ 기타 일반적 지원이다. 학생의 행동을 변화시키는 데 초점을 맞춘 1단계와 2단계에서 판별한 학습 목표(예: 기술 습득)와 달리, 3단계는 학생의 행동을 변화시키지 않고 학생을 위해 팀 구성원이 행동을 하도록 한다. [자료 3-9]는 제이크의 일반적 지원을 보여 준다.

3단계 일반적 지원

모든 필요한 일반적 지원을 선택하여 (✓) 표시하세요. 안내 책자를 참고하세요.

참여자: 소피 가드너, 톰 가드너, 카렌 그린, 매리앤 부스

개인적 요구

✓ 1. 음식 먹기 및 음료 마시기 지원이 필요하다.
✓ 2. 옷 입기 지원이 필요하다.
✓ 3. 배변 실수를 하지 않도록 배변 관리 지원이 필요하다.
✓ 4. 개인위생 지원이 필요하다.
_ 5. 약 복용 지원이 필요하다.
_ 6. 석션이나 배뇨관 관리 지원이 필요하다.

_ __________
_ __________
_ __________
_ __________
_ __________
_ __________
_ __________
_ __________
_ __________
_ __________
_ __________
_ __________
_ __________
_ __________

신체적 요구

✓ 7. 규칙적 자세교정 지원이 필요하다.
✓ 8. 접근성을 높이기 위해 환경 수정이 필요하다.
✓ 9. 신체 보장구(예: 휠체어, 브레이스) 관리 지원이 필요하다.
✓ 10. 특별한 이동수단의 지원이 필요하다.
✓ 11. 특별한 방식으로 옮기고 자세를 취하도록 하는 지원이 필요하다.
✓ 12. 장소 간 이동 지원이 필요하다.

_ __________
_ __________
_ __________
_ __________
_ __________
_ __________
_ __________
_ __________
_ __________
_ __________
_ __________

다른 사람들에게 학생에 대해 알려 주기

✓ 13. 교직원과 친구들에게 학생의 AAC 체제와 의사소통 행동에 대해 가르친다.
✓ 14. 교직원과 친구들에게 학생과 의사소통하는 방법을 가르친다.
_ 15. 교직원에게 간질 관리(대처) 절차를 가르친다.
_ 16. 교직원에게 응급조치 절차를 가르친다(예: 의학, 대피).
_ 17. 교직원에게 행동 관리 절차를 가르친다.
_ 18. 교직원에게 위기중재 절차를 가르친다.
_ 19. 친구들과 교직원에게 학생의 말을 이해하지 못한 경우에는 학생에게 반복하거나 다른 방식으로 의사소통해 달라고 요청할 것을 가르친다.

_ __________
_ __________
_ __________
_ __________

감각적 요구

__ 20. 보청기 점검이 필요하다(예: 배터리, 볼륨 조정).
__ 21. FM 시스템 사용/청음훈련 지원이 필요하다.
__ 22. 수화 의사소통 지원이 필요하다(예: 수화, 언어, 제스처).
✓ 23. 안경 관리 지원이 필요하다(예: 조정, 세척).
__ 24. 촉각적 자료가 필요하다.
✓ 25. 확대된 자료가 필요하다.
__ 26. 점자 자료가 필요하다.
__ 27. 감각적 필요에 맞게 자리를 배치할 필요가 있다(예: 음원에서 적당히 떨어진 자리).
✓ 28. 감각적 필요에 맞게 환경을 수정할 필요가 있다(예: 조명, 배경소음, 소리 크기, 색).

접근과 기회

✓ 29. 일반 교실과 활동에 접근하도록 지원한다.
✓ 30. 사전에 일반교육 활동과 교재를 교수적으로 수정하는 지원이 필요하다.
__ 31. 비장애인과 함께하는 지역사회 활동에 참여하도록 지원한다.
__ 32. 다양한 경력/직업 경험을 제공한다.
__ 33. 비장애인과 함께하는 방과 후 활동에 참여하도록 지원한다.
__ 34. 학생의 모국어로 된 교재를 제공한다.
__ 35. 다문화 배경과 관련된 교재와 활동을 학생에게 제공한다.
__ 36. 문제 행동을 다루는 비혐오적 접근을 제공한다.

기타 일반적 지원

__ 37. 시간을 연장 또는 면제하는 것이 필요하다.
__ 38. 대필 지원이 필요하다.
__ 39. 평가(시험) 수정이 필요하다.

[자료 3-9] 제이크의 일반적 지원

✎ 자료

- 3단계 양식

☞ 사용 지침

1. 3단계의 목적을 설명하고 참여자들에게 이 단계는 10~15분 미만이 소요될 것이라고 알려 준다.
2. 첫 번째 일반적 지원 영역(개인적 요구)에 있는 항목들을 검토한다.
3. 학생에게 제공해야 할 지원에 대해 합의한다.
4. 결정한 내용을 필요한 지원에 체크 표시하는 것으로 문서화한다.
5. (목록으로 제시되지 않은) 특별한 항목이 있으면 기타 칸에 추가한다.
6. 다음 일반적 지원 영역(신체적 요구)에 대해 사용 지침 3~5번을 반복한다.

✪ 도움말

1. 부모, 일반교사(들), 특수교사 등 핵심적인 참여자들이 이 단계를 완수할 수 있지만 관련 전문인(언어치료사, 물리치료사, 작업치료사 등)이 참여하는 것은 도움이 될 것이며 어떤 학생에게는 필수적이다. 관련 전문인이 회의에 참여하지 않는다면 특수교사나 다른 구성원이 그들의 의견을 미리 수집할 수 있다.
2. 특정 영역에서 어떠한 일반적 지원도 필요하지 않은 학생도 있다. 예를 들어, 감각장애가 없는 학생들은 감각적 요구 영역이 비어 있게 될 것이고, 정형외과적 장애가 없는 학생들은 신체적 요구 영역이 비어 있게 될 것이다. 한편, 다른 이유로 이러한 영역의 항목이 필요한 경우도 있다. 예를 들어, 한 학생이 어떤 행동 특성을 가지고 있고 그 행동이 이동 중 안전과도 관련된 것이라면 이동을 위한 특별한 조정(예: 좌석 배치, 버스 모니터 등)이 필요할 수 있다.
3. 일반적 지원은 여러 상황에 걸쳐서 적용될 수 있다. 그것들은 특정 교수적 지원이나 조정이 아니다.
4. 개별화교육계획 용어는 현장에 따라 다르다. 모든 개별화교육계획에는 COACH에서 일반적 지원이라고 부르는 것을 포함시키기 위한 부분이 있다. 사용하는

용어는 다를지라도 의미는 동일하다. 조정, 수정, 보완 등의 용어를 포함하는 내용이 이에 해당한다.

2부

가족의 우선순위를 목표로 전환하기

✤ 목적

COACH 2부는 가족이 우선순위로 선정한 학습 목표들을 다음으로 전환하기 위해 팀을 지원하는 것을 목표로 한다.

1. 연간 목표(4단계)
2. 단기 목표(5단계)
3. 연간 목표, 추가 학습 목표, 일반적 지원이 짧게 요약된 프로그램 요약본(6단계)

✎ 자료

- COACH 지침서
- 4단계와 5단계 양식(부록 C)
- 6단계 양식(부록 C)
- 연필과 지우개

☞ 사용 지침

1. 팀 구성원을 확정하고, 1.5단계에서 가족이 선정한 우선순위를 토대로 개별화교육계획의 장·단기 목표 초안을 작성하는 4단계(연간 목표)와 5단계(단기 목표)의 일정을 설정한다.
2. 4단계와 5단계를 완성하기 위한 세부 지침을 참고한다.
3. 1~4단계의 정보를 '프로그램 요약본'으로 정리할 팀원을 정한다.

4. 6단계(프로그램 요약본)를 완성하기 위한 세부 지침을 참고한다.

✪ 도움말

1. COACH의 완성과 개별화교육계획 회의 날짜 사이에 충분한 시간이 있도록 계획한다.
2. 팀 구성원(가족과 학생 포함)을 4~6단계에 다음과 같은 방법으로 참여시킨다. ① 각자의 전문 영역인 지식과 기술을 명시하고, ② 학생의 교육 프로그램에 대한 이해를 공유하고 통합하기 위해 팀 구성원이 기여할 수 있도록 하고, ③ 운용 가능하고 가치 있는 삶의 목표를 이끌 수 있는 계획을 문서화하는 데 기여할 수 있도록 한다.

4단계: 연간 목표

♣ 목적

4단계는 부모 면담에서 우선순위 학습 목표로 선정한 것을 개별화교육계획의 연간 목표로 변환하기 위해 고안되었다. [자료 3-10]에 나온 제이크의 연간 목표의 예를 참고한다.

4단계 연간 목표

목표: 1

1. 1.5단계로부터 추출된 우선순위 학습 목표: 특정 의사소통 양식을 보여 준다.

2. 우선순위 학습 목표에 대한 현재 평가에 근거한 현재 수행 수준: 일관성이 없고 약 30%의 빈도이지만 눈의 깜빡임, 직접적인 가리킴으로 반응을 한다. 5초 내에 제이크가 최선의 반응을 보이기 위해서는 머리를 지지해서 안정적인 자세를 유지할 수 있도록 하는 것과 휠체어에 무릎 트레이를 주는 것이 필요하다. 최근에는 친근한 사람들보다 친근하지 않은 교사 혹은 친구들(50%)에게 더 일관된 반응을 보이고 있다.

3. 학생이 올해 사용할 것이라고 기대하는 기술 · 행동과 관련하여 자연스럽고 나이에 적절한 맥락(장소, 활동)은 무엇인가? 학급 수업 혹은 학교 활동 중에 교사와 친구들의 질문에 대답하기

4. 우선순위 학습 목표의 어떤 측면이 연간 목표에 반영되어야 하는가? 올해에 해당하는 것을 모두 선택하라.

__ 부가적인 단서 · 지원 감소	✓ 핵심 기술 습득	__ 수행의 질
__ 자연스러운 지원에 대한 반응	__ 기술목록 확장	__ 속도, 비율, 유창성
✓ 환경, 사람, 자료 · 단서에 걸친 일반화	__ 지속시간 확장 또는 감소	__ 시간 경과 후 지속
	__ 기타:	__ 기타:
		__ 기타:

5. 팀이 학생이 올해 배우기를 원하는 관찰 가능하고 측정 가능한 특정한 기술 · 행동은 무엇인가? 눈의 깜빡임, 직접적인 가리킴으로 요청을 한 후 5초 안에 일관된 반응을 한다.

6. 최종 연간 목표(맥락과 기술 · 행동을 포함): 학급 및 학교 활동을 하면서 교사나 친구들이 질문을 하면 제이크는 눈의 깜빡임이나 직접적인 가리킴으로 5초 이내에 일관적인 반응을 할 것이다.

[자료 3-10] 제이크의 연간 목표의 형식 일부 발췌

☞ 사용 지침

1. '1.5단계로부터 추출된 우선순위 학습 목표' 칸에 최우선순위 학습 목표를 옮겨 적는다.
2. 우선순위 학습 목표와 관련된 학생의 현재 수행 수준을 기술한다. 최근 평가 자료가 우선순위 학습 목표와 관련된 적절한 정보를 담고 있지 않다면 팀은 추가로 평가 정보를 수집할 필요가 있다.
3. 이번 학년도에 학생에게 기대되는 기술과 행동이 사용될 자연스럽고 연령에 적합한 주요 맥락(장소와 활동)을 기술한다. 어떤 학습 목표들은 여러 맥락에 걸쳐 있다. 또 어떤 학습 목표들은 특정 맥락이 매우 중요하게 작용하는데, 그 맥락에 접근하는지에 목표 성취가 달려 있다. 예를 들어, 목표 행동이 ① 특정한 장소(예: 일하는 곳, 노는 곳), ② 특정 활동 중(예: 점심 먹기, 전체 수업 참여), ③ 특정 사람(예: 비장애학생들)과 함께 나타나야 하는 경우다.
4. 최우선순위 학습 목표의 어떤 측면이 연간 목표의 초점이 될지 고려한다(그리고 표시한다). 1.5단계 양식은 연간 목표의 초점이 될 수 있는 공통된 측면을 제공한다(예: 기본 기술 습득, 촉진 · 지원 감소, 일반화, 비율, 속도, 유창성, 집중 시간 등). 만약 학생이 이러한 목록과는 다른 측면을 요구한다면 기타에 체크하고 빈칸에 기록하라. 이것은 연간 목표에만 영향을 주는 것이 아니라 단기 목표에도 적용될 것이다.
5. 연간 목표에 적합한 측정 및 관찰 가능한 행동을 판별한다. COACH의 가족 면담 안에 있는 모든 학습 목표가 연간 목표에 적절한 용어로 기술되지 않았음을 기억해야 한다. 아직도 목표 행동이 명확하지 않다면 명확성을 높이기 위해서 행동에 대한 반응 양식을 추가하라. 예를 들어, '조쉬는 보기가 주어졌을 때 선택을 할 수 있다'의 관찰 가능한 반응 양식에는 말하기, 손가락으로 가리키기, 시선 주기 등의 방법이 있다. 기술한 목표를 명확하게 할 수 있는 다른 정보도 포함하라. 예를 들어, '질문에 대답할 수 있다'를 "조쉬는 '예/아니요'를 묻는 질문에 머리와 눈 움직임을 사용하여 대답할 수 있다(예: 위로 하면 '예', 아래로 하면 '아니요')."로 명료화할 수 있다.

6. 팀이 동의한 행동 및 맥락을 포함한 연간 목표의 범위는 해당 학년도에 성취 가능해야만 한다.
7. 팀 구성원은 완성된 연간 목표를 면대면, 전화, 팩스, 이메일 등의 다양한 방법으로 공유하여 개별화교육계획 문서로 변환하기 전에 최종 수정 또는 확인 과정을 거친다.

✪ 도움말

1. 선정된 우선순위에 기반하여 연간 목표를 개발하는 데 있어 팀 구성원 간에 누가 책임을 맡고 책무성을 공유하는지 명확히 한다.
2. 학생의 연간 목표는 당신의 교수를 위한 일반적인 로드맵을 제공한다. 목표를 개발하는 과정에서 변경될지도 모르는 세부사항들을 위해 너무 많은 시간을 사용하지 말라. 이 초기 목표들은 팀의 '최선의 추측'을 대표하는 것이다. 그것들은 돌에 새기는 기념문구가 아니며 당신의 교수를 제한해서도 안 된다.
3. 팀 구성원들에게서 연간 목표를 발송하여 피드백과 아이디어를 받는 것은 언제나 도움이 될 것이다.
4. 초반에 언급한 바와 같이, COACH는 개별화교육계획 목표가 학문 영역에 구애받지 않고, 너무 많지 않은 수의 최우선순위 학습 목표를 담는 것을 선호한다. 문제가 발생하는 경우는 주로 전문가가 COACH의 가족 면담을 활용하여 우선순위 학습 목표를 선정한 후, ① 이 학습 목표를 개별화교육계획 목표로 전환하지 않거나, ② 전환하더라도 자신의 학문 영역을 반영하는 연간 목표를 추가로 포함시킬 때다. 2.1단계와 2.2단계의 추가 학습 목표 및 3단계의 일반적 지원을 사용하는 것이 이러한 문제를 피할 수 있도록 하며 추가 학습 목표와 관련서비스 제공자들의 역할을 명확하게 할 것이다.

5단계: 단기 목표

♣ 목적

5단계의 목적은 각각의 연간 목표에 대한 더 작고, 연간 목표 성취를 위해 교수 단계를 제공하는 단기 목표를 개발하는 것이다. [자료 3-11]은 제이크의 단기 목표의 예를 보여 준다.

☞ 사용 지침

1. 더 작은 단위의 교수 목표를 정하기 위해 연간 목표 진술문과 관련 정보(예: 현재 수행 수준)를 참조한다.
2. 단기 목표 표(왼쪽과 중앙 열)를 사용해서 학생이 행동을 배우기 위해 제공되어야 할 주요 조건(상황)을 기록하고, 장기목표의 의도를 명확하게 하는 구체적인 행동을 목록화한다(예: 관찰 가능한 반응 양식).
3. 측정 가능한 준거를 기록하고 스스로 질문한다. "현재 수행 기능을 고려할 때 10~15주 동안 교수해서 어느 정도의 진보를 기대할 수 있을까?" 그 준거 역시 안정성 있게 측정할 수 있는 것을 포함해야 한다(예: 2주 연속 주 4일 이상 수행한다).
4. 세 가지 요소(조건, 행동, 준거)를 조합해서 초기 단기 목표를 작성한다.
5. 세 가지 요소 중 하나 혹은 그 이상을 변경하여 추가의 단기 목표를 작성한다. 어떤 경우에는 조건과 행동은 유지되고 준거만 높아질 것이다. 다른 경우에는 조건(촉진을 소거)이 변경되고, 행동은 유지되며 준거는 변경될 수도 안 될 수도 있다. 또 다른 경우에는 행동은 변경(새로운 단어를 배우기)되고 조건과 준거는 유지될 수도 있다. 단기 목표를 위한 어떠한 조합이든 학생의 개별화된 프로그램을 위해 만들어질 수 있다.

✪ 도움말

1. 다양한 상황에 걸쳐 적용되는 주요 조건만을 기록하라. 특정 수업을 계획할 때

특정 상황에 적용되는 더 많은 조건을 기술하는 기회가 생긴다(교수 수정 및 계획을 위한 Section IV와 부록 D의 양식을 참고한다).

2. 단기 목표를 세울 때 가장 중요한 것이 무엇인지 다양한 팀 구성원에게서 유용한 정보를 얻을 수 있다.
3. 단기 목표는 학생들이 배워야 할 것에는 초점을 맞추고 있지만 그 단기 목표를 배우는 방법에 대한 모든 정보(예: 촉진, 단서, 수정 절차, 강화, 피드백 등)는 포함하지 않는다.
4. 초안을 완성한 이후에 개별화교육계획 회의에 앞서 팀 구성원과 공유하고 피드백을 받는다.
5. COACH에서 얻은 정보의 사용은 정해진 교육 프로그램에 학생이 참여하고 접근할 수 있도록 교육적으로 적절하고 필요한 관련서비스를 팀이 결정하는 과정을 돕는다.

5단계 단기 목표

조건	기술/행동	기준
휠체어에서 몸과 머리를 지지해 주면서 자세를 바로 잡아 주고 조회 시간, 읽기와 수학 시간에 교사가 질문을 할 때	제이크는 눈 깜빡임 혹은 직접적인 손 뻗음이나 가리키기를 사용하여 일관적인 반응을 할 수 있다.	5일 연속으로 질문 후 8초 안에 50% 빈도로
위와 같음	위와 같음	5일 연속으로 질문 후 6초 안에 80% 빈도로
휠체어에서 몸과 머리를 지지해 주면서 자세를 바로 잡아 주고 교사 혹은 친구가 더 복잡한 환경(점심시간, 쉬는 시간, 선택하기 등)에서 질문을 할 때	위와 같음	위와 같음
휠체어에서 몸과 머리를 지지해 주면서 자세를 바로 잡아 주고 교사 혹은 친구가 학급 혹은 학교 활동 중 아무 때나 질문을 할 때	위와 같음	5일 연속으로 질문 후 5초 안에 100% 빈도로

[자료 3-11] 제이크의 단기 목표의 형식 일부 발췌

6단계: 프로그램 요약본

♣ 목적

6단계에서는 학생의 교육 프로그램 요소들을 2페이지 정도로 요약해서 학교 내 다양한 학교 관계자들(담임교사, 관련서비스 종사자, 보조원, 특별 영역의 교사들)이 편리하게 사용할 수 있도록 한다. 프로그램 요약본은 학생의 교육 프로그램의 범위와 초점에 대해 학교 관계자들이 참조하거나 기억하기 위해서 사용될 수 있으며, 교육 프로그램에 대한 합의를 촉진할 수 있다. 또한 이것은 교육적인 관련서비스 계획을 보조할 수도 있다. [자료 3-12]는 제이크의 프로그램 요약본이다.

6단계 프로그램 요약본

학생 이름: 제이크 가드너 날짜: 2010년 5월 27일

프로그램 요소들의 목록: ① 개별화교육계획에 포함될 가족의 최우선순위, ② 교육과정 영역에서 도출한 COACH의 추가 학습 목표, ③ 기본적인 참여 유형과 학습 목표 '시작점' 샘플을 나타내는 일반교육과정의 추가 학습 목표, ④ 일반적 지원의 범주와 항목

가족이 선택한 우선순위 (연간 목표)

1. 수업 시간 및 학교 활동 중에 교사와 친구들의 질문에 반응을 한다. 제이크는 질문을 했을 때 5초 안에 눈 깜빡임 혹은 손 뻗기/가리키기로 일관적인 반응을 할 것이다.
2. 수업 시간 및 학교 활동 중에 (쉬는 시간, 점심시간 등) 4개의 선택지가 주어지면, 제이크는 눈 깜빡임 혹은 손 뻗기/가리키기로 선택을 할 것이다.
3. 수업 시간 및 학교 활동 중에 제이크는 다른 사람에게 요청하기 위해 (과제 수행을 위한 도움 요청, 휴식하기, 활동 변경하기 등) 보조공학(음성 출력기에 붙은 스위치 등)을 사용할 것이다.
4. 교실과 컴퓨터실 수업 시간에 제이크는 다양한 컴퓨터 프로그램이 활성화되도록(활동, 게임, 음성출력, 글자, 기호 등) 커서 작동(화면에서 원하는 위치로 커서 옮기기)을 위해 고안된 스위치를 사용할 것이다.

COACH의 추가 학습 목표

5. 의사소통/사회성: (a) 다른 사람에게 질문하기, (b) 사회적 상호작용 유지하기와 끝맺기, (c) 다른 사람에게 도움을 제공하기, (d) 자기옹호하기
6. 학업 준비 기술: (a) 활동에 주의를 기울이고 유지하기, (b) 환경과 물건을 탐색하기, (c) 사물 간의 차이를 구분하기, (d) 비언어적 상징의 의미를 이해하기
7. 기능적 학업기술: (a) 글자에 의미가 있음을 이해하기, (b) 쓰기 도구를 사용하기, (c) 일과표나 달력을 사용하기

일반교육과정의 추가 학습 목표

8. 국어: 주요 참여 유형: 중다수준(다른 내용)
   시작점: (a) 책에 적응하기, (b) 사진, 사물, 기호 판별하기, (c) 한 단계 지시사항 따르기
9. 수학: 주요 참여 유형: 중복 교육과정
   시작점: 1~4쪽에 기록한 가족이 선택한 최우선순위 학습 목표를 수학 활동 중에 적용하기
10. 과학: 주요 참여 유형: 중다수준(같은 내용)
   시작점: (a) 식물과 동물 구별하기, (b) 날씨와 옷 연결하기

11. 사회: 주요 참여 유형: 중다수준(같은 내용)
시작점: (a) 반 친구들과 학교 관계자들 판별하기, (b) 학급 활동을 위해 다른 사람에게 도움 제공하기
12. 체육과 건강: 주요 참여 유형: 중다수준(같은 내용)
시작점: (a) 특수체육 교사와 물리치료사의 조언을 받아 학급 친구들과 같은 활동에 부분적으로 참여하기, (b) 몸의 부분들을 판별하기, (c) 친구들과 건강을 위한 여가활동에 참여하기
13. 미술과 음악: 주요 참여 유형(같은 내용)
시작점: (a) 자기표현을 위한 다양한 예술적 표현 수단 사용하기, (b) 리듬, 음률, 노래 등을 표현하기 위해 수정된 도구 사용하기(스위치 등)

일반적 지원

14. 개인적 요구: (a) 음식/음료를 먹기 위한 지원 필요, (b) 옷 입기 지원 필요, (c) 배뇨 관리 지원 필요, (d) 개인위생 지원 필요
15. 신체적 요구: (a) 규칙적 자세교정 지원 필요, (b) 접근성을 높이기 위해 환경 수정 필요, (c) 신체 보장구(휠체어, 브레이스 등) 관리 지원 필요, (d) 특별한 이동수단의 지원 필요, (e) 특별한 방식으로 옮기고 자세를 취하도록 하는 지원 필요, (f) 장소 간 이동 지원 필요
16. 다른 사람들에게 학생에 대해 알려 주기: (a) 교직원과 친구들에게 학생의 AAC 체제와 의사소통 행동에 대해 가르치기, (b) 교직원과 친구들에게 학생과 의사소통하는 방법을 가르치기
17. 감각적 요구: (a) 안경 관리 지원 필요(예: 조정, 세척), (b) 확대된 자료 필요, (c) 감각적 필요에 맞게 환경 수정 필요(예: 조명, 배경소음, 소리크기, 색)
18. 접근과 기회: 일반 교실과 활동에 접근하도록 하기 위한 지원, 일반교육과정 활동을 위한 교수적 수정, 중다수준 교육과정과 중복 교육과정을 위한 교수 자료 준비가 필요

[자료 3-12] 제이크의 프로그램 요약본 일부 발췌

✎ 자료

• 6단계 양식

☞ 사용 지침

1. 이 하위 단계는 그룹 회의를 하는 동안 작성할 필요가 없고, 필요한 정보가 모두 모이면 팀원 중 한 명이 완성할 수 있다. 6단계는 COACH의 다른 단계에 있는 정보들을 옮기는 것이기 때문에 10~15분 이상 걸리지 않는다.
2. 페이지 상단에 학생의 이름과 날짜를 쓴다.
3. COACH의 다양한 부분에서 프로그램 요약본 양식으로 학생의 교육 프로그램 관련 내용을 옮겨 적는다. 요약본은 다음 내용을 포함한다.
   • 가족이 우선순위로 정한 연간 목표로, 개별화교육계획에 연간 목표로 포함되어야 한다고 가족이 선택한 모든 학습 목표들(1.5단계)을 재진술한 것(4단계)
   • COACH의 추가 학습 목표로, 2.1단계에서 표시한 교육과정 영역별 모든 학습 목표
   • 일반교육과정의 추가 학습 목표로, 2.2단계에서 표시한 교육과정 영역별 추가 학습 목표와 시작점의 예시
   • 일반적 지원으로, 3단계에서 표시한 영역(예: 개인적 요구, 신체적 요구, 감각적 요구)별 항목들
4. 프로그램 요약본 내용 안에 번호를 매기고 범주화한다.

✪ 도움말

1. 프로그램 요약본의 요소들을 구조화하는 것은 팀 구성원들이 학생의 교육 프로그램 요소들을 빠르게 참조하고 기억하기 위해 의미 있는 일이 될 것이다. [자료 3-14]에서 보는 것과 같이 몇몇의 사용자에게는 주요한 참여 유형을 적어 놓은 것이 매우 유용할 것이다. 반면에 어떤 사람은 COACH의 추가 학습 목표와 일반교육과정의 추가 학습 목표들을 조합하는 방법을 알아낼 것이다.
2. 어떤 팀은 프로그램 요약본을 구조화할 때 관련 요소들과 묶어서 기록하는 것을

장점으로 여길 수 있다. 예를 들어, 프로그램 요약본의 추가 학습 목표는 연관이 있는 교육과정 영역(예: 의사소통과 사회성, 체육교육과 건강, 미술과 음악)별로 기록될 수도 있다. 이렇게 간소화한 문서는 팀의 의사소통을 촉진할 것이다.

3. 프로그램 요약본이 수기로 기록되더라도 우리는 부록에 있는 공식적인 양식을 사용할 것을 추천한다. 이것은 업데이트를 용이하게 할 것이다.
4. 학생들과 함께 일하는 사람들이 이용할 수 있도록 프로그램 요약본을 만드는 것은 중요하지만 학생 정보의 비밀을 유지하는 것도 중요하다. 프로그램 요약본이 어디서 어떻게 사용되고 저장되어야 하는지 빈틈없이 생각해야 한다.

* 〈부록 B〉와 〈부록 C〉에 수록된 'COACH 학생 기록 양식'은 학지사 홈페이지(http://www.hakjisa.co.kr)를 통해서도 자유롭게 내려받을 수 있다.

Section IV

COACH로 만든 계획을 적용하기

팀이 COACH(1~6단계)를 완수하면 학생을 위한 교육 목표와 지원을 성공적으로 판별해 낼 수 있을 것이다. COACH 과정을 따를 때(예: 개별화교육계획 문서에 정보를 포함하는 것, 일상생활 중 삽입교수 계획을 세우는 것, 차별화 교수를 계획하는 것 등), 팀은 COACH를 완성하는 데 필요한 에너지와 시간을 사용하는 것이 이익이란 것을 깨닫게 될 것이다. 적절하지 않게 과정을 이행하는 것은 팀이 헌신한 시간을 적어도 부분적으로는 낭비하는 것이며 이미 COACH 사용을 경험한 가족과의 관계를 손상시키게 될 것이다. 참여한 가족과 합의한 계획을 따르지 않는 것만큼 신뢰와 자신감을 감소시키는 일은 없을 것이다. COACH는 전 학령기에 걸쳐 수립해야 하며, 교수를 시작할 때 의지할 수 있는 개별화교육계획의 기본 요소들을 제공한다. 본질적으로 COACH는 교육계획의 '교수방법' 보다는 '교수내용'에 초점을 둔다. 비록 포괄적인 '교수방법'도 제공하는 것이 COACH의 범위를 넘어서는 것이기는 해도, 당신이 건설적인 방향으로 나아가기를 원한다.

당신이 이런 헌신을 하도록 돕기 위해 일련의 형식을 부록 D에서 제공한다. ① 학습 목표를 일간 및 주간 학습 계획에 삽입할 수 있는 기회를 확인할 수 있도록 고안된 시간표 매트릭스 형식, ② 개별 수업 및 활동 계획의 세부적인 부분을 생각할 수 있도록 고안된 교수 계획과 적용을 위한 세 가지 형식, ③ 가치 있는 삶을 위한 학습 목표와 지원의 효과를 평가하는 것을 돕는 자료 수집에 사용할 수 있는 형식들이다.

통합 상황 안에서 COACH로 생성된 교육 프로그램(또는 다른 접근을 사용하여 생성한 프로그램)을 성공적으로 실행하는 것은 항상 팀 구성원들이 개별적으로 그리고 협력적으로 무엇을 하는지에 달려 있다. 부록 F는 '통합학급에 있는 장애학생을 지원하는 팀 구성원의 역할'을 제시한다. 통합학교에 대한 연구에 근거하여, 이 문서는 학생과 가족뿐 아니라 교사, 특수교사, 준전문가, 행정가, 관련서비스 제공자(예: 언어치료사, 작업치료사, 물리치료사, 학교 심리학자, 보행지도사)의 역할을 제안한다.

COACH를 '교수방법'의 영역으로 확장하지 않기로 결정한 주된 이유는 이미 많은 수의 우수한 '방법론'이 나와 있기 때문이다. Browder와 Spooner(2006), Downing (2005, 2008, 2010), Janney와 Snell(2011), Jorgensen 등(2010), Peterson과 Hittie(2010) 그리고 Snell과 Brown(2011) 등을 참고할 수 있을 것이다.

COACH의 부록에 포함되어 있는 추가 자료들은 COACH로 생성한 교육 프로그램 실행에 도움이 될 것이며, 학생의 성공 가능성을 매우 높여 준다. 궁극적으로, 팀이 COACH의 잠재성을 알아챌 수 있을지는 당신이 다음에 무엇을 선택할지에 달려 있을 것이다. 당신이 지속적으로 팀원들과 협력하고, 가족과 함께 건설적으로 작업하고, 학생의 삶에 영향을 미치는 결정에 학생을 참여시키는 방법을 탐구하는 것은 격려를 받을 것이다.

결론

다른 어느 도구와 마찬가지로 COACH는 긍정적인 결과를 얻기 위해 조심스럽게 사용되어야만 한다. 형식 안에 무엇을 쓸지를 생각하기보다 무엇을 해야 할지를 끊임없이 고민하는 것이 필요하다. 당신은 상황에 부합되도록 당신의 일을 개별화하고, 지속적으로 당신 자신의 기술을 향상하고자 노력하며, 당신 자신의 이해를 깊게 하고, 팀의 실행력이 학생과 그 가족의 삶에 미치는 영향을 근거로 당신의 성과를 판단해야 한다. COACH에 있는 아이디어들이 많은 사람에게 새롭고 창의적인 방식으로 사용될 것을 기대하며, 그러한 노력에 찬사를 보냄과 동시에, 그러한 노력이 공유될 수 있기를 희망한다. 당신이 COACH를 사용하면서 얻게 되는 아이디어와 기술들은 현재의 개념을 향상시켜 지역사회와 아동의 필요를 충족할 수 있을 것이다.

부록

부록 A

팀원을 위한 COACH 관련 질의응답

팀원 여러분,

다음의 정보는 모든 팀원, 특히 가족이 COACH 사용에 관한 현명한 의사결정을 하도록 돕기 위해 공유하는 것입니다. COACH는 모든 팀원(예: 학교 관계자, 부모, 학생)이 그것의 사용이 적절하다고 동의하는 상황에서 이용합니다. 여기서는 일반적으로 문의하는 질문들과 COACH에 대한 기초 정보를 제공하는 간략한 답변을 제시하고 COACH가 당신의 상황에 적용될 수 있는 적합한 도구인지를 결정하도록 도와주고자 합니다.

질문 1 COACH는 무엇의 약자입니까?

답변 1 아동을 위한 목표와 조정 선택(Choosing Outcomes and Accommodations for CHildren)

질문 2 COACH는 무엇입니까?

답변 2 COACH는 강도 높은 특별한 요구를 지닌 학생을 위한 개별화교육계획 개발을 돕기 위해 교육팀이 사용할 수 있는 6단계의 계획도구이다.

COACH의 6단계(준비 점검 실행 후)

1부: 학생의 교육 프로그램 결정하기

1단계: 가족 면담

1단계의 목적은 가족이 학생을 위해 올해의 우선순위 학습 목표를 선정하도록 하는 것이다. 이는 특수교사와 같은 현재 팀원이 진행자로서 다양한 질문을 하는 과정을 통해 이루어진다. 가족 면담 동안 질문은 일반교육과정 내용에 포함된 것 이상의 확장된 학습 목표에 관한 것으로 다음의 교육과정 영역에서 다룬다. 즉, ① 의사소통, ② 사회성, ③ 개인관리, ④ 여가, ⑤ 학업준비기술, ⑥ 기능적 학업기술, ⑦ 학교생활, ⑧ 지역사회, ⑨ 직업이다.

2단계: 추가 학습 목표

2단계의 목적은 가족이 선택한 우선순위에 포함되지 않은 학습 목표를 COACH 교육과정과 일반교육과정으로부터 결정하는 것이다. 추가 학습 목표를 선정할 때는 가족 면담에서 나눈 내용 중 우선순위에 포함되지 않은 중요한 학습 목표가 배제되지 않도록 한다. 일반교육과정에서 추가 학습 목표를 선정하는 것은, ① 정규 학급활동 내에서 일반교육과정으로의 접근을 보장하고, ② 팀원이 정규 학급활동 동안 학생의 주요 참여 방식(동일 · 중다수준 교육과정 및 교수, 중복 교육과정)에 대한 이해를 공유하게 하며, ③ 일반교사가 어떤 내용부터 교육을 시작할 것인지를 결정하게 한다.

3단계: 일반적 지원

3단계의 목적은 학생의 개별화교육계획을 성공적으로 개발하기 위해 학생에게 필요한 지원을 결정하는 것이다. COACH에 포함된 일반적 지원 영역은 다음과 같다. 즉, ① 개인적 요구(예: 옷 입기 지원, 개인위생 지원), ② 신체적 요구(예: 규칙적 자세교정 지원, 접근성을 높이기 위한 환경적 수정),

③ 다른 사람들에게 학생에 대해 알려 주기(예: 학생의 AAC 체제와 다른 의사소통 행동에 대해 교직원과 친구들에게 가르치기), ④ 감각적 요구(예: 촉각 자료 제공, 보청기 점검), ⑤ 접근과 기회(예: 일반 교실과 활동에 접근, 방과 후 활동 참여 지원), ⑥ 기타 일반적 지원(시간 연장과 같은 평가 및 시험에서의 수정 필요)이다.

2부: 가족의 우선순위를 목표로 전환하기

4단계: 연간 목표

4단계의 목적은 가족의 우선순위를 개별화교육계획 목표에 반영하는 것이다.

5단계: 단기 목표

5단계의 목적은 연간 목표를 달성하기 위해 단기 목표를 설정하는 것이다.

6단계: 프로그램 요약본

6단계의 목적은 교육 프로그램의 명확한 요약본을 제공하는 것이다.

질문 3 COACH는 무슨 원칙을 바탕으로 합니까?

답변 3 COACH는 여섯 가지 원칙을 토대로 한다.

원칙 1: 모든 학생은 배울 수 있으며, 의미 있는 교육과정을 제공받을 자격이 있다.

원칙 2: 양질의 교수는 통합환경으로의 지속적인 접근을 요구한다.

원칙 3: 가치 있는 삶의 목표 추구는 교육과정 내용을 선정하는 데 정보를 제공한다.

- 안전과 건강(신체와 정서)
- 현재와 미래의 주거
- 의미 있는 대인관계

- 개인의 선택권(학생의 연령과 문화에 맞는)
- 의미 있는 활동에의 참여

원칙 4: 가족 참여는 교육계획 수립의 초석이 된다.

원칙 5: 협력적 팀워크는 양질의 교육에 필수적이다.

원칙 6: 여러 서비스 간의 조정을 통해 필요한 지원을 적절하게 제공한다.

질문 4 COACH는 어떤 학생을 위한 것입니까?

답변 4 COACH는 강도 높은 특별한 교육 요구를 지닌 3~21세 장애학생을 위해 사용되어야 한다. COACH는 팀원이 학생의 교육 프로그램(예: 교육과정 내용)을 개발하도록 돕기 때문에 또래 친구와는 다른 수준의 일반교육 프로그램을 배우는 것과 함께 기초 생활기술과 같은 교육과정의 수정이 요구되는 학생을 위해 사용된다. 이에 자폐성장애, 다운증후군, 지적장애, 시청각장애, 뇌성마비 혹은 중복 및 중도장애학생들에게 적절하다. 그러나 COACH는 특별한 지원이 필요하더라도 자신의 학년 수준에 맞는 일반교육과정만을 학습하는 학생을 위해 개발되지는 않았다. COACH는 대안평가가 필요한 학생에게 적절하고, 대안평가가 적합하지 않지만 또래와는 다른 교육과정이 필요한 학생에게도 적절할 수 있다.

질문 5 COACH는 개별화교육계획과 어떤 관련이 있습니까?

답변 5 COACH는 개별화교육계획 개발 도구로 사용된다. 개별화교육계획 개발 과정에서 가족의 의견과 팀원의 참여를 이끌어 낼 수 있는 구조화된 방법이다. COACH는 개별화교육계획 개발을 일회성 사건이라기보다는 하나의 과정으로 여긴다.

질문 6 누가 COACH에 참여합니까?

답변 6 COACH는 학생의 가족, 특수교사, 일반교사가 함께 사용하도록 개발되었다. 부모는 그 과정에 필수적이다. 부모 모두가 참여하는 것이 바람직하지만 현실적으로 부모 중 한 명만이 종종 그 과정에 참여하게 된다. 만약 부모가 학교 관계자와 면대면으로 만나지 않는다면 COACH는 COACH가 아니다.

학생의 특수교사가 COACH 과정에 참여하는 것은 필수적이다. 비록 COACH

의 사용에 익숙하고 부모가 동의한 사람이 COACH의 진행자가 될 수 있지만 일반적으로 특수교사가 진행자의 역할을 가장 자주 한다.

일반교사는 COACH 과정에 필수적인 참여자이다. 초등학교에 다니는 학생의 경우 한 명의 학급교사만이 있으므로 그 교사를 포함시킨다. 여러 명의 일반교사와 수업을 하는 중학교 및 고등학교의 경우 반드시 모든 교사를 참여시킬 필요는 없다(일반적으로 현실 요건상 가능하지 않다). 이런 경우에는 학생을 잘 알고 있는 최소한 1명의 일반교사가 참여하는 것이 적절하다. 그 일반교사 혹은 특수교사는 2.2단계를 실행하는 모임에 앞서 다른 일반교사들과 연락을 취해야 한다. 이는 참석하지 않은 교사들의 관점이 전달되도록 도와준다.

비록 다른 사람들도 COACH 과정에 참여하도록 초청할 수 있지만 가능한 한 그룹의 규모는 작게 유지하고 누구를 참여시킬 것인지에 대해 가족과 의논하여 정할 것을 제안한다. 모든 팀원이 참여할 필요는 없지만, COACH 준비 점검 동안 검토된 것처럼 그들은 COACH 사용을 동의해야만 하며 그것에 대해 잘 알고 있어야 하고 가족이 선정한 우선순위를 지원하는 데 동의해야 한다.

질문 7 COACH 미팅에 학생이 반드시 참여해야 합니까?

답변 7 가족의 재량에 따라 장애학생은 COACH 미팅에 참석하고 참여할 수 있다. 이러한 결정은 종종 학생의 연령과 언어 능력을 토대로 한다. COACH의 제한점은 매우 언어 기반적이라는 것이다. COACH가 적절한 도구로 사용될 수 있는 학생들 대부분이 언어능력에 상당한 어려움이 있기 때문에 그들이 참여하려면 조정이 요구된다. 만약 학생이 전환기 연령(16세 혹은 그 이상)이라면 참석과 참여를 매우 권장한다. 가장 일반적인 시나리오는 부모 한 명 또는 모두나 가족을 대표하는 주 양육자가 미팅에 참석하는 것이다.

질문 8 COACH는 어디서 실행합니까?

답변 8 COACH는 가족과 진행자가 동의한 곳에서 실행한다. 학교에서 COACH를 실행하는 것이 가장 일반적이지만 가족의 집 식탁에서, 지역사회 센터 혹은 서로 동의한 다른 장소에서 실행할 수도 있다. 장소는 반드시 가족이 편안함을 느끼고 그 과정을 수행하는 데 적절한 곳이어야 한다(예: 방해받지 않음, 적절한 공간, 비밀 보장 가능).

질문 9 COACH 과정은 어떻게 이루어집니까?

답변 9 가족 면담(1단계) 동안 진행자는 아동을 위한 양질의 교육계획과 관련된 다양한 주제에 대해 가족의 관점을 팀원들이 더 잘 이해할 수 있도록 다양한 질문을 하게 될 것이다. 가족 구성원들(부모와/혹은 학생)은 가족 면담 동안 유일한 응답자이면서 의사결정자이다. 면담 동안 전문가들의 주요 역할은 진행자의 질문에 대한 가족의 대답을 듣고 가족의 관점에 대해 더 잘 이해하는 것이다. 2.1단계(COACH의 추가 학습 목표), 2.2단계(일반교육과정의 추가 학습 목표) 동안 미팅에 참석한 모든 사람은 합의된 결정을 위해 진행자의 질문에 대해 함께 정보를 제공한다.

질문 10 COACH를 실행하는 데 얼마나 걸립니까?

답변 10 일반적으로 COACH 1부(1~3단계)를 실행하는 데는 1.5~2시간 정도가 소요된다. 소요 시간은 ① 한 명의 부모 혹은 두 명의 부모 참석 여부, ② 학생이 참여하며 참여를 위해 필요한 조정의 수준 정도, ③ 진행자의 COACH 사용의 익숙함과 숙련 정도에 따라 다르다. 2부(4~6단계)를 실행하는 데 소요되는 시간은 다양하며 가족으로부터 수집된 정보를 바탕으로 주로 학교 관계자가 완성한다.

질문 11 부모는 사전에 COACH의 기록 양식을 채우고 면담을 준비해야 합니까?

답변 11 그렇지 않다. COACH는 부모 혹은 전문가가 개별적으로 채우는 하나의 양식이 아니다. 그것은 함께 실행하도록 개발된 과정이다. 부모는 COACH 과정에 참여하기 위해 자녀에 관한 모든 것을 이미 알고 있다. 사실 부모가 사전에 빈 양식을 채우려고 할 때(잘 준비하고자 하는 노력으로) COACH 과정의 역동성은 방해를 받는다. 만약 부모가 여기에 제시된 질문과 답변보다 COACH에 대해 더 많이 알고 싶어 한다면, COACH 매뉴얼을 함께 공유할 수 있다. 어떻든 간에 부모가 COACH 과정 동안 던져질 질문에 대한 답변을 사전에 준비하는 것은 못 하게 해야 한다.

질문 12 가족 면담을 하면 COACH를 완성한 것입니까?

답변 12 아니다. COACH를 사용할 때 가장 저지르기 쉬운 실수 중 하나는 가족 면담을 마친 후 거기서 멈추는 것이다. COACH 과정을 시작할 때 COACH 사용을 결정한 팀은 1부의 세 단계 모두를 실행할 것을 약속해야 한다. 비록 팀은 다른 방법으로 COACH 2부의 과제들을 완성할 수 있겠지만 COACH의 2부는 팀에 도움이 된다. 따라서 만약 COACH를 사용하기로 계획했다면 그것은 적어도 1~3단계는 모두 실행하는 것을 의미한다.

질문 13 1~3단계를 실행하고 난 후에는 무엇을 합니까?

답변 13 1~3단계를 실행한 후 진행자는 COACH 미팅에 참석하지 않은 팀원들과 수집된 정보를 공유한다. 학교 관계자는 가족이 제공한 정보를 사용하여 개별화교육계획의 초안을 작성하기 시작한다. 팀에 의해 개발된 개별화교육계획의 내용과 목표의 수는 COACH 미팅 동안 이루어진 의사결정, 특히 개별화교육계획에 포함되도록 가족이 선정한 우선순위들을 반영해야만 한다. 다시 말해서, 가족은 개별화교육계획 목표들이 확정되기 전 그 목표들이 그들의 관점을 반영했다는 것을 명확하고 쉽게 알아볼 수 있어야 한다.

질문 14 관련서비스 제공자들은 COACH와 연관이 있습니까?

답변 14 교통수단과 같은 관련서비스 그리고 언어치료, 작업치료, 물리치료 등과 같은 지원서비스는 장애학생이 교육 프로그램(개별화교육계획 목표, 일반교육과정, 일반적 지원)에 참여하도록 하는 데 교육적으로 적절하고 필요한 경우에 제공된다. 그러므로 관련서비스가 필요한지는 교육 프로그램이 개발되고 교육적 배치가 결정된 후에만 적절하게 결정할 수 있다. 비록 COACH가 관련서비스 필요 여부의 결정 요건을 명백히 충족하지는 못하더라도 팀원들에게 도움이 될 수 있는 관련 자료를 제공한다.

질문 15 여기서 답변되지 않은 질문이 있다면 어떻게 해야 합니까?

답변 15 만약 추가적인 질문이 있다면 COACH 매뉴얼을 참고하거나 COACH를 잘 알고 있는 팀원들과 이야기를 나누도록 한다.

부록 B

1부 1~3단계를 위한 COACH 학생기록양식

학생기록양식

학생 이름: ______________.

생년월일 : ______________.

시작 및 종료 : 20____년 ___월 ___일 ~ 20____년 ___월 ___일

소 속 : ________학교 ____학년 ____반

* 〈부록 B〉의 양식은 학지사 홈페이지(http://www.hakjisa.co.kr)를 통해서도 자유롭게 내려받을 수 있다.

준비 점검

COACH(1부) 진행 전에 다음의 모든 사항을 확인하여 해당하는 칸에 (✓) 표시하세요.

○ 1. 전문가 팀원은 모두 COACH의 전 과정을 이해하고 팀원 중 최소 한 명은 COACH의 전 과정을 진행할 수 있는 기술을 가지고 있다.

○ 2. 가족은 COACH의 과정을 이해하고 자녀의 교육 프로그램 개발을 위해 전문가들과 함께 COACH를 실행하는 데 동의하였다. (부록 A와 Section I, Section II 참고)

○ 3. 전문가 팀원은 가족 면담을 통해 학생의 가족이 선택한 교육의 우선순위를 수용하고 실행하기로 모두 동의하였다.

○ 4. 1~3단계를 실행하는 과정에 가족, 진행자, 특수교사, 일반교사는 반드시 참석할 수 있도록 모두에게 적절한 시간과 장소를 정하였다.

가족(한 명 이상): ______________________

진행자: ______________________

특수교사: ______________________

일반교사(교과교사): ______________________

그 외 참석자: ______________________

- 1단계

  날짜: __________ 시간: __________ 장소: __________

- 2단계

  날짜: __________ 시간: __________ 장소: __________

- 3단계

  날짜: __________ 시간: __________ 장소: __________

○ 5. 학생기록양식이나 COACH 양식을 미리 준비하였다.

○ 6. 4단계(연간 목표), 5단계(단기 목표), 6단계(프로그램 요약본) 실행을 위한 계획을 세웠다.

가족 면담 안내

다음 내용을 가족에게 읽어 준다.

가족 환영 및 가족 참여의 중요성 안내

자녀의 개별화교육계획 개발에 COACH를 활용하고자 열린 회의에 참여해 주셔서 감사합니다. 부모님께서 ○○이의 교육적 요구와 우선순위에 대해 어떻게 생각하는지 알려 주신다면 저희에게 큰 도움이 될 것입니다.

가족 면담의 목적

가족 면담을 통해 부모님께서 ○○이에게 중요하다고 생각하시는 것이 무엇인지를 이해하고자 합니다. 면담을 통해 교사들은 ○○이를 위한 적절한 개별화교육계획을 개발하고 적용할 수 있게 될 것입니다.

가족 면담에서 다룰 교육과정 내용

COACH에는 9개 영역의 교육과정과 각 영역에 해당하는 학습 목표가 제시되어 있습니다. 학습 목표는 일반교육과정에는 거의 포함되지 않은 내용들입니다. 그러나 학습 목표는 일반교육과정을 대체하기 위한 것이 아니라 ○○이가 받을 일반교육과정을 보완하거나 확장하기 위한 내용들입니다. 따라서 COACH를 뒷부분까지 모두 완성하는 것이 매우 중요합니다. COACH의 뒷부분을 통해 ○○이가 비장애 또래들과 같이 일반교육과정에 적절하게 접근할 수 있는 방법을 계획하고자 합니다.

면담 시 진행되는 활동과 소요 시간

면담에 걸리는 시간은 60~90분 정도입니다. 저는 여러 가지 질문을 한 후 부모님의 대답을 잘 듣고 기록할 것입니다. 여러 가지 가능성을 고려하기 위해 질문은 광범위한 주제부터 시작하겠습니다. 면담이 진행될수록 부모님이 생각하기에 올해 ○○이가 노력하여 성취했으면 하는 중요한 학습 목표로 질문의 범위가 좁혀질 것입니다. 질문이 상당히 많기 때문에 간단하게 답해 주시기 바랍니다. 대답을 원치 않는 질문에는 대답하지 않으셔도 됩니다.

가족 면담의 결과물

COACH 가족 면담이 끝날 무렵, 부모님께서는 올해 ○○이에게 중요하다고 생각되는 5~7개 정도의 학습 목표를 선정하시게 됩니다. 이 학습 목표는 개별화교육계획의 연간 목표에 포함됩니다.

다음 단계

면담이 끝나면 저희는 부모님이 선정하신 학습 목표를 오늘 가족 면담에 참여하지 않은 다른 팀원들과 공유할 것입니다. 부모님께서 판별하신 우선순위 학습 목표는 개별화교육계획에 연간 목표로 기록될 텐데, 이때 단기 목표 혹은 부모님이 점검하실 수 있는 기준(benchmarks)을 추가할 것입니다. 이후 저희가 2.1단계와 2.2단계를 완료하여 추가 학습 목표를 선정하고, 3단계를 통해 일반적 지원 내용을 판별하여 ○○이의 전반적인 교육계획에 포함시킬 예정입니다. 이제 면담을 시작할 텐데요. 그 전에 질문 없으신가요?

COACH의 단계

1부. 학생의 교육 프로그램 결정하기

- 준비 점검

- 1단계: 가족 면담
  목적: 다양한 질문을 통해 가족이 학습의 우선순위를 결정하도록 한다.

- 2단계: 추가 학습 목표
  목적: 가족의 우선순위에 포함되지 않은 내용 중 학습 목표를 결정한다.
  - 2.1: 가족 면담에서 나눈 내용 중 우선순위에 포함되지 않은 추가 학습 목표를 선택한다.
  - 2.2: 일반교육과정의 추가 학습 목표를 선택한다. 이를 통해 ① 일반교육과정으로의 접근을 보장하고, ② 학생이 학습할 일반교육과정 내용에 대한 팀원들의 이해를 공유하며, ③ 일반교사는 무슨 내용부터 교수를 시작할지 결정한다.

- 3단계: 일반적 지원
  목적: 학생에게 필요한 지원을 결정한다.

2부. 가족의 우선순위를 목표로 전환하기

- 4단계: 연간 목표
  목적: 가족의 우선순위를 개별화교육계획 목표에 반영한다.

- 5단계: 단기 목표
  목적: 연간 목표를 달성하기 위해 단기 목표를 설정한다.

- 6단계: 프로그램 요약본
  목적: 교육 프로그램을 명확하고 간결하게 요약한다.

COACH를 통해 얻은 정보를 개별화교육계획 작성에 활용한다.
(예: 현행 수준 정보 제공, 관련서비스 결정, 교육적 · 환경적 조정 내용 기록, 최종 배치 결정)

COACH 1, 2, 3단계의 관계

2.1. COACH 교육과정 영역

의사소통	기능적 학업기술
사회성	학교생활
개인관리	지역사회
여가	직업
학업준비기술	기타

2.2. 일반교육과정 영역

국어	외국어
수학	과학
예술	음악
체육	보건
사회	기타

1.1단계 가치 있는 삶의 목표

다음 내용을 가족에게 읽어 준다.

다음에 제시된 가치 있는 삶의 목표는 여러 장애아동 부모님들에게 "자녀가 좋은 삶을 살기 위해서 필요한 것은 무엇인가요?"라고 물은 후 선정한 주제들입니다. 이 가치 있는 삶의 목표는 각 가정의 상황과 문화에 맞게 개별적으로 해석되어야 합니다.

가치 있는 삶의 목표

- 안전과 건강(신체와 정서)
- 현재와 미래의 주거
- 의미 있는 대인관계
- 개인의 선택권(학생의 연령과 문화에 맞는)
- 의미 있는 활동에의 참여

이제 부모님께 가치 있는 삶의 목표 각각에 대한 질문에 응답하고 싶으신지 여쭤 볼 텐데요. 답하기를 원하시는 주제에 대해서는 제가 몇 개의 질문을 드린 후 다음 주제로 넘어가게 됩니다. 어떤 이유에서든지 질문에 답하기를 원하지 않으시면 저에게 알려 주시고 그 이유는 설명하지 않으셔도 됩니다. 그럴 경우 다음 주제로 넘어가도록 하겠습니다.

총 11개의 질문이 있는데, 어떤 부분에서는 답변을 명확하게 하기 위해 추가 질문을 할 때도 있습니다. 대략 10~15분 안에 마칠 계획이니 간단하게 답변해 주시기 바랍니다. 모든 질문이 끝난 후 다섯 가지 가치 있는 삶의 목표를 올해 부모님과 자녀에게 중요한 정도에 따라 평정해 주시기 바랍니다. 부모님의 대답을 듣고 기록하면서, 부모님의 입장을 잘 이해하고 부모님과 함께 개별화교육계획을 위한 토대를 마련하기를 바랍니다.

안전과 건강(신체와 정서)

"이 주제에 대한 질문에 응답하시겠습니까?"
(✓) 표시: ◯ 네, ◯ 아니요

1. ○○[대상학생 이름]이의 건강이나 안전과 관련하여 한 해 동안 나아졌으면 하는 부분이 있습니까?

____

____

현재와 미래의 주거

"이 주제에 대한 질문에 응답하시겠습니까?"
(✓) 표시: ◯ 네, ◯ 아니요

2. 현재 ○○[대상학생 이름]이는 어디서 누구와 삽니까? (예: 부모 및 형제자매와 집에서, 위탁가정에서, 그룹홈에서)

____

만약 별일이 생기지 않는다면, ○○[대상학생 이름]이는 학령기 내내 같은 곳에서 살 것으로 예상하시나요?
(✓) 표시: ◯ 네, ◯ 아니요
"아니요"로 응답한 경우, 어떤 환경이 ○○이에게 살기 좋은 곳이라고 생각하시나요?

____

3. ○○[대상학생 이름]이가 성인이 되었을 때 살 곳에 대하여 이야기하실 수 있습니까? 응답하기를 원치 않으시면 응답을 거절하시고, 지금 논의하기엔 너무 이른 주제라고 생각하시면 알려 주십시오.
(✓) 표시: ◯ 네, ◯ 아니요, ◯ 아직 응답하기 이름

____

4. 장래에 ○○[대상학생 이름]이가 살 주거환경 중에 반드시 피하고 싶은 곳이 있습니까?

____

의미 있는 대인관계

"이 주제에 대한 질문에 응답하시겠습니까?"
(✓) 표시: ◯ 네, ◯ 아니요

5. 평상시 한 주 동안 ○○[대상학생 이름]이가 누구와 가장 많은 시간을 보냅니까? (예: 가족, 이웃, 친구)

____
____
____

6. 앞으로 ○○[대상학생 이름]이의 대인관계가 어떻게 변하기를 원하시나요? (예: 또래와 더 많은 시간을 보내기)

____
____
____

개인의 선택권 (학생의 연령과 문화에 맞는)

"이 주제에 대한 질문에 응답하시겠습니까?"
(✓) 표시: ◯ 네, ◯ 아니요

7. ○○[대상학생 이름]이에게 또래와 비슷한 정도로 자신이 원하는 것을 선택할 기회가 주어지나요? (✓) 표시: ◯ 네, ◯ 아니요

____
____
____

8. 앞으로 ○○[대상학생 이름]이의 개인의 선택권이 어떻게 변화하기를 원하시나요?

____
____
____

의미 있는 활동에의 참여

"이 주제에 대한 질문에 응답하시겠습니까?"

(✔) 표시: ◯ 네, ◯ 아니요

9. ○○[대상학생 이름]이가 가장 좋아하거나 많이 참여하는 활동은 무엇입니까? 이런 활동은 어디서 참여하나요? (예: 학교, 여가 센터, 직장)

____

____

____

____

____

____

10. 이런 활동이나 장소가 어떻게 변화하거나 확장되기를 원하시나요?

____

____

____

____

____

____

11. 학생이 14세 이상일 때만 질문하시오:
부모님과 ○○[대상학생 이름]이는 고등학교 졸업 후 성인이 되었을 때 하고 싶은 일에 대해 생각해 보셨습니까? (예: 취직해서 일하기, 자원봉사, 계속 교육받기) 이런 졸업 후 가능성에 대해 어떤 기대를 가지고 계신가요?

____

____

____

____

____

____

올해의 가치 있는 삶의 목표 평정

다음 내용을 가족에게 읽어 준다.

자녀의 가치 있는 삶의 목표에 대한 부모님의 생각을 들려주셔서 감사합니다. 이야기 나눈 다섯 가지 삶의 목표는 모두 중요하지만, 그중 부모님께서 올해 가장 중요하게 생각하시는 목표가 무엇인지를 알려 주시면 교직원들에게 매우 도움이 될 것입니다. 이제 각 삶의 목표를 올해 자녀에게 중요한 정도에 따라 1점에서 5점까지로(1점: 올해에는 중요하지 않음, 5점: 올해 매우 중요함) 평정해 주시기 바랍니다. 각 삶의 목표에 대해 체크(✓) 표시를 하시면 됩니다. 올해에 중요하지 않은 주제라고 해서 아예 중요하지 않거나 앞으로도 계속 안 중요하게 다룬다는 뜻은 아닙니다. 예를 들어 자녀의 '안전과 건강'은 부모에게 늘 중요한 주제이지만, 자녀가 최근까지 안전하고 건강했다면 이 주제를 올해 중요하게 다룰 필요는 없을 것입니다. 또한 아동이 안정된 주거를 가지고 있다면 '현재와 미래를 위한 주거'는 올해 중요한 주제는 아닐 것입니다. 하지만 성인 주거 형태로 전환하는 시기라면 매우 중요한 주제가 되겠지요. 다음의 다섯 가지 가치 있는 삶의 목표에 대해 평정하실 때 올해 상황에 초점을 맞추어 평정해 주시기 바랍니다.

1=올해에는 중요하지 않음　　　　5=올해 매우 중요함

안전과 건강 (신체와 정서)

1○　2○　3○　4○　5○

현재와 미래를 위한 주거

1○　2○　3○　4○　5○

의미 있는 대인관계

1○　2○　3○　4○　5○

개인의 선택권

1○　2○　3○　4○　5○

의미 있는 활동에의 참여

1○　2○　3○　4○　5○

메모

1.2단계 가족 면담에서 논의할 교육과정 영역 선택

COACH에 포함된 9개의 교육과정 영역을 모두 살펴보고, 가족 면담 동안 논의하고 싶은 영역을 최대 4개 선정하여 '지금'에 표시한다. 나머지 영역 중 COACH의 후반 단계에서 다루고 싶은 영역은 '나중에'로, 아니면 아예 내년에 고려하고자 한다면 '건너뛰기'로 표시한다. 영역당 한 칸에만 (✓) 표시한다.

교육과정 영역	지금 (가족 면담에서 다룸)	나중에 (2.1단계에서 다룸)	건너뛰기 (올해에는 다루지 않음)
의사소통			
사회성			
개인관리			
여가			
학업준비기술			
기능적 학업기술			
학교생활			
지역사회(전환기 학생인 경우 고려하기: 14~21세)			
직업(전환기 학생인 경우 고려하기: 지역사회 작업장에서 근무하는 14~21세)			

참고 자료

의사소통

특정 의사소통 양식 보여 주기 • '더' 또는 계속을 표현하기 • 보기가 주어졌을 때 선택하기 • 다른 사람에게 요구하기 • 주의를 끌기 위해 신호 보내기 • 거부의사 표현하기 • 다른 사람과 의사소통을 유지하기 • 자신의 말이 잘못 이해되었음을 알고 다른 방식을 시도하기 • 만나거나 헤어질 때 인사하기 • 지시 따르기 • 질문에 대답하기 • 언급하거나 설명하기 • 다른 사람에게 질문하기

사회성

상호작용에 반응하기 • 사회적 상호작용 시작하기 • 사회적 상호작용 유지하기 • 사회적 상호작용 끝맺기 • 대상에 따라 적절한 방식으로 상호작용하기 • 상황에 따라 적절한 방식으로 상호작용하기 • 다른 사람의 도움 받아들이기 • 다른 사람에게 도움 제공하기 • 한 일과에서 다른 일과로 전환하기 • 예측하지 못한 변화에 적응하기 • 다른 사람과 공유하기 • 자기옹호하기

개인관리

활동보조를 위해 다른 사람의 도움을 받아들이거나 지시하기 • 마시고 먹기 • 스스로 먹기 • 용변 실수를 하지 않도록 도움받기 • 적절한 옷을 선택하기 • 옷을 입고 벗기 • 개인위생 관리하기 • 장소 이동하기 • 개인 소지품 관리하기 • 개인 정보 알기 • 전화 사용하기 • 비상경보에 반응하기 • 잠재적 위험을 인식하고 피하기 • 안전하고 건강한 행동을 유지하기

여가

다른 사람과 함께 관람하기 • 혼자 하는 여가 활동에 참여하기 • 함께 하는 여가 활동에 참여하기

학업준비기술

사물, 활동, 상호작용에 반응하기 • 활동에 주의를 기울이고 유지하기 • 환경과 물건 탐색하기 • 사물 간의 차이 구분하기 • 일상생활기술 모방하기 • 목적에 맞게 사물을 사용하기 • 비언어적 상징의 의미를 이해하기

기능적 학업기술

컴퓨터 사용하기 • 글자에 의미가 있음을 이해하기 • 단어/구절을 읽기(해독하기) • 읽어 주는 것을 이해하기 • 쓰기 도구를 사용하기 • 글자나 단어 쓰기 • 일대일 대응을 하며 세기 • 계산하기 • 돈 사용하기 • 일과표나 달력 사용하기

학교생활

등하교 하기 • 소집단 활동에 참여하기 • 대집단 활동에 참여하기 • 과제를 독립적으로 완수하기 • 학용품 관리하기 • 학교의 일과 따르기 • 학급(교)에서 맡은 임무하기 • 학교 시설 이용하기 • 방과 후 활동에 참여하기

지역사회

지역사회에서 안전하게 이동하기 • 식당 이용하기 • 여가문화시설 이용하기 • 물건을 구입하거나 지역사회 서비스 이용하기 • 자동판매기 사용하기 • 은행 시설 이용하기 • 대중교통 이용하기

직업

구직활동하기 • 직장으로 출퇴근하기 • 출근 확인하기 • 직장의 규범에 따라 다른 사람과 적절하게 상호작용하기 • 용모, 안전, 태도 등 직장 내 규율 따르기 • 직장 내 일과 따르기 • 업무 완수하기 • 직장 시설 이용하기

의사소통

1.2단계에서 이 영역을 '지금' 다루기로 선택한 경우에만 작성하세요.

학생은 어떤 방식으로 의사소통을 하나요? (예: 소리 내기, AAC 도구, 수화, 몸짓, 말)

표현언어: 표정, 시선, 목소리, 가리키기

수용언어: 말

학습 목표	1.3단계 기술 수준	1.3단계 올해 노력이 필요한가?	1.4단계 1~4위 우선순위 매기기
1. 특정 의사소통 양식을 보여 준다(예: 제스처, 가리키기, 음성, 표정, AAC 사용).	초기 ○ 부분 ○ 능숙 ○	예 ○ 아니요 ○	
2. '더' 또는 계속을 표현한다(예: 더/계속한다고 소리 내거나 움직이기).	초기 ○ 부분 ○ 능숙 ○	예 ○ 아니요 ○	
3. 보기가 주어졌을 때 선택을 한다(예: 책, 음식, 활동, 개인적 요구).	초기 ○ 부분 ○ 능숙 ○	예 ○ 아니요 ○	
4. 다른 사람에게 요구한다(예: 물건, 음식, 상호작용, 활동, 활동보조).	초기 ○ 부분 ○ 능숙 ○	예 ○ 아니요 ○	
5. 주의를 끌기 위해 신호를 보낸다(예: 제스처, 소리 내기, 보조공학).	초기 ○ 부분 ○ 능숙 ○	예 ○ 아니요 ○	
6. 거부의사를 표현한다(예: 그만하거나 하기 싫음을 나타내기).	초기 ○ 부분 ○ 능숙 ○	예 ○ 아니요 ○	
7. 다른 사람과 의사소통을 유지한다(예: 말차례 주고받기, 다른 사람의 말 듣기, 주제 유지하기).	초기 ○ 부분 ○ 능숙 ○	예 ○ 아니요 ○	
8. 자신의 말이 잘못 이해되었음을 알고 다른 방식을 시도한다(예: '회복 전략*' 사용, 의사소통 포기하지 않고 시도하기).	초기 ○ 부분 ○ 능숙 ○	예 ○ 아니요 ○	
9. 만나거나 헤어질 때 인사를 한다.	초기 ○ 부분 ○ 능숙 ○	예 ○ 아니요 ○	
10. 지시를 따른다(예: 한 단계 지시, 여러 단계 지시).	초기 ○ 부분 ○ 능숙 ○	예 ○ 아니요 ○	
11. 질문에 대답한다(예: 예/아니요, 언제, 어디서, 누가, 무엇을, 어떻게, 왜).	초기 ○ 부분 ○ 능숙 ○	예 ○ 아니요 ○	
12. 언급하거나 설명한다(예: 물건, 사건, 상호작용, 느낌에 대한 어휘 사용).	초기 ○ 부분 ○ 능숙 ○	예 ○ 아니요 ○	
13. 다른 사람에게 질문한다.	초기 ○ 부분 ○ 능숙 ○	예 ○ 아니요 ○	

평정점수 설명(1.3단계 동안 세 가지의 수준 중 1개 혹은 2개에 평정할 수 있음, 예를 들어, '부분'과 '능숙' 모두에 평정할 수 있음)
초기 = 초기/발현 단계 기술(1~25%); 부분 = 부분적 수행 가능 기술(25~80%); 능숙 = 능숙한 기술(80~100%)

* 역주: 회복 전략은 대화가 어긋나거나 중단된 경우 대화 회복을 위해 사용할 수 있는 전략으로, 흔히 쓰이는 전략으로는 대화 주제 확인(예: "우리가 무엇에 대해 말하고 있었지?")이나 메시지가 맞게 전달되었는지 확인하는 명료화 확인(예: "네가 ~ 라고 말한 것이 맞니?")이 있다.

사회성

1.2단계에서 이 영역을 '지금' 다루기로 선택한 경우에만 작성하세요.

학습 목표	1.3단계 기술 수준	1.3단계 올해 노력이 필요한가?	1.4단계 1~4위 우선순위 매기기
14. 상호작용에 반응한다(예: 가족, 친구, 어른).	초기 ○ 부분 ○ 능숙 ○	예 ○ 아니요 ○	
15. 사회적 상호작용을 시작한다(예: 다른 사람에게 다가가기, 그룹에 참여하기).	초기 ○ 부분 ○ 능숙 ○	예 ○ 아니요 ○	
16. 사회적 상호작용을 유지한다(예: 다른 사람과 사물 탐색하기, 차례 주고받기, 공동관심 갖기).	초기 ○ 부분 ○ 능숙 ○	예 ○ 아니요 ○	
17. 사회적 상호작용을 끝맺는다.	초기 ○ 부분 ○ 능숙 ○	예 ○ 아니요 ○	
18. 대상에 따라 적절한 방식으로 상호작용한다(예: 친구/가족, 아는 사람, 낯선 사람).	초기 ○ 부분 ○ 능숙 ○	예 ○ 아니요 ○	
19. 상황에 따라 적절한 방식으로 상호작용한다(예: 혼자 있을 때와 다른 사람과 함께 있을 때).	초기 ○ 부분 ○ 능숙 ○	예 ○ 아니요 ○	
20. 다른 사람의 도움을 받아들인다.	초기 ○ 부분 ○ 능숙 ○	예 ○ 아니요 ○	
21. 다른 사람에게 도움을 제공한다.	초기 ○ 부분 ○ 능숙 ○	예 ○ 아니요 ○	
22. 한 일과에서 다른 일과로 전환한다.	초기 ○ 부분 ○ 능숙 ○	예 ○ 아니요 ○	
23. 예측하지 못한 변화에 적응한다.	초기 ○ 부분 ○ 능숙 ○	예 ○ 아니요 ○	
24. 다른 사람과 공유한다.	초기 ○ 부분 ○ 능숙 ○	예 ○ 아니요 ○	
25. 자기옹호를 한다(예: 활동보조 부탁하기, 과제 선택하기, 필요시 도움 요청하기).	초기 ○ 부분 ○ 능숙 ○	예 ○ 아니요 ○	

기타 의견:

평정점수 설명(1.3단계 동안 세 가지의 수준 중 1개 혹은 2개에 평정할 수 있음, 예를 들어, '부분'과 '능숙' 모두에 평정할 수 있음)
초기=초기 · 발현 단계 기술(1~25%); 부분=부분적 수행 가능 기술(25~80%); 능숙=능숙한 기술(80~100%)

개인관리

1.2단계에서 이 영역을 '지금' 다루기로 선택한 경우에만 작성하세요.

학습 목표	1.3단계 기술 수준	1.3단계 올해 노력이 필요한가?	1.4단계 1~4위 우선순위 매기기
26. 활동보조를 위해 다른 사람의 도움을 받아들이거나 지시한다(예: 휠체어로 이동하기, 먹기, 옷 입기).	초기 ○ 부분 ○ 능숙 ○	예 ○ 아니요 ○	
27. 마시고 먹는다(예: 입 안에 음식/음료 넣기, 씹기, 삼키기).	초기 ○ 부분 ○ 능숙 ○	예 ○ 아니요 ○	
28. 스스로 먹는다(예: 손으로 먹기, 도구 사용하여 먹기).	초기 ○ 부분 ○ 능숙 ○	예 ○ 아니요 ○	
29. 용변 실수를 하지 않도록 도움을 받는다.	초기 ○ 부분 ○ 능숙 ○	예 ○ 아니요 ○	
30. 적절한 옷을 선택한다(예: 활동, 날씨, 스타일에 적절한 옷 고르기).	초기 ○ 부분 ○ 능숙 ○	예 ○ 아니요 ○	
31. 옷을 입고 벗는다.	초기 ○ 부분 ○ 능숙 ○	예 ○ 아니요 ○	
32. 개인위생을 관리한다(예: 손 씻기, 코 닦기, 머리 빗기, 이 닦기, 샤워하기).	초기 ○ 부분 ○ 능숙 ○	예 ○ 아니요 ○	
33. 장소를 이동한다(예: 걷기, 기기, 휠체어로 이동하기, 계단 오르기, 엘리베이터/에스컬레이터 이용하기).	초기 ○ 부분 ○ 능숙 ○	예 ○ 아니요 ○	
34. 개인 소지품을 관리한다(예: 장난감, 옷, 보조공학 장비).	초기 ○ 부분 ○ 능숙 ○	예 ○ 아니요 ○	
35. 개인 정보를 안다(예: 이름, 주소, 전화번호).	초기 ○ 부분 ○ 능숙 ○	예 ○ 아니요 ○	
36. 전화를 사용한다(예: 핸드폰, 유선 전화).	초기 ○ 부분 ○ 능숙 ○	예 ○ 아니요 ○	
37. 비상경보에 반응한다(예: 화재 경보가 울리면 건물에서 대피하기).	초기 ○ 부분 ○ 능숙 ○	예 ○ 아니요 ○	
38. 잠재적 위험을 인식하고 피한다.	초기 ○ 부분 ○ 능숙 ○	예 ○ 아니요 ○	
39. 안전하고 건강한 행동을 유지한다(예: 환경적 스트레스 대처하기, 충동 조절하기, 자기 조절하기).	초기 ○ 부분 ○ 능숙 ○	예 ○ 아니요 ○	

기타 의견:

평정점수 설명(1.3단계 동안 세 가지의 수준 중 1개 혹은 2개에 평정할 수 있음, 예를 들어, '부분'과 '능숙' 모두에 평정할 수 있음)
초기=초기·발현 단계 기술(1~25%); 부분=부분적 수행 가능 기술(25~80%); 능숙=능숙한 기술(80~100%)

여가

1.2단계에서 이 영역을 '지금' 다루기로 선택한 경우에만 작성하세요.

	1.3단계		1.4단계
학습 목표	기술 수준	올해 노력이 필요한가?	1~4위 우선순위 매기기
40. 다른 사람과 함께 관람한다(예: 영화, 연극, 콘서트, 무용, 스포츠).	초기 ○ 부분 ○ 능숙 ○	예 ○ 아니요 ○	
41. 혼자 하는 여가 활동에 참여한다(예: 장난감 놀이, 게임, 스포츠, 운동, 취미, 음악/미디어, 책/잡지).	초기 ○ 부분 ○ 능숙 ○	예 ○ 아니요 ○	
42. 함께 하는 여가 활동에 참여한다(예: 다른 사람이 읽어 주는 책 듣기, 게임, 클럽, 스포츠, 운동, 취미).	초기 ○ 부분 ○ 능숙 ○	예 ○ 아니요 ○	

기타 의견:

평정점수 설명(1.3단계 동안 세 가지의 수준 중 1개 혹은 2개에 평정할 수 있음, 예를 들어, '부분'과 '능숙' 모두에 평정할 수 있음)
초기=초기 · 발현 단계 기술(1~25%); 부분=부분적 수행 가능 기술(25~80%); 능숙=능숙한 기술(80~100%)

학업준비기술

1.2단계에서 이 영역을 '지금' 다루기로 선택한 경우에만 작성하세요.

모든 학생은 비장애학생을 위한 학업 교육과정에 접근할 수 있어야 한다. 학생의 교육 프로그램의 한 부분으로서 학생이 어떻게 일반교육과정(예: 국어, 수학, 과학, 사회, 체육, 예술/음악)에 접근할 것인지 팀이 확인할 수 있도록 2.2단계를 완성하라.

	1.3단계		1.4단계
학습 목표	기술 수준	올해 노력이 필요한가?	1~4위 우선순위 매기기
43. 사물, 활동, 상호작용에 반응한다(예: 다른 사람이 읽는 것을 인식하기, 친구와 놀이하기).	초기 ○ 부분 ○ 능숙 ○	예 ○ 아니요 ○	
44. 활동에 주의를 기울이고 유지한다(예: 책, 장난감, 상호작용, 학급 활동).	초기 ○ 부분 ○ 능숙 ○	예 ○ 아니요 ○	
45. 환경과 물건을 탐색한다(예: 책/장난감 훑어보기, 조사하기, 탐색하기).	초기 ○ 부분 ○ 능숙 ○	예 ○ 아니요 ○	
46. 사물 간의 차이를 구분한다(예: 사물, 활동, 모양, 그림, 상호작용, 책 표지, 먹을 수 있는 것과 없는 것).	초기 ○ 부분 ○ 능숙 ○	예 ○ 아니요 ○	
47. 일상생활기술을 모방한다.	초기 ○ 부분 ○ 능숙 ○	예 ○ 아니요 ○	
48. 목적에 맞게 사물을 사용한다(예: 장난감으로 놀기, 숟가락으로 먹기, 책 페이지 넘기기).	초기 ○ 부분 ○ 능숙 ○	예 ○ 아니요 ○	
49. 비언어적 상징의 의미를 이해한다(예: 선화, 사진, 촉각적 자료, 제스처).	초기 ○ 부분 ○ 능숙 ○	예 ○ 아니요 ○	

기타 의견:

평정점수 설명(1.3단계 동안 세 가지의 수준 중 1개 혹은 2개에 평정할 수 있음, 예를 들어, '부분'과 '능숙' 모두에 평정할 수 있음)
초기=초기·발현 단계 기술(1~25%); 부분=부분적 수행 가능 기술(25~80%); 능숙=능숙한 기술(80~100%)

기능적 학업기술

1.2단계에서 이 영역을 '지금' 다루기로 선택한 경우에만 작성하세요.

모든 학생은 비장애학생을 위한 학습교육과정에 접근할 수 있어야 한다. 학생의 교육 프로그램의 한 부분으로서 학생이 어떻게 일반교육과정(예: 국어, 수학, 과학, 사회, 체육, 예술/음악)에 접근할 것인지 팀이 확인할 수 있도록 2.2단계를 완성하라.

	1.3단계		1.4단계
학습 목표	기술 수준	올해 노력이 필요한가?	1~4위 우선순위 매기기
50. 컴퓨터를 사용한다(예: 마우스 이용하기, 프로그램 작동시키기).	초기 ○ 부분 ○ 능숙 ○	예 ○ 아니요 ○	
51. 글자에 의미가 있음을 이해한다(예: 글자, 단어, 숫자).	초기 ○ 부분 ○ 능숙 ○	예 ○ 아니요 ○	
52. 단어/구절을 읽는다(해독한다)(예: 표지판, 상품명, 유의사항, 이야기).	초기 ○ 부분 ○ 능숙 ○	예 ○ 아니요 ○	
53. 읽어 주는 것을 이해한다(예: 단어, 구절, 문장, 숫자).	초기 ○ 부분 ○ 능숙 ○	예 ○ 아니요 ○	
54. 쓰기 도구를 사용한다(예: 볼펜, 연필, 붓, 키보드, 보조공학).	초기 ○ 부분 ○ 능숙 ○	예 ○ 아니요 ○	
55. 글자나 단어를 쓴다(예: 연필, 키보드, 도장, 입체 글자 모형 배열).	초기 ○ 부분 ○ 능숙 ○	예 ○ 아니요 ○	
56. 일대일 대응을 하며 센다.	초기 ○ 부분 ○ 능숙 ○	예 ○ 아니요 ○	
57. 계산을 한다(예: 덧셈, 뺄셈).	초기 ○ 부분 ○ 능숙 ○	예 ○ 아니요 ○	
58. 돈을 사용한다(예: 구입하기, 저금하기, 화폐 가치 구분하기).	초기 ○ 부분 ○ 능숙 ○	예 ○ 아니요 ○	
59. 일과표나 달력을 사용한다(예: 지금/나중, 시간/활동 일과표, 일일/주간 일과표).	초기 ○ 부분 ○ 능숙 ○	예 ○ 아니요 ○	

기타 의견:

평정점수 설명(1.3단계 동안 세 가지의 수준 중 1개 혹은 2개에 평정할 수 있음, 예를 들어, '부분'과 '능숙' 모두에 평정할 수 있음)
초기=초기 · 발현 단계 기술(1~25%); 부분=부분적 수행 가능 기술(25~80%); 능숙=능숙한 기술(80~100%)

학교생활

1.2단계에서 이 영역을 '지금' 다루기로 선택한 경우에만 작성하세요.

다음 제시된 모든 항목은 다른 학생과의 상호작용과 관련되기 때문에 장애학생과 비장애학생의 자연스러운 비율을 권장한다. 즉, 그룹 안에는 장애학생의 수보다 비장애학생의 수가 더 많아야 한다.

	1.3단계		1.4단계
학습 목표	기술 수준	올해 노력이 필요한가?	1~4위 우선순위 매기기
60. 등하교를 한다(예: 버스 타기, 걷기, 이동 수단 이용하기).	초기 ○ 부분 ○ 능숙 ○	예 ○ 아니요 ○	
61. 소집단 활동에 참여한다(예: 상황에 익숙해지기, 차례 주고받기, 적극적으로 참여하기, 지시에 반응하기).	초기 ○ 부분 ○ 능숙 ○	예 ○ 아니요 ○	
62. 대집단 활동에 참여한다(예: 상황에 익숙해지기, 차례 주고받기, 적극적으로 참여하기, 지시에 반응하기).	초기 ○ 부분 ○ 능숙 ○	예 ○ 아니요 ○	
63. 과제를 독립적으로 완수한다.	초기 ○ 부분 ○ 능숙 ○	예 ○ 아니요 ○	
64. 학용품을 관리한다(예: 책가방, 교재, 책, 사물함, 운동기구).	초기 ○ 부분 ○ 능숙 ○	예 ○ 아니요 ○	
65. 학교의 일과를 따른다(예: 학급 이동, 일과 따르기, 교실 떠나기).	초기 ○ 부분 ○ 능숙 ○	예 ○ 아니요 ○	
66. 학급(교)에서 맡은 임무를 한다(예: 출석 체크하기, 알림장 전달하기, 급식하기).	초기 ○ 부분 ○ 능숙 ○	예 ○ 아니요 ○	
67. 학교 시설을 이용한다(예: 놀이터, 매점, 도서관).	초기 ○ 부분 ○ 능숙 ○	예 ○ 아니요 ○	
68. 방과 후 활동에 참여한다(예: 클럽, 스포츠, 서비스 그룹, 연극, 음악, 봉사활동).	초기 ○ 부분 ○ 능숙 ○	예 ○ 아니요 ○	

기타 의견:

평정점수 설명(1.3단계 동안 세 가지의 수준 중 1개 혹은 2개에 평정할 수 있음, 예를 들어, '부분'과 '능숙' 모두에 평정할 수 있음)
초기=초기 · 발현 단계 기술(1~25%); 부분=부분적 수행 가능 기술(25~80%); 능숙=능숙한 기술(80~100%)

지역사회

1.2단계에서 이 영역을 '지금' 다루기로 선택한 경우에만 작성하세요.

일반적으로 전환기 학생에게 적용(14~21세)

	1.3단계		1.4단계
학습 목표	기술 수준	올해 노력이 필요한가?	1~4위 우선순위 매기기
69. 지역사회에서 안전하게 이동한다(예: 횡단보도 · 인도 이용, 낯선 사람에게 적절하게 행동하기, 방향 찾기).	초기 ○ 부분 ○ 능숙 ○	예 ○ 아니요 ○	
70. 식당을 이용한다(예: 음식 주문, 자리 찾아 앉기, 음식 먹기, 계산하기).	초기 ○ 부분 ○ 능숙 ○	예 ○ 아니요 ○	
71. 여가문화시설을 이용한다(예: 극장, 공원, 레크리에이션 센터, 운동 클럽).	초기 ○ 부분 ○ 능숙 ○	예 ○ 아니요 ○	
72. 물건을 구입하거나 지역사회 서비스를 이용한다(예: 가게, 미용실, 병원, 우체국).	초기 ○ 부분 ○ 능숙 ○	예 ○ 아니요 ○	
73. 자동판매기를 사용한다.	초기 ○ 부분 ○ 능숙 ○	예 ○ 아니요 ○	
74. 은행 시설을 이용한다(예: 입출금, ATM 이용).	초기 ○ 부분 ○ 능숙 ○	예 ○ 아니요 ○	
75. 대중교통을 이용한다.	초기 ○ 부분 ○ 능숙 ○	예 ○ 아니요 ○	

기타 의견:

평정점수 설명(1.3단계 동안 세 가지의 수준 중 1개 혹은 2개에 평정할 수 있음, 예를 들어, '부분'과 '능숙' 모두에 평정할 수 있음)
초기=초기 · 발현 단계 기술(1~25%); 부분=부분적 수행 가능 기술(25~80%); 능숙=능숙한 기술(80~100%)

직업

1.2단계에서 이 영역을 '지금' 다루기로 선택한 경우에만 작성하세요.

지역사회 작업장에서 근무하는 전환기 학생(14~21세)에게 적용

학습 목표	기술 수준 (1.3단계)	올해 노력이 필요한가? (1.3단계)	1~4위 우선순위 매기기 (1.4단계)
76. 구직활동을 한다(예: 구인광고 찾기, 이력서 쓰기, 면접하기).	초기 ○ 부분 ○ 능숙 ○	예 ○ 아니요 ○	
77. 직장으로 출퇴근을 한다.	초기 ○ 부분 ○ 능숙 ○	예 ○ 아니요 ○	
78. 출근 확인을 한다(예: 출근부 시간 확인하기, 출근 사인하기).	초기 ○ 부분 ○ 능숙 ○	예 ○ 아니요 ○	
79. 직장의 규범에 따라 다른 사람과 적절하게 상호작용한다(예: 동료, 고객, 상사).	초기 ○ 부분 ○ 능숙 ○	예 ○ 아니요 ○	
80. 용모, 안전, 태도 등 직장 내 규율을 따른다.	초기 ○ 부분 ○ 능숙 ○	예 ○ 아니요 ○	
81. 직장 내 일과를 따른다.	초기 ○ 부분 ○ 능숙 ○	예 ○ 아니요 ○	
82. 업무를 완수한다.	초기 ○ 부분 ○ 능숙 ○	예 ○ 아니요 ○	
83. 직장 시설을 이용한다(예: 휴게실, 식당, 탈의실).	초기 ○ 부분 ○ 능숙 ○	예 ○ 아니요 ○	

기타 의견:

평정점수 설명(1.3단계 동안 세 가지의 수준 중 1개 혹은 2개에 평정할 수 있음, 예를 들어, '부분'과 '능숙' 모두에 평정할 수 있음)
초기=초기 · 발현 단계 기술(1~25%); 부분=부분적 수행 가능 기술(25~80%); 능숙=능숙한 기술(80~100%)

기타

1.2단계에서 이 영역을 '지금' 다루기로 선택한 경우에만 작성하세요.

지역사회 작업장에서 근무하는 전환기 학생(14~21세)에게 적용

	1.3단계		1.4단계
학습 목표	기술 수준	올해 노력이 필요한가?	1~4위 우선순위 매기기
	초기 ○ 부분 ○ 능숙 ○	예 ○ 아니요 ○	
	초기 ○ 부분 ○ 능숙 ○	예 ○ 아니요 ○	
	초기 ○ 부분 ○ 능숙 ○	예 ○ 아니요 ○	
	초기 ○ 부분 ○ 능숙 ○	예 ○ 아니요 ○	
	초기 ○ 부분 ○ 능숙 ○	예 ○ 아니요 ○	
	초기 ○ 부분 ○ 능숙 ○	예 ○ 아니요 ○	
	초기 ○ 부분 ○ 능숙 ○	예 ○ 아니요 ○	
	초기 ○ 부분 ○ 능숙 ○	예 ○ 아니요 ○	
	초기 ○ 부분 ○ 능숙 ○	예 ○ 아니요 ○	

기타 의견:

평정점수 설명(1.3단계 동안 세 가지의 수준 중 1개 혹은 2개에 평정할 수 있음, 예를 들어, '부분'과 '능숙' 모두에 평정할 수 있음)
초기=초기 · 발현 단계 기술(1~25%); 부분=부분적 수행 가능 기술(25~80%); 능숙=능숙한 기술(80~100%)

1.5단계 우선순위 교차 점검

1.4단계에서 가족이 검토한 COACH 교육과정 영역의 1~4순위 학습 목표를 옮겨 적으세요.

	의사소통	사회성	개인관리	여가	학업준비기술
1					
2					
3					
4					

	기능적 학업기술	학교생활	지역사회	직업	기타
1					
2					
3					
4					

순위	최우선순위 학습 목표 (학습 목표를 구체적이고 명확하게 표현하기)	우선순위와 연결되는 가치 있는 삶의 목표					우선순위마다 한 가지만 선택(✓)		
		안전/건강	집	여가	개인의 선택권	활동	개별화교육 계획 목표	추가 학습 목표	집
1									
2									
3									
4									
5									
6									

다음 단계: 면담자는 2.1~2.3단계, 가족 면담과 다음 단계들의 관계를 설명한다.

2.1단계 COACH의 추가 학습 목표

다음의 추가 학습 목표 중 교수 목표가 될 것만 선택하여 (✓) 표시하세요(타당한 개수만 선택). 안내 책자를 참고하세요.

날짜: ______________ 참여자: ______________________________

의사소통

__ 1. 특정 의사소통 양식을 보여 준다.
__ 2. '더' 또는 계속을 표현한다.
__ 3. 보기가 주어졌을 때 선택을 한다.
__ 4. 다른 사람에게 요구한다.
__ 5. 주의를 끌기 위해 신호를 보낸다.
__ 6. 거부 의사를 표현한다.
__ 7. 다른 사람과 의사소통을 유지한다.
__ 8. 자신의 말이 잘못 이해되었음을 알고 다른 방식을 시도한다.
__ 9. 만나거나 헤어질 때 인사를 한다.
__ 10. 지시를 따른다.
__ 11. 질문에 대답한다.
__ 12. 언급하거나 설명한다.
__ 13. 다른 사람에게 질문한다.

사회성

__ 14. 상호작용에 반응한다.
__ 15. 사회적 상호작용을 시작한다.
__ 16. 사회적 상호작용을 유지한다.
__ 17. 사회적 상호작용을 끝맺는다.
__ 18. 대상에 따라 적절한 방식으로 상호작용한다.
__ 19. 상황에 따라 적절한 방식으로 상호작용한다.
__ 20. 다른 사람의 도움을 받아들인다.
__ 21. 다른 사람에게 도움을 제공한다.
__ 22. 한 일과에서 다른 일과로 전환한다.
__ 23. 예측하지 못한 변화에 적응한다.
__ 24. 다른 사람과 공유한다.
__ 25. 자기옹호를 한다.

개인관리

__ 26. 활동보조를 위해 다른 사람의 도움을 받아들이거나 지시한다.
__ 27. 마시고 먹는다.
__ 28. 스스로 먹는다.
__ 29. 용변 실수를 하지 않도록 도움을 받는다.
__ 30. 적절한 옷을 선택한다.
__ 31. 옷을 입고 벗는다.
__ 32. 개인위생을 관리한다.
__ 33. 장소를 이동한다.
__ 34. 개인 소지품을 관리한다.
__ 35. 개인 정보를 안다.
__ 36. 전화를 사용한다.
__ 37. 비상경보에 반응한다.
__ 38. 잠재적 위험을 인식하고 피한다.
__ 39. 안전하고 건강한 행동을 유지한다.

여가

__ 40. 다른 사람과 함께 관람한다.
__ 41. 혼자 하는 여가 활동에 참여한다.
__ 42. 함께 하는 여가 활동에 참여한다.

학업준비기술

__ 43. 사물, 활동, 상호작용에 반응한다.
__ 44. 활동에 주의를 기울이고 유지한다.
__ 45. 환경과 물건을 탐색한다(예: 장난감/책 훑어보기, 조사하기, 탐색하기).
__ 46. 사물 간의 차이를 구분한다.
__ 47. 일상생활기술을 모방한다.
__ 48. 목적에 맞게 사물을 사용한다.
__ 49. 비언어적 상징의 의미를 이해한다.

기능적 학업기술

__ 50. 컴퓨터를 사용한다.
__ 51. 글자에 의미가 있음을 이해한다(예: 글자, 단어, 숫자).
__ 52. 단어/구절을 읽는다(해독한다).
__ 53. 읽어 주는 것을 이해한다.
__ 54. 쓰기 도구를 사용한다.
__ 55. 글자나 단어를 쓴다.
__ 56. 일대일 대응을 하며 센다.
__ 57. 계산을 한다.
__ 58. 돈을 사용한다.
__ 59. 일과표나 달력을 사용한다.

학교생활

__ 60. 등하교를 한다.
__ 61. 소집단 활동에 참여한다.
__ 62. 대집단 활동에 참여한다.
__ 63. 과제를 독립적으로 완수한다.
__ 64. 학용품을 관리한다.
__ 65. 학교의 일과를 따른다.
__ 66. 학급(교)에서 맡은 임무를 한다.
__ 67. 학교 시설을 이용한다.
__ 68. 방과 후 활동에 참여한다.

지역사회

__ 69. 지역사회에서 안전하게 이동한다.
__ 70. 식당을 이용한다.
__ 71. 여가문화시설을 이용한다.
__ 72. 물건을 구입하거나 지역사회 서비스를 이용한다.
__ 73. 자동판매기를 사용한다.
__ 74. 은행 시설을 이용한다.
__ 75. 대중교통을 이용한다.

직업

__ 76. 구직 활동을 한다.
__ 77. 직장으로 출퇴근을 한다.
__ 78. 출근 확인을 한다.
__ 79. 직장의 규범에 따라 다른 사람과 적절하게 상호작용한다.
__ 80. 용모, 안전, 태도 등 직장 내 규율을 따른다.
__ 81. 직장 내 일과를 따른다.
__ 82. 업무를 완수한다.
__ 83. 직장 시설을 이용한다.

기타

__ ____________________
__ ____________________
__ ____________________
__ ____________________
__ ____________________
__ ____________________
__ ____________________
__ ____________________
__ ____________________
__ ____________________
__ ____________________

일반교육과정에서의 참여 유형

학생은 네 가지 참여 유형(보조공학, AAC 도구, 시간 연장, 교재 수정)에 접근하거나 네 가지 참여 유형에 걸쳐 교수적 지원이 요구된다.

지원을 받는 동일한 교육과정(같은 내용, 같은 수준)

- 교실 내 교육과정 혹은 수업 활동(예: 국어, 수학, 과학)에서 장애학생은 비장애학생이 학년 수준에서 성취하도록 기대되는 것과 동일한 목표를 성취할 것이라고 기대된다.
- 동일한 교육과정은 같은 내용, 같은 수준, 같은 양, 같은 진도를 의미한다.
- 필요한 지원이 제공되면 장애학생이 일반학급에서 같은 교육과정에 접근할 수 있다고 기대된다.

중다수준 교육과정(같은 내용, 다른 수준)

- 교실 내 교육과정 혹은 수업활동(예: 국어, 수학, 과학)에서 장애학생은 비장애학생과 같은 교육과정 영역에서 같은 내용을 배우지만 성취 수준은 개별화된다.
- 중다수준 교육과정은 같은 교육과정, 같은 내용을 의미한다. 그러나 수준, 양, 진도는 다를 수 있다. 예를 들어, 수학 과목에서 대부분의 학생이 계산하기(예: 세 자릿수 계산)를 할 때 장애학생은 다른 수준의 계산하기(예: 한 자릿수 계산)를 하거나 적은 양을 학습하거나 천천히 진도를 나간다.
- 중다수준 교육과정은 장애학생과 비장애학생이 자연스러운 비율로 대집단 혹은 소집단 안에서 교육활동을 함께 할 때 실행될 수 있다.

중다수준 교육과정(다른 내용, 다른 수준)

- 교실 내 교육과정 혹은 수업활동(예: 국어, 수학, 과학)에서 장애학생은 비장애학생과 같은 교육과정 영역 안에서 개별적으로 결정된 세부적인 학습 목표를 추구하고, 다른 수준의 다른 내용을 배운다.
- 중다수준 교육과정은 같은 교육과정 영역이지만 다른 내용, 다른 수준과 양, 진도를 의미한다. 예를 들어, 수학 수업에서 대부분의 학생이 계산(예: 세 자릿수)을 할 때 장애학생도 수학을 배우지만 다른 내용(예: 수 세기, 도형)을 배우고, 더 적은 양과 더 느린 속도로 진도를 나가게 된다.
- 중다수준 교육과정은 장애학생과 비장애학생이 자연스러운 비율로 대집단 혹은 소집단 안에서 교육활동을 함께 할 때 실행될 수 있다.

중복 교육과정(다른 교육과정 영역, 다른 수준)

- 교실 내 교육과정 혹은 수업활동(예: 사회, 건강)에서 장애학생은 비장애학생과 다른 교육과정 영역에서 다른 수준으로 개별화된 학습 목표를 갖는다.
- 중복 교육과정은 다른 교육과정 영역, 다른 내용, 다른 수준과 양, 진도를 의미한다. 예를 들어, 사회과에서 대부분의 학생이 지리를 배울 때 장애학생은 친구들이 하는 지리 활동에 참여한다(예: 친구들과 지리게임 하기). 그러나 장애학생의 우선적인 학습 목표는 선택권이 주어졌을 때 선택하기, 일관된 가리키기 반응, 사물 탐색처럼 다른 교육과정 영역(예: 의사소통, 사회성, 기초학업기술 등)에 맞추어져 있다.
- 장애학생은 중복 교육과정을 위해 접근이나 교수적 지원이 필요할 수도 있다(보조공학, AAC 도구, 시간 연장, 교재 수정 등).
- 중복 교육과정은 장애학생과 비장애학생이 자연스러운 비율로 대집단 혹은 소집단 안에서 교육활동을 함께 할 때 실행될 수 있다.
- 중복 교육과정은 학급의 대다수 학생이 목표로 하는 교육과정 영역에서 권장하는 학습 목표를 배제하지 않는다.

2.2단계 일반교육과정의 추가 학습 목표

✓	일반교육과정 영역 (짧은 설명 제시)	주요 참여 유형 선택	예시 (중다수준이나 중복 교육과정일 경우 교육의 시작점)
	국어:	○ 동일한(학년–수준 기대) ○ 중다수준(같은 내용) ○ 중다수준(다른 내용) ○ 중복 교육과정	
	수학:	○ 동일한(학년–수준 기대) ○ 중다수준(같은 내용) ○ 중다수준(다른 내용) ○ 중복 교육과정	
	과학:	○ 동일한(학년–수준 기대) ○ 중다수준(같은 내용) ○ 중다수준(다른 내용) ○ 중복 교육과정	
	사회:	○ 동일한(학년–수준 기대) ○ 중다수준(같은 내용) ○ 중다수준(다른 내용) ○ 중복 교육과정	

✓	일반교육과정 영역 (짧은 설명 제시)	주요 참여 유형 선택	예시 (중다수준이나 중복 교육과정일 경우 교육의 시작점)
	체육:	○ 동일한(학년-수준 기대) ○ 중다수준(같은 내용) ○ 중다수준(다른 내용) ○ 중복 교육과정	
	보건 교육:	○ 동일한(학년-수준 기대) ○ 중다수준(같은 내용) ○ 중다수준(다른 내용) ○ 중복 교육과정	
	예술(미술/무용):	○ 동일한(학년-수준 기대) ○ 중다수준(같은 내용) ○ 중다수준(다른 내용) ○ 중복 교육과정	
	음악(노래/악기):	○ 동일한(학년-수준 기대) ○ 중다수준(같은 내용) ○ 중다수준(다른 내용) ○ 중복 교육과정	

✓	일반교육과정 영역 (짧은 설명 제시)	주요 참여 유형 선택	예시 (중다수준이나 중복 교육과정일 경우 교육의 시작점)
	외국어:	○ 동일한(학년–수준 기대) ○ 중다수준(같은 내용) ○ 중다수준(다른 내용) ○ 중복 교육과정	
	기타:	○ 동일한(학년–수준 기대) ○ 중다수준(같은 내용) ○ 중다수준(다른 내용) ○ 중복 교육과정	
	기타:	○ 동일한(학년–수준 기대) ○ 중다수준(같은 내용) ○ 중다수준(다른 내용) ○ 중복 교육과정	

✓	일반교육과정 영역 (짧은 설명 제시)	주요 참여 유형 선택	예시 (중다수준이나 중복 교육과정일 경우 교육의 시작점)
	기타:	○ 동일한(학년-수준 기대) ○ 중다수준(같은 내용) ○ 중다수준(다른 내용) ○ 중복 교육과정	
	기타:	○ 동일한(학년-수준 기대) ○ 중다수준(같은 내용) ○ 중다수준(다른 내용) ○ 중복 교육과정	
	기타:	○ 동일한(학년-수준 기대) ○ 중다수준(같은 내용) ○ 중다수준(다른 내용) ○ 중복 교육과정	
	기타:	○ 동일한(학년-수준 기대) ○ 중다수준(같은 내용) ○ 중다수준(다른 내용) ○ 중복 교육과정	

3단계 일반적 지원

모든 필요한 일반적 지원을 선택하여 (✓) 표시하세요. 안내 책자를 참고하세요.

참여자: ______________________________

개인적 요구

__ 1. 음식 먹기 및 음료 마시기 지원이 필요하다.
__ 2. 옷 입기 지원이 필요하다.
__ 3. 배변 실수를 하지 않도록 배변 관리 지원이 필요하다.
__ 4. 개인위생 지원이 필요하다.
__ 5. 약 복용 지원이 필요하다.
__ 6. 석션이나 배뇨관 관리 지원이 필요하다.

__ ____________________
__ ____________________
__ ____________________
__ ____________________
__ ____________________
__ ____________________
__ ____________________
__ ____________________
__ ____________________
__ ____________________
__ ____________________
__ ____________________
__ ____________________
__ ____________________

신체적 요구

__ 7. 규칙적 자세교정 지원이 필요하다.
__ 8. 접근성을 높이기 위해 환경 수정이 필요하다.
__ 9. 신체 보장구(예: 휠체어, 브레이스) 관리 지원이 필요하다.
__ 10. 특별한 이동수단의 지원이 필요하다.
__ 11. 특별한 방식으로 옮기고 자세를 취하도록 하는 지원이 필요하다.
__ 12. 장소 간 이동 지원이 필요하다.

__ ____________________
__ ____________________
__ ____________________
__ ____________________
__ ____________________
__ ____________________
__ ____________________
__ ____________________
__ ____________________
__ ____________________
__ ____________________

다른 사람들에게 학생에 대해 알려 주기

__ 13. 교직원과 친구들에게 학생의 AAC 체제와 의사소통 행동에 대해 가르친다.
__ 14. 교직원과 친구들에게 학생과 의사소통하는 방법을 가르친다.
__ 15. 교직원에게 간질 관리(대처) 절차를 가르친다.
__ 16. 교직원에게 응급조치 절차를 가르친다(예: 의학, 대피).
__ 17. 교직원에게 행동 관리 절차를 가르친다.
__ 18. 교직원에게 위기중재 절차를 가르친다.
__ 19. 친구들과 교직원에게 학생의 말을 이해하지 못한 경우에는 학생에게 반복하거나 다른 방식으로 의사소통해 달라고 요청할 것을 가르친다.

__ ____________________
__ ____________________
__ ____________________
__ ____________________

감각적 요구

__ 20. 보청기 점검이 필요하다(예: 배터리, 볼륨 조정).
__ 21. FM 시스템 사용/청음훈련 지원이 필요하다.
__ 22. 수화 의사소통 지원이 필요하다(예: 수화, 언어, 제스처).
__ 23. 안경 관리 지원이 필요하다(예: 조정, 세척).
__ 24. 촉각적 자료가 필요하다.
__ 25. 확대된 자료가 필요하다.
__ 26. 점자 자료가 필요하다.
__ 27. 감각적 필요에 맞게 자리를 배치할 필요가 있다(예: 음원에서 적당히 떨어진 자리).
__ 28. 감각적 필요에 맞게 환경을 수정할 필요가 있다(예: 조명, 배경소음, 소리 크기, 색).

__ ____________________
__ ____________________
__ ____________________
__ ____________________
__ ____________________
__ ____________________
__ ____________________
__ ____________________
__ ____________________
__ ____________________

접근과 기회

__ 29. 일반 교실과 활동에 접근하도록 지원한다.
__ 30. 사전에 일반교육 활동과 교재를 교수적으로 수정하는 지원이 필요하다.
__ 31. 비장애인과 함께하는 지역사회 활동에 참여하도록 지원한다.
__ 32. 다양한 경력/직업 경험을 제공한다.
__ 33. 비장애인과 함께하는 방과 후 활동에 참여하도록 지원한다.
__ 34. 학생의 모국어로 된 교재를 제공한다.
__ 35. 다문화 배경과 관련된 교재와 활동을 학생에게 제공한다.
__ 36. 문제 행동을 다루는 비혐오적 접근을 제공한다.

__ ____________________
__ ____________________
__ ____________________
__ ____________________
__ ____________________
__ ____________________
__ ____________________
__ ____________________
__ ____________________
__ ____________________

기타 일반적 지원

__ 37. 시간을 연장 또는 면제하는 것이 필요하다.
__ 38. 대필 지원이 필요하다.
__ 39. 평가(시험) 수정이 필요하다.

__ ____________________
__ ____________________
__ ____________________
__ ____________________
__ ____________________
__ ____________________
__ ____________________
__ ____________________
__ ____________________
__ ____________________
__ ____________________
__ ____________________
__ ____________________
__ ____________________
__ ____________________
__ ____________________
__ ____________________
__ ____________________
__ ____________________
__ ____________________
__ ____________________
__ ____________________

부록 C

2부 4~6단계를 위한 COACH 학생기록양식

* 〈부록 C〉의 양식은 학지사 홈페이지(http://www.hakjisa.co.kr)를 통해서도 자유롭게 내려받을 수 있다.

4단계 연간 목표

목표: ___________

1. 1.5단계로부터 추출된 우선순위 학습 목표: ______________________________

2. 우선순위 학습 목표에 대한 현재 평가에 근거한 현재 수행 수준: ______________

____

____

____

3. 학생이 올해 사용할 것이라고 기대하는 기술 · 행동과 관련하여 자연스럽고 나이에 적절한 맥락(장소, 활동)은 무엇인가? ______________________________

____

____

____

4. 우선순위 학습 목표의 어떤 측면이 연간 목표에 반영되어야 하는가? 올해에 해당하는 것을 모두 선택하라.

__ 부가적인 단서 · 지원 감소	__ 핵심 기술 습득	__ 수행의 질
__ 자연스러운 지원에 대한 반응	__ 기술목록 확장	__ 속도, 비율, 유창성
__ 환경, 사람, 자료 · 단서에 걸친 일반화	__ 지속시간 확장 또는 감소	__ 시간 경과 후 지속
	__ 기타:	__ 기타:
		__ 기타:

5. 팀이 학생이 올해 배우기를 원하는 관찰 가능하고 측정 가능한 특정한 기술 · 행동은 무엇인가? ______________________________

____

____

6. 최종 연간 목표(맥락과 기술 · 행동을 포함): ______________________________

____

____

5단계 단기 목표

조건	기술/행동	기준

6단계 프로그램 요약본

학생 이름: ________________ 날짜: ________________

프로그램 요소들의 목록: ① 개별화교육계획에 포함될 가족의 최우선순위, ② 교육과정 영역에서 도출한 COACH의 추가 학습 목표, ③ 기본적인 참여 유형과 학습 목표 '시작점' 샘플을 나타내는 일반교육과정의 추가 학습 목표, ④ 일반적 지원의 범주와 항목

부록 D

Section IV를 위한 추가 양식

시간표 매트릭스 정보

팀원은 자주 학생의 시간표에 반영되지 않는 개별화교육계획을 개발하는 데 상당한 노력을 기울인다. 학생들은 일반교육 활동에 참여하고는 있지만 그들의 우선순위 혹은 기타 교수 목표로 선정된 개별 학습 목표를 추구하지는 못한다.

시간표 매트릭스는 학생의 학습 목표와 추가 학습 목표를 학급활동 목록(예: 등교, 일과 시작, 국어, 과학, 체육)과 비교함으로써 앞에서 언급된 문제들을 해결하고자 개발되었다. 시간표 매트릭스 작성은 학생의 학습 목표(장기 목표와 단기 목표)가 다양한 학급활동을 통해 다루어질 가능성을 팀원들이 고려하도록 도와주는 확산적 활동이다. 이 과정은 2.2단계(일반교육과정의 추가 학습 목표)에서 수집된 정보, 즉 일반학급에서의 학생의 참여 유형(예: 중다수준 교육과정, 중복 교육과정)에 대한 문서에 의해 도움을 받는다. 물론 시간표 매트릭스는 팀원이 학생 및 일반교육과정을 잘 알고 있을 때 효과적으로 사용될 수 있다.

시간표 매트릭스 작성의 두 번째 과정(학생 시간표 개발)은 시간표 매트릭스를 사용하여 찾아낸 가능성에 대한 의사결정을 하는 수렴적 활동으로, 각 수업에서 다룰 학습 목표와 부가적 학습 목표의 적절한 개수를 선정한다. 매일의 수업에서 다룰 학습 목표를 결정할 때 팀원은 다음의 기준을 토대로 다양한 쟁점을 고려하여 균형을 맞추어야 한다.

- 학생이 선정된 우선순위 학습 목표를 배울 충분한 기회가 있는가?
- 학생이 선정된 추가 학습 목표를 배울 충분한 기회가 있는가?
- 학생의 시간표는 가능한 한 학급의 일과를 따르는가?
- 학습 목표와 일반적 지원은 가장 자연스러운 일과에서 다루어지는가?
- 학생에게 일반학생처럼 쉬는 시간이 주어져서 아이처럼 놀 시간이 있는가?
- 학생은 일반학생처럼 소집단 및 대집단 교수의 기회를 갖는가?

당신의 팀은 앞의 질문에 대한 대답과 시간표 매트릭스 작성 과정에서 생겨난 다른 질문들을 통해 교수 방법뿐 아니라 학생의 교육 프로그램에서 다룰 추가 학습 목표의 범위에 대하여 재고하게 될 것이다. 시간표 개발은 교육 프로그램의 요소들이 모든 수업과 활동에서 다루어짐을 문서화할 수 있는 하나의 방법이다. 예를 들어, 팀원은 학생을 위해 자신의 이름을 쓰는 대신 도장 사용하기, 다른 사람에게 인사하기, 집단 활동에 참여하기, 선택하기를 모든 수업과 활동을 통해 다룰 학습 목표로 결정한다. 다른 학습 목표는 특정 수업 혹은 특별활동 시간 동안 다룬다. 시간표가 완성되면 학교 일과 전반에 걸쳐 학생의 참여가 어떻게 이루어지는지가 명확해진다. 시간표 검토를 통해 교사 혹은 준전문가(특수교육보조원)는 수학시간, 국어시간, 다른 수업 시간에 학생의 교수 목표가 무엇인지를 알게 된다. 체육교사, 미술교사, 음악교사는 그들의 역할을 명확히 이해하게 되며, 그런 의사결정에 참여해야만 한다. 시간표는 학년 전반에 걸쳐 학생이 진전을 보이고 팀원이 학생에 대해 더 알아 가게 되면서 수정된다.

도움말

1. 장애학생의 학습 목표가 일반학생과 다를지라도 장애학생은 일반학생과 함께 일반교육활동에 참여할 수 있다는 것을 기억하라. 이것은 COACH 소개에서 다룬 중다수준 교육과정 및 교수, 중복 교육과정을 통해 가능할 것이다.

2. 학교에서 일반학생들에게 유용한 선택사항들을 기억하라. 예를 들어, 고등학생은 일반적으로 그들이 선택할 수 있는 과목의 종류가 더 다양하다. 장애학생에게 이득이 되도록 그러한 선택사항들을 융통성 있게 적용해야 한다.
3. 한 활동에 참여하는 장애학생의 수를 일반학생과의 자연스러운 비율을 고려하여 제한하라. 예를 들어, 25명의 학생으로 구성된 수업에서 약 3명의 장애학생이 포함되는 것을 기대할 수 있으며 3명 중 한 명만이 강도 높은 교육 지원을 필요로 하는 학생이어야 할 것이다. 몇몇 학교 혹은 학급은 통합수업을 목표로 하지만 장애학생의 수가 불균형적으로 많이 포함되는 위험이 있다.

시간표 매트릭스 작성을 위한 지침

목적

학생의 교육 프로그램 구성요소와 일반학급 활동을 비교함으로써 시간표 매트릭스 작성의 가능성을 탐색하는 것이다.

사용 지침

1. 공란에 학생의 이름과 학년 적기.
2. 매트릭스의 가장 위 칸에 일반학급 활동 또는 과목 적기(예: 등교, 이야기 나누기, 국어, 수학, 사회, 공예, 도서관, 점심, 음악, 과학).
3. 각 일반수업 활동 및 과목에서 보내는 전형적인 시간의 양 적기. 이는 시각이 아닌 시간의 총량을 의미한다.
4. 매트릭스의 왼쪽 공란에 각 장기 목표를 축약하여 적기(예: 요구하기, 선택하기, 다른 사람에게 도움 제공하기).
5. 매트릭스의 왼쪽 공란에 학생의 프로그램 요약본에 있는 추가 학습 목표 목록 적기(예: 의사소통/국어; 사회성/건강; 학업/수학). 구체적 학습 목표는 프로그램 요약본에서 찾을 수 있다.
6. 개별화교육계획 장기 목표와 추가 학습 목표 목록에 적어 놓은 내용 각각을 가

로축의 활동 및 과목과 교차하면서 학생에게 학습의 기회가 제공될 수 있는지를 고려하기. 또는 각 과목을 세로축의 목표들과 교차하면서 학습의 기회가 제공될 수 있는지를 고려하기. 기회 제공이 가능하면 그 칸에 표시하되, 쉽게 이해할 수 있는 표시를 사용하기. 즉, ① 체크 표시, ② 관련된 프로그램 요약본의 번호, ③ 참여 유형에 대한 표시(예: 중다수준 교육과정 ML; 중복 교육과정 CO), ④ 현재(C) 혹은 약간의 조정(A)을 통해 학습의 기회 제공이 가능한지에 대한 표시, ⑤ 상황에 맞게 개발된 독특한 코드 등이다.

7. 매트릭스가 완성되면 각 일반수업 활동에 대한 학습 목표를 다시 고려하기. 이는 그 활동에서 가장 잘 충족될 수 있는 학습 목표를 팀원이 선택할 수 있는 수렴 과정이다. 활동에 배당되는 시간, 선정된 학습 목표에 대한 교수와 필요한 교재 및 조정의 용이성을 고려하기. 시간표 매트릭스를 통해 얻게 되는 정보는 어떤 양식을 사용하든지 실제 시간표를 개발하는 데 사용한다.

도움말

1. 매트릭스를 사용하는 것은 확산적 단계이므로, '어떤 가능성이 있는가'뿐 아니라 '어떤 가능성이 있을 수 있는가'에 대해 탐색하라.
2. 각 수업에서 어떤 학습 목표를 다룰 수 있을지에 대한 의사결정 과정에 학급 교사를 참여시켜라. 팀은 2.2단계에서 얻은 정보와 함께 유리한 출발을 하게 된다.
3. 완성된 매트릭스는 때때로 특정 학습 목표를 충족할 시간이 불충분하다는 사실을 알려 준다. 이 사실은 학생이 충분한 학습 기회를 가질 수 있도록 새로운 기회가 만들어져야 한다는 것을 의미한다. 또한 추가 학습 목표의 수가 너무 많아 그 수를 다시 고려해야 할 필요가 있음을 의미할 수도 있다. 그렇지 않으면 학습 목표를 동시에 모두 다루기보다는 학습 목표를 나누어서 연속적으로 다룰 수도 있다. 예를 들어, 추가 학습 목표 몇 개는 첫 학기에 다루고 나머지는 두 번째 학기에 다룬다.

시간표 매트릭스

지침: 개별화교육계획의 장기 목표(4단계), 추가 학습 목표 목록(2.1과 2.2단계), 학급활동을 공란에 적으세요. 시간표에 교수 가능성을 기록하기 위해 학습 목표와 학급활동이 교차되는 칸을 사용하세요.

참고: 시간표 계획 시 일반적 지원을 고려할 필요가 있습니다.

학생 이름: ____________

학년: ____________

		학급활동														
	분:															
개별화 교육계획 연간 목표																
추가 학습목표 목록																

교수 계획 및 조정

학생 이름: ____________ 계획자: ____________ 실행자: ____________

학급활동/수업: ____________

단기 목표: ____________

교재: ____________

교사가 하게 될 활동의 순서 서술	학생 활동 서술 (관찰 가능한 용어 사용)	학생의 정반응과 오반응에 대한 후속결과 서술	학생의 성과를 측정하고 기록하는 방법 서술

중복장애와 중도장애를 가진 학생의 학습양식 목록

Timothy J. Fox & Virginia S. Iverson

학생 이름: ________________ 날짜: ______________________________

기록자: ____

학생의 강점 및 타고난 재능은 무엇인가?

관심영역과 중요한 대인관계

환경	관심영역	대인관계
가정/이웃		
학교		
지역사회 환경 (예: 돌봄기관, 댄스 교실, 축구) 1. 2. 3. 4.		

중복장애와 중도장애를 가진 학생의 학습양식 목록

학생의 장애 특성

특성	강점	어려운 점
의사소통		
사회성		
감각(예: 청각, 시각, 촉각, 미각, 후각, 균형감각)		
신체(예: 움직임, 이동, 조작, 착석)		
인지		
건강/의학		

중복장애와 중도장애를 가진 학생의 학습양식 목록

다중지능	강점의 정도 측정	교수 목표
그림(시각, 공간)	○ 예 ○ 어느 정도 ○ 아니요	
신체(신체, 운동감각)	○ 예 ○ 어느 정도 ○ 아니요	
음악(음악)	○ 예 ○ 어느 정도 ○ 아니요	
사람(대인관계)	○ 예 ○ 어느 정도 ○ 아니요	
자아(자기성찰)	○ 예 ○ 어느 정도 ○ 아니요	
단어(언어)	○ 예 ○ 어느 정도 ○ 아니요	
논리(논리, 수학)	○ 예 ○ 어느 정도 ○ 아니요	
자연(동식물 연구)	○ 예 ○ 어느 정도 ○ 아니요	

추가 의견:

중복장애와 중도장애를 가진 학생의 학습양식 목록

배치	조정 없이 가능	조정과 함께 가능	교수 목표	현재는 다루지 않음
대집단				
소집단 (교사 주도)				
소집단 (학생 주도)				
협동학습				
개별학습				
소집단에서 일대일				
기타				

추가 의견:

중복장애와 중도장애를 가진 학생의 학습양식 목록

교수 방법	학생에게 굉장히 좋음	학생에게 좋음	학생에게 이득이 없음
시각적 학습자: 보는 것을 통한 학습 (예: 시각적 조직자, 시연)			
청각적 학습자: 듣는 것을 통한 학습 (예: 강의, 언어적 지시, 언어적 모델, 토론, 질문)			
반복과 연습			
컴퓨터 보조 교수			
집단 구성 (예: 일대일, 집단)			
응용행동분석 (예: 형성, 소거, 시간 지연)			
기타			

추가 의견:

중복장애와 중도장애를 가진 학생의 학습양식 목록

학생 반응	조정 없이 가능	조정과 함께 가능	교수 목표	현재는 다루지 않음
보기				
만지기				
잡기				
가리키기				
선택하기				
단답형으로 말하기/수화하기/가리키기				
큰 소리로 읽기				
______을 통해 생각이나 느낌 표현하기				
______을 사용하여 발표하기				
예술적 표현(예: 노래, 춤, 그림, 낭송, 행위)				
기타				

추가 의견:

중복장애와 중도장애를 가진 학생의 학습양식 목록

교수 방법	학생에게 굉장히 좋음	학생에게 좋음	학생에게 이득이 없음
시각적 학습자: 보는 것을 통한 학습 (예: 시각적 조직자, 시연)			
청각적 학습자: 듣는 것을 통한 학습 (예: 강의, 언어적 지시, 언어적 모델, 토론, 질문)			
반복과 연습			
컴퓨터 보조 교수			
집단 구성(예: 일대일, 집단)			
응용행동분석 (예: 형성, 소거, 시간 지연)			
기타			

추가 의견:

중복장애와 중도장애를 가진 학생의 학습양식 목록

교재	조정 없이 가능	조정과 함께 가능	교수 목표	현재는 다루지 않음
실물(예: 컵, 스푼, 공, 모자, 장갑)				
모형물(예: 장난감 자동차와 동물, 수 세기 곰돌이)				
사진				
선화/상징물				
단어/숫자				
그래픽 조직자				
학습장				
그림책				
교과서				
종이와 연필				
시청각 자료(예: 영화, 슬라이드, 음악, PPT)				
조작물(예: 수 세기, 주사위, 게임)				
구체적 경험				
게임(예: 보드 게임, 카드게임, 빙고)				
기타				

추가 의견:

활동분석

Virginia S. Iverson & Timothy J. Fox

학생 이름: ______________ 날짜: ______________

기록자: ______________

교수활동: ______________ 요일/시간: ______________

환경/장소: ______________

분석에 참여한 팀원: ______________

환경에 대한 분석

활동에 영향을 미치는 환경적 요인	적절	개별화된 조정 요구	가능한 개별화된 조정의 유형				
			자료/도구	활동 보조	순서	규칙	사회적 측면/태도
온도							
조명							
복잡성							
음향/소음							
하루의 시간대							
배치(예: 좌석, 가구, 교재의 위치)							
도구							
기타							

추가 의견:

____

활동분석

교수에 대한 분석

교수적 요인	적절	개별화된 조정 요구	가능한 개별화된 조정의 유형				
			자료/도구	활동 보조	순서	규칙	사회적 측면/태도
전형적으로 사용되는 배치 및 집단 유형: 대집단 소집단 협동학습 개별학습 기타							
전형적으로 사용되는 교재:							
지식 및 수행 성과(예: 쓰기, 발표하기, 차례 지키기, 공유하기):							
교수 전략 및 활동(예: 교사 강의, 학급모임, 짝 활동, 코칭):							
평가 전략(예: 수행평가표, 시험, 자기평가):							
기타							

활동분석

활동과 학생 참여 분석

활동단계 및 하위 일과 (학급동료가 하는 것)	적절	개별화된 조정 요구	가능한 개별화된 조정의 유형				
			자료/도구	활동 보조	순서	규칙	사회적 측면/태도

활동분석

개별화된 조정

단계 및 하위 일과	접근과 참여를 위한 아이디어*

* 실행될 아이디어를 공유하고 미래에 참고할 수 있도록 기타 사항을 기록.

활동분석

학습 목표를 위한 계획

단계 및 하위 일과	학습을 위한 아이디어*	
	일반교육과정으로부터	개별화교육계획으로부터

* 실행될 아이디어를 공유하고 미래에 참고할 수 있도록 기타 사항을 기록.

학습 목표에 대한 평가

학생 이름: ______________ 회의 날짜: ______________

회의에 참석한 팀원: ______________

1. 논의된 연간 목표 혹은 추가 학습 목표: ______________

____

2. 학습 목표를 통해 추구되는 가치 있는 삶의 목표: ______________

____

3. 이 학습 목표가 팀에 의해 마지막으로 논의된 것은 언제인가?
날짜: ______________

4. 학생은 이 학습 목표를 배울 기회를 얼마나 자주 가졌는가? 기회의 수와 유형이 충분한가? ______________

____

5. 마지막 회의 이후로 이 학습 목표를 학생에게 가르치기 위해 활용한 교수나 전략은 무엇인가? ______________

____

6. 이 학습 목표와 관련하여 학생은 어떤 성과를 보였는가? ______________

____

7. 가치 있는 삶의 목표 각각에 대해 학생이 경험한 변화는 무엇인가? ______________

____

8. 가치 있는 삶의 목표 각각에 대한 성과를 향상시키려면 교육 프로그램의 무엇을 변화시켜야 하는가? ______________

____

일반적 지원에 대한 평가

학생 이름: ________________ 회의 날짜: ____________________________

회의에 참석한 팀원: ____

1. 논의된 일반적 지원: ____________________________________
   목록: ____

2. 일반적 지원을 통해 촉진될 가치 있는 삶의 목표: ________________
   ____

3. 이 일반적 지원이 팀에 의해 마지막으로 논의된 것은 언제인가?
   날짜: ____

4. 그때 이후로 일반적 지원과 관련하여 무엇이 행해졌는가? ____________
   ____
   ____

5. 일반적 지원의 현재 상황은 어떠한가? ________________________
   ____
   ____

6. 제공된 일반적 지원의 결과로 가치 있는 삶의 목표 각각에 대해 학생이 경험한 변화는 무엇인가? ____
   ____
   ____

7. 가치 있는 삶의 목표 각각에 대한 성과를 향상시키려면 일반적 지원과 관련하여 교육 프로그램의 무엇을 변화시켜야 하는가? ________________________
   ____
   ____

부록 E

COACH와 대안평가: 그들은 어떤 관련이 있는가?

Harold L. Kleinert & Jacqui Farmer Kearns

주요인지장애를 가진 학생을 위한 대안평가와 COACH의 관계를 고려할 때 우리는 가장 먼저 그러한 논의를 하게 된 배경을 알아야만 한다. 대안 성취 기준을 기초로 한 대안평가는 1997년 「미국장애인교육법(PL 105-17)」, 2001년 「아동낙오방지법(PL 107-110)」, 2004년 「미국장애인교육법(PL 108-446)」에 규정된 미국 교육책무체계의 일부이다. 주요인지장애를 가진 학생을 위한 대안평가는 모든 학생이 학교, 지역청, 주 평가에 포함되도록 보장해 주고(Kleinert, Quenenmoen, & Thurlow, 2010) 장애학생의 교육성과가 종합적 학교 혁신(comprehensive school reform)의 평가척도를 사용하는 다른 학생의 교육 결과와 동일하게 인정받는 것을 보장하기 위해 고안되었다.

역사적 관점

1992년 주요인지장애학생을 위한 첫 번째 대안평가가 개발되었을 때(Kleinert, Kearns, & Kennedy, 1997), 「미국장애인교육법」에는 대안평가에 대한 규정 혹은 일반교육과정 접근에 대한 규정조차 없었다. 하지만 COACH 과정을 교사들에게 가르치면서 COACH의 주요 요소들이 대안평가의 요소에 포함되어 있다는 사실은 분명해졌다. 즉, ① 모든 학생에게 중요한 것으로 판별된 교육성과는 주요인지장애학생에게도 또한 적용된다는 점, ② 의사소통 능력의 발달은 모든 학습의 필수적인 토대라는 점, ③ COACH의 내용과 영역이 다양한 환경(예: 학교환경, 지역사회) 전반에 걸쳐 필요하다는 점, ④ 교육의 의미에 대한 폭넓은 관점을 아우른다는 점이다. 주요인지장애학생을 위한 초기 대안평가를 실행하면서 그런 평가는 교사와 가족 모두에게 중요한 우선순위 기술을 측정해야 하며 COACH가 그 틀을 제공한다는 것을 알게 되었다. 결과적으로 COACH와 대안평가는 장애학생을 위한 최선의 실제를 촉진할 수 있는 상호보완적 도구로 간주되었다.

「미국장애인교육법」(1997)은 주요인지장애학생을 위한 대안평가와 일반교육과정 접근을 처음으로 요구하였다. 「아동낙오방지법」과 「미국장애인교육법」(2004)은 대안평가와 학년 수준 내용 규준 간의 더 명확한 관계를 포함하였다. 이 부록에서는 시간이 지남에 따라 대안평가에 대한 이해가 더 높아지면서 깨닫게 된 COACH와 대안평가 간의 관계를 탐색한다.

COACH는 주(州)의 대안 성취 규준에 따른 대안평가에 참여하는 주요인지장애학생에게 적절하다. 비록 COACH가 강도 높은 특수교육 요구를 지닌 다른 장애학생에게도 적절하지만 인지장애학생들의 대부분(최소한 미국 내에서는)은 그들 주의 성취 규준에 따른 대안평가에 참여해야 한다. 결과적으로 이 부록의 주된 목적은 대안 평가를 잘 실행하기 위해 COACH와의 관계를 조망하고, COACH의 사용이 어떻게 학생의 일반교육과정 접근과 교육과정 내에서의 학업 성취를 향상시키고, 결과적으로 주의 성취 규준에 따른 대안평가에서 수행 수준을 향상시키는지를 간단하게 설명하는 것이다. 이 부록의 두 번째 목적은 대안평가와 COACH의 차이점, 특히 그들이 충족하고자 의도하는 것의 차이점을 설명하는 것이다. COACH가 완전한 의미(학생의 개별화교육계획을 위한 폭넓은 시각)에서 어떻게 가치 있는 삶의 목표를 충족하는지를 보여 주면서, 반면에 대안평가는 더 협소한 목표를 염두에 두고 개발되었다는 것(예: 모든 학생을 위한 학년 수준 내용 규준과 연결하여 학업 수행 측정)을 보여 줄 것이다.

COACH 원칙과 대안평가에서 최선의 실제와의 관계

COACH 원칙 1:
모든 학생은 배울 수 있으며, 의미 있는 교육과정을 제공받을 자격이 있다

대안평가는 '가장 심한 장애가 있는 학생도 주에서 실시하는 교육평가와 책무성 체계에 참여할 수 있게 하는 도구'로 개념화된다. 가장 중한 장애와 중복장애를 가진 학생도 포함된다. 7개 주 1만 3,000명의 학생을 대상으로 한 대안평가 연구(Kearns, Towles-Reeves, Kleinert, Kleinert, & Thomas, 2011)는 전상징기(presymbolic) 수준의 의사소통 기술(공식적 의사소통 체계를 사용하지 않는 학생)과 다른 장애(예: 운동, 감각, 건강)를 함께 가진 학생도 주에서 실시하는 대안평가에 참여한다는 것을 보여 준다. 물론 공식적 의사소통 체계의 발달은 모든 학생의 기본적인 교육성과이고 의사소통은 모든 학생의 교육과정 접근의 핵심이 된다. 실제로 COACH의 강력한 측면 중 하나는 모든 학생이 의미 있는 교육과정에 접근할 수 있도록 하기 위한 필수 요소로 의사소통 영역에 중점을 둔다는 것이다.

COACH 원칙 2:
양질의 교수는 통합환경으로의 지속적인 접근을 요구한다

COACH와 마찬가지로 대안평가는 '직접적인 학생 참여를 포함하는 효과적 교수'와 직접적으로 연결되어야 한다(Kleinert, Quenemoen, et al., 2010, p. 16). 비록 일반교육과정 접근이 이론적으로는 분리된 환경에서도 이루어질 수 있지만, 특수학급에서 근무하는 특수교사가 핵심 교과목 교수에 대한 집중적인 중재와 경험을 가진 매우 유능한 일반교사에 의해 일반교실에서 제공되는 학업교수를 그대로 따라 할 수 있을 것이라고 기대하는 것은 타당하지 않다(Jackson, Ryndak, & Wehmeyer, 2008/2009).

COACH 원칙 3:
가치 있는 삶의 목표 추구는 교육과정 내용을 선정하는 데 정보를 제공한다

COACH와 대안평가의 매우 중요한 목적은 교육성과, 궁극적으로는 삶의 성과를 향상시키는 것이다. 기록된 것처럼 "교사는 학생이 배운 것을 기록하고, 실제로 학습을 향상시키고 확장시키기 위해 대안평가를 사용하는 법을 배워야 한다."(Kleinert, Quenemoen, et al., 2010, p. 16). COACH의 목적과 대안평가의 목적 사이의 본질적 차이는 강조점을 두는 범위에 있다. COACH는 가치 있는 삶의 목표(안전과 건강, 현재와 미래의 주거, 의미 있는 대인관계, 개인의 선택권, 의미 있는 활동에의 참여)와 관련된 '넓은 영역'과 함께 시작하고 높은 우선순위를 지닌 학습 목표를 선택하기 위해 가족으로부터 수집한 정보를 사용한다. 대안평가는 학년 수준 내용과 연결된 핵심 학업 영역에서의 성과가 학생의 현재와 미래의 삶을 어떻게 향상시키는지를 고려한다.

COACH 원칙 4:
가족 참여는 교육계획 수립의 초석이 된다

가족 참여는 COACH와 대안평가 모두에서 필수적이다. 대안평가를 포함하는 개별화교육계획에 부모가 참여하지 않고는(Kearns & Quenemoen, 2010) 성취하려고 계획한 것을 사실상 이룰 수 없다. 장애학생의 가족은 일반적으로 대안평가에 자녀가 참여하는 것에는 지원적이지만 자녀가 전환기에 이르면서, 특히 자녀의 교육에 필수적인 학업과 생활기술의 목표를 어떻게 균형 맞출 것인지의 부분에서는 의구심을 표현한다(Roach, 2006). 많은 가족이 추구하는 교육과정의 균형은 기능적 생활기술(1.1~1.5단계, 2.1단계)과 일반교육과정(2.2단계) 모두를 검토하는 COACH에 포함된 다양한 계획 단계에 의해 이루어질 수 있다.

COACH 원칙 5:
협력적 팀워크는 양질의 교육에 필수적이다

협력적 팀워크는 사실상 양질의 교육의 모든 측면에 필수적인 것처럼 양질의 대안평가에도 필수적이다. 앞에서 언급한 것처럼 "대안평가는 팀의 책임이다. 이러한 평가를 실행하는 것은 특수교사만의 역할이 아니다. 일반교사, 관련서비스 제공자, 학교 행정가, 부모, 일반교사 모두가 그 과정에서 중요한 역할을 한다."(Kleinert, Quenemoen, et al., 2010, p16). 예를 들어, 대안 성취 규준에 따른 대안평가에 참여하는 학생의 약 70%만이 상징체계를 사용한 의사소통을 한다(Kearns et al., 2011). 게다가 의사소통능력 발달은 대안 성취 규준에 따른 대안평가를 해야 하는 모든 학생에게 중요한 요소이다. 따라서 만약 학생이 의사소통 능력을 개발해야 한다면, 많은 다른 관련서비스 제공자(예: 작업치료사, 물리치료사, 보조도구 전문가, 시청각장애 전문가)처럼 언어치료사 역시 교수와 평가에 필수적인 파트너가 된다. 또한 특수교사는 핵심 학업교과를 효과적으로 교수할 만큼의 깊은 교육과정 지식을 가지고 있지는 않을 수 있기 때문에 일반교사의 적극적 참여가 협력에 필수적이다(Ryndak, Moore, Orlando, & Delano, 2009/2009). 마지막으로 학생은 COACH와 대안평가에서 교육과정 목표를 선정하고, 주요한 학업측정에서 진전 상황을 점검 및 평가하는 데 적극적인 역할을 하게 된다.

COACH 원칙 6: 여러 서비스 간의 조정을 통해 필요한 지원을 적절하게 제공한다

적절한 지원이 없다면 주요인지장애학생은 COACH를 통해 선정된 학습 목표를 성취하지 못하거나 대안평가를 통해 그들이 알고 있는 것과 할 수 있는 것을 보여 줄 수 없다. 더욱이 지원과 서비스의 조정은 중요한 삶의 목표가 그대로 반영된 일반화 가능한 기술을 사용하도록 이끌어야만 한다. 지적된 것처럼 "대안평가는 학생이 그들이 배운 것을 적용하는 것을 허락해야 하며, 기술은 고립된 것이 아니라 발달 영역과 학업 영역 전반에 걸친 기술들에 통합되어 수행의 일부가 되어야 한다."(Kleinert, Quenemoen, et al., 2010, p. 18). 물론 계획 과정에서 결정된 개별화교육계획 목표는 학교, 지역사회, 방과 후 활동 환경 전반에 걸쳐서 자연스럽게 발생하는 문맥 안에서 교수되어야만 하며, 학생이 적극적으로 참여하는 가치 있는 활동에 삽입되어야 한다.

일반교육과정에서 수행을 향상시키기 위한 도구로서의 COACH

여기서는 COACH가 학년 수준별 내용 규준과 연결된 일반교육과정으로의 접근 및 그 교육과정 내에서의 수행을 향상시키기 위한 효과적인 도구로 사용될 방법을 설명한다.

학년 수준 내용 규준이란 무엇인가

내용 규준은「아동낙오방지법」에서 요구되는 읽기 · 수학 · 과학 과목 혹은「미국장애인교육법」(2004)에 따라 개별 주에서 평가될 다른 내용교과(예: 사회)에서 학생이 학년마다 알아야만 하고 할 수 있어야만 하는 교육과정의 뼈대로 표현된다. 예를 들어, 3학년 읽기의 공통된 핵심 규준은 "학생은 이야기의 주인공과 조연을 판별하고 설화의 공통된 특성을 판별할 수 있어야만 한다."와 같은 내용을 포함한다(Council for Chief State School Officers and National Governors' Association, 2010, p. 9). 2학년 수학의 공통된 핵심 규준은 "학생은 받아올림을 요구하는 수학문제를 풀 것이다.", "학생은 2～3차원 도형을 판별하고 그릴 수 있을 것이다."와 같은 기술을 포함한다(Council for Chief State School Officers and National Governors' Association, 2010, p. 18). 유사하게 과학 과목의 초등학교 학년 규준은 식물 부위 판별, 간단한 기계 판별, 전기회로 시연과 같은 기술을 포함한다.

성취 규준이란 무엇인가

성취 규준은 유창성을 결정하게 될 수행의 질로 명시된다. 성취 규준은 반드시 내용 규준의 요소를 포함하지만 두 용어가 같은 뜻은 아니기 때문에 서로가 대체될 수 있는 것은 아니다. 대안 성취 규준에 따른 대안평가에 참여하는 학생들에게는 대체로 같은 학년 수준의 또래에게 적용되는 유창성의 개념을 그대로 적용하지 않는다.

학생이 일반교육과정에 접근하고, 최소한 대안 성취 규준에 설명된 유창성 수준에 도달하기 위해 필요한 지원과 서비스를 팀이 계획할 수 있도록 하기 위해서는 학생의 개별화교육계획 개발 시 특정 학년에서 교수될 내용 규준을 알아야 한다. 이러한 일반교육과정으로의 접근은 주요인지장애학생이 같은 교육과정 내용을 배우고 있는 또래에게 접근할 수 있다는 점에서 또 다른 가치를 부여한다. 예를 들어, 3학년 학생은 생활연령에 적절한 문학작품에서 저자가 제안한 문제와 해결책을 토론할 수 있다. 비슷하게 7학년 학생들은 생활연령에 적절한 문학작품에서 저자가 제안한 문제와 해결책을 논의할 수 있다. 그러나 7학년 장애학생과 7학년 비장애학생이 3학년 수준의 문학작품을 사용하는 것은 적절하지 않을 것이다. 이렇게 공통된 교육과정을 배우는 것은 학습활동을 공유할 기회를 촉진하고 사회성과 의사소통 기회를 향상시킨다.

이러한 용어들이 성취 규준과 어떤 관계가 있는가?

내용 규준과 개별화교육계획 사이의 관계는 기초적인 이해를 요구한다. COACH 계획 과정은 학생의 개별화교육계획 팀이 학년 수준 내용 규준과 개별화교육계획을 연계하는 것을 고려하도록 하며, 그렇게 함으로써 내용 규준을 개별화교육계획에 포함시키도록 한다. Kearns와 Quememoen(2010), Grisham-Brown과 Kearns(2001)는 내용 규준, 교육과정, 개별화교육계획 간의 관계를 보여 준다([그림 E-1] 참조).

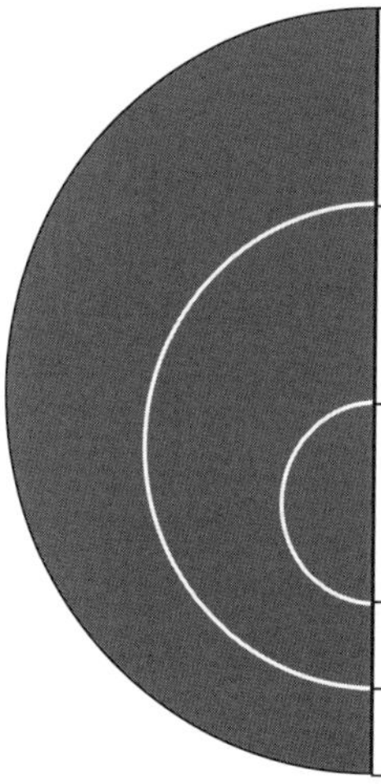

내용 규준	• 하나의 문단에 제시된 사건들을 순서대로 배열한다. • 하나의 문단에서 문제와 해결책을 찾는다.
교육과정	• 교사는『거대한 감자』책을 사용하여 농부의 문제와 해결책을 찾고 사건을 순서대로 배열한다.
개별화 교육계획	• 그림 이야기 카드를 사용하여 아미는 10개의 문단 중 8개의 문단에서 이야기의 시작, 중간, 마지막을 보여 주는 그림을 100% 정확하게 올바른 순서대로 지적할 것이다.

[그림 E-1] 내용 규준, 교육과정, 개별화교육계획 간의 관계

* 출처: Kearns & Quenemoen (2010), p. 292에서 발췌;
Grisham-brown & Kearns (2001)의 허락을 받고 재인용.

중요한 학습 목표의 우선순위를 매기기 위한 도구로서 COACH의 사용(Grisham-Brown & Kearns, 2001)은 개별화교육계획 팀이 일반교육과정의 기초를 형성하는 내용 규준 접근에 필요한 가장 중요한 기술과 개념, 학교와 지역사회의 적극적 참여를 위해 필요한 기술을 결정하도록 도와준다. 이 관계는 특히 2.2단계(일반교육과정에서 추가 학습 목표를 선택)에서 명확하게 드러난다. 예를 들어, COACH 과정 동안 팀은 다른 학생들과 유사한 학업적 학습 목표(즉, 학년 수준 내용 규준에 완전히 맞춰진) 혹은 같은 내용 및 같은 과목이지만 범위나 난이도는 다른 수준(중다수준 교육과정, 같은 내용)의 학습 목표를 선정할 수 있다. 어떤 사례이든지 간에 학년 수준 내용 규준과 명확하게 연결된다. 학생을 위해 선택된 기술은 학년 수준 내용 규준과 가능한 한 가장 가깝게 연결된다(혹은 맞춰지기도 한다). 몇몇 주의 대안평가는 실제로 학년 수준의 내용 규준에 일치될 것을 요구하여 개별화교육계획 팀은 일반교육 내용 규준과 가능한 한 가장 유사한 학습 목표를 고려하기를 원한다. 몇몇 주의 대안평가 점수체계는 깊이와 복잡성 측면에서 학년 수준 내용 규준과 유사한 학습 목표에 점수를 부여한다.

학생의 학습 보장

학생의 학습 보장은 COACH를 통해 개별화교육계획을 위한 학습 목표가 판별된 다음 단계이다. 연구기반 전략을 사용하는 것은 학생의 학습 목표 성취를 촉진하는 데 필수적이다. 이러한 전략들은 ① 높은 수준의 참여, ② 하루 일과 전반에 걸쳐 연습할 수 있는 다양한 기회, ③ 높은 수준의 성취, ④ 체계적인 제시, ⑤ 자료의 지속적 분석을 포함한다(McDonnell, 1998). 몇몇 교사는 일반교육과정의 진도가 주요인지장애학생들에게는 너무 빠르다고 걱정한다. 2학년 담당 교사가 『거대한 감자(the Enormous Potato)』(Davis, 1999) 책을 읽고 토론하는 수업에 2주 미만의 시간을 보내며, 이는 주요인지장애학생이 숙달하기에 충분한 시간이 될 수 없다. 그러나 내용 규준(예: 주요 인물, 저자의 목적, 문제, 제안된 해결책 찾기)은 한 학년 동안 다양한 문해교육 수업에서 반복될 것이며 한 번의 읽기 수업은 학년 목표의 성취를 위한 한 번의 사례로 기능하게 된다. 이와 비슷하게 주요인지장애학생의 개별화교육계획에 포함된 기술들은 한 학년 동안 연습될 수 있는 단기 목표로 구체화된다. 또한 숙달을 결정하는 기준은 일반교육과정 내용 규준에서 전문성을 가진 일반교사와의 상담을 통해 구체화되어야만 한다.

COACH와 대안평가의 중요한 차이점

마지막으로 COACH의 목적과 대안평가의 목적 간의 주요한 차이점을 설명하고자 한다. 우선 개별화교육계획은 두 가지 명확한 우선순위를 충족해야 한다는 것에 주목해야 한다.

(aa) 일반교육과정에 참여하고 진전되도록 학생의 장애로 야기되는 학생의 요구를 충족시킨다. (bb) 학생의 장애로부터 야기되는 다른 교육적 요구 각각을 충족시킨다. (「미국장애인교육법」(2004), 612조 [d][1][A][i][I][aa][IN])

분명히 COACH는 두 가지 우선순위를 충족하도록 의도된 반면, 대안 성취 규준에 따른 대안평가는 첫 번째 우선순위와 관련하여 학생의 수행을 측정하는 것에 중점을 둔다. 즉, 일반교육과정으로의 접근, 일반교육과정에서의 진전이다. 초기에 언급된 것처럼 무엇보다도 대안평가는 학년 수준 규준 내용과 연결되어야만 한다(U. S. Department of Education, 2005). 대안평가는 비록 교육과정의 범위, 영역, 복잡성 측면에서는 대안 수행 규준을 따른다 하더라도 주요인지장애학생이 비장애학생과 같은 교육과정 내용에 접근할 수 있는 정도를 측정하도록 개발되었다(U. S. Department of Education, 2004).

개별화교육계획의 내용과 관련하여 이전의 법에 명시된 사항 가운데 COACH는 중요한 요구 두 가지를 만족시켜 줄 수 있는 교육과정 계획 도구를 의미한다. 더욱이 COACH 과정에서 개별화된 요구는 가족 면담(1단계) 동안 도출된 가치 있는 삶의 목표를 기반으로 하며, 각 가족의 독특한 상황에 맞추어 개별화된 과정으로서 대안평가의 틀과는 다르다. 비록 대안평가는 주마다 다양한 평가와 형식을 사용한다는 점에서 어느 정도의 개별화를 가능하게는 하지만 모든 학생에게 적용되는 공통 핵심 내용을 측정하도록 되어 있다.

마지막으로, 주요인지장애학생의 교사가 개별화교육계획의 우선순위를 충족하고 학업기술과 생활기술 교수 사이의 적절한 균형을 맞추면서 직면하는 어려움에 주목하는 것은 중요하다(Flowers, Ahlgrim-Delzell, Browder, & Spooner, 2005; Towles-Reeves, Kleinert, & Muhomba, 2009). 예를 들어, Kleinert, Collins, Wickham, Riggs와 Hager(2010)는 생활기술의 교수가 핵심 학업 교수에 효과적으로 삽입될 수 있다고 설명한다. 그러나 교사와 학교의 다른 구성원들에게 이것은 말은 쉽지만 행하기는 어려운 것이다. COACH의 주요 요소 중 하나는 중요한 생활기술과 일반교육과정의 추가 학습 목표를 살펴보고, 기초 그리고/혹은 생활기술(예: 의사소통, 사회성, 개인관리)이 학생의 일과 전반에 포함된 학업활동과 다른 학교활동에 삽입되도록 계획하는 방법을 살펴보는 것이다. 이런 의미에서 COACH는 교사가 그들의 학생을 위한 대안평가의 공약을 어떻게 인식해야 하는지 지침을 제공한다. 다시 말해서, 주요인지장애학생은 또래와 함께 학업내용을 배울 수 있으며 우리는 모든 학생 각각에게 맞춘 높은 수준의 기대를 설정하는 한편, 동시에 학습은 더 나은 삶을 확신하는 궁극적 목표들을 기반으로 해야 한다.

부록 F

통합학급에 있는 장애학생을 지원하는 팀원의 역할

Michael F. Giangreco, Jesse C. Suter, & Victoria Graf

전제

지난 수십 년 동안 문헌들은 특수교육에서의 준전문가의 역할을 설명해 오고 있다. 이러한 설명은 주로 비교수적 역할에서 점차 교수적 역할로 옮겨 가고 있다. 준전문가의 교수 관련 역할이 어느 정도까지 확장되어야만 하는가에 대해서는 아직 동의되고 있지 않다. 이 부록의 전제는 준전문가의 역할에 대한 동의가 있는 상황이더라도 그러한 동의는 통합학교에서 효과적인 교육을 이루기에 충분하지 않다는 것이다. 이는 모든 팀원의 역할을 명확히 하고 서로 동의하며, 그들의 상호관계를 이해하고, 그 역할들이 「미국장애인교육법」(예: 무상의 적절한 공교육, 최소 제한 환경) 및 전문가 문헌에 설명된 모범적 실제와 일치된다는 것을 확신할 것을 요구한다. 이 부록은 통합학교에서 바람직한 것으로 여겨지는 실제와 유용한 연구에 기초하여 팀원의 주요 역할을 강조한다. 이는 역량들의 목록을 의미하는 것은 아니다. 통합을 기반으로 하는 학교에서의 우리의 총체적인 경험과 더불어 역할에 대한 근거를 구성한 자료를 참고하려면 이 부록의 마지막 부분을 참조하라.

문서 사용하기

당신의 팀과 학교가 당신의 환경에 있는 팀원 각자의 역할을 고려하는 출발점으로 이 부록을 사용할 것을 제안한다. 당신은 기초 개념(〈표 F-1〉 참조)과 학교 팀원의 역할을 스스로 평가할 수 있고, 학교 관계자 및 가족과 함께 논의를 시작할 수 있다. 검토와 논의 후, 팀원의 역할을 명확히 하도록 돕기 위해 이 부록의 단어를 변경하거나 내용을 첨가 혹은 삭제하거나 내용을 재배열하거나 문서 교정을 통해 이 부록을 수정할 것을 제안한다. 다음 단계는 학교 관계자 개발과 지원 판정, 고용, 예비교육, 협력적 팀워크, 관리감독을 위한 기초로 팀원의 역할들이 실행될 방법을 탐색하는 것이다.

모든 팀원의 중복되는 역할

모든 팀원은 통합학교와 교실에서의 장애학생 교육을 위해 다음과 같이 기여한다.

1. 학습을 위한 안전하고 건강한 환경을 보장한다.
2. 개별화교육계획을 개발·실행·평가하고, 일반교육과정에 접근하고, 개별적으로 결정된 지원을 위해 팀원은 서로 협력하고 의사소통한다.
3. 팀 미팅에 참여하고, 교육 프로그램 및 지원 관련 의사결정을 위해 아이디어나 정보를 제공한다.
4. 교실에 있는 모든 유형의 장애학생이 성공적으로 통합되는 데 필요한 태도와 기술을 습득 혹은 향상시키도록 팀원 자신의 교육을 증진시킨다(예: 증거기반의 실제).
5. 학생의 교육 및 지원 요구가 「미국장애인교육법」, 주의 규준, 증거기반 실제와 일치되는 방법으로 적절하게 충족되는 것과 더불어, 적절한 독립성과 상호의존성이 보장될 수 있도록 옹호한다.

〈표 F-1〉 기초 개념

팀원의 역할	팀원이 해서는 안 되는 역할
공유된 목적 및 목표를 기초로 한 협력적 팀워크를 기반으로 함	개별적 목적 혹은 분리된 목표를 토대로 분절적으로 접근함
그들이 책임을 맡을 과제를 수행하는 데 필요한 기술, 지식, 훈련, 자격증과 일치해야 함	그들의 자격 요건에 적합하지 않은 과제에 참여할 것을 요구함
보완적이고 상승효과적이며 증거기반 실제를 기초로 해야 함	서로 대립되고, 상반된 목적을 향해 일하고 증거기반이 부족함
장애학생에게 공정한 기회로 이어져야 함(예: 학급 · 학교 활동과 환경에 참여, 매우 유능한 일반교사 및 특수교사가 제공하는 교수에 접근, 일반교육과정에 접근, 적절히 수정 · 조정된 교육과정 및 교수에 접근, 필요한 지원에 접근)	의도하지 않았더라도 불공정하고 이중적인 규준으로 이어짐(예: 학급 · 학교 활동과 환경에의 제한된 참여, 또래로부터의 분리, 매우 유능한 일반교사와 특수교사가 제공하는 교수에 대한 부적절한 접근, 부적절하게 수정 · 조정된 교육과정과 교수에의 접근, 부적합하거나 불필요한 지원)
장애학생을 위한 긍정적 성과에 기여함(예: 학급 구성원, 개별적으로 적절한 학습 목표 성취, 긍정적 또래 관계, 기회 증가)	소속감, 통합환경에의 접근, 성취, 또래관계, 장애가 없는 학생에게 유용한 다양한 기회로의 접근을 가로막는 장벽으로 인해 긍정적 성과를 방해

교사 역할

교사는 다음과 같이 통합학교 및 통합학급에 있는 장애학생의 교육에 기여하고 교육적 책임감을 보여 주어야 한다.

1. 학급 모든 학생의 가치 있는 소속감을 촉진할 기회를 만든다.
2. 다양한 특성을 가진 사람(장애 포함)을 수용하고 통합하는 모습을 보여 주고 독특한 어려움에 직면했을 때 문제해결력을 보여 주어 학급의 성인 역할 모델로 기능한다.
3. 학생의 학습 특성, 수행 수준, 개별화된 학습 목표(예: 개별화교육계획 목표, 일반교

육과정)를 숙지한다.

4. 비장애학생과 걸맞은 수준의 교육 및 다양한 집단활동(예: 대집단, 소집단, 개별)에 장애학생이 참여하도록 촉진한다.
5. 전형적인 학급활동에 장애학생의 참여를 촉진하기 위해 교육과정과 교수를 수정하고 조정할 목적으로 교육과정 및 교수를 계획하고, 의사결정하는 과정에 특수교사 및 관련서비스 제공자와 함께 주요한 역할을 담당한다.
6. 다양한 수준의 학생이 개별적으로 결정된 학습 목표를 추구할 수 있도록 차별화 교수, 보편적 설계, 중다수준 교육과정 및 교수, 중복 교육과정을 적용한다.
7. 장애학생에게 친사회적 행동을 교수하고, 긍정적 행동지원을 적용하고, 비장애학생에게 장애학생과 상호작용하는 법을 교수하여 장애학생과 비장애학생의 상호작용을 촉진한다.
8. 교실에 있는 준전문가에게 업무를 (특수교사와 함께) 지시한다.

이를 위해 교사는

- 학생의 특성, 교육 프로그램, 일반적 지원 요구를 논의한다.
- 학교와 학급에 대한 이야기를 나눈다.
- 명확한 직무 안내서에 설명된 준전문가의 역할을 다양한 방법(예: 워크숍, 시연, 온라인 학습)으로 교육한다.
- 준전문가가 교육 관련 의사결정을 해야 함을 기대하지 않도록 학생과 준전문가와의 상호작용 및 수업을 계획한다.
- 준전문가의 수행을 감독하고 형성평가와 총괄평가를 통해 그들의 직무에 대해 의사소통한다.

특수교사 역할

특수교사는 다음과 같이 통합학교 및 통합학급에 있는 장애학생의 교육에 기여한다.

1. 학급의 모든 학생이 가치 있는 구성원이 될 기회를 만들어 준다(예: 책상 배치, 학생 집단의 의도적인 구성, 의도적 참여, 교수 사전계획).
2. 다양한 특성(장애 포함)을 지닌 사람을 수용 및 통합하고 문제에 직면했을 때 문제를 해결하는 모습을 보여 주는 역할 모델을 제공한다.
3. 학생의 학습과 관련하여 문맥적으로 적절한 지원을 제공하고 높은 기대 수준을 유지할 수 있는 일반교육과정 및 실제에 대한 실용적 지식을 지닌다.
4. 협력교수, 다양한 수준의 학생들로 구성된 소집단 교수, 개인교수와 같은 다양한 교수 방법을 이용하여 특별하게 고안된 교수를 제공하고, 개별적으로 결정된 교수 방법들의 조합이 단지 분리교수와는 다른 물리적 교실 환경에서 교수를 제공하는 것을 의미하는 것이 아니라 학급교사 및 환경과 조화를 이루면서 실행된다는 것을 보장한다.
5. 전형적인 학급활동에 장애학생의 참여를 촉진하기 위해 일반교사 및 관련서비스 제공자와 함께 교육과정과 교수를 계획하고 조정하고 결정하는 과정에서 주도적 역할을 한다.
6. 다양한 수행 수준의 학생들이 같은 학급활동에서 개별적으로 결정된 학습 목표를 성취할 수 있도록 차별화교수, 보편적 설계, 중다수준 교육과정 및 교수, 중복 교육과정을 적용한다.
7. 장애학생에게 사회성 기술을 교수하고 긍정적 행동지원을 적용하고, 비장애학생에게 다양한 학습 수준을 지닌 또래와 상호작용하는 법을 교수하여 장애학생과 비장애학생의 상호작용을 촉진한다.
8. 준전문가가 학급교사와 함께 일하도록 안내하기 위해

   - 학생의 특성, 교육 프로그램, 일반적 지원 요구를 논의하고
   - 학교와 학급(예: 기대 수준, 절차)에 대해 이야기 나누고

- 명확한 직무안내서의 내용(예: 연구기반 문해교육 접근, 긍정적 행동지원)에 따라 준전문가의 역할을 다양한 방법(예: 워크숍, 교사 시연, 온라인 학습)으로 중재하고
- 준전문가가 교육 관련 의사결정을 해야 한다고 기대하지 않도록 학생과 준전문가와의 상호작용 및 수업을 계획하고
- 준전문가의 수행을 감독하고 형성평가와 총괄평가를 통해 그들의 직무에 대해 의사소통한다.

9. 팀의 협력적 노력을 확장하기 위해 창조적 문제해결 원칙을 적용한다.
10. 주요 사례관리를 제공한다(예: 팀 미팅과 의사소통 촉진, 개별화교육계획 같은 문서작업 수행, 특수교육평가 실행, 가족 및 협력기관의 핵심 연락자 역할).

준전문가 역할

준전문가는 다음과 같이 통합학교와 통합학급의 장애학생 교육에 기여하고 일반교사와 특수교사가 장애학생 교수와 협력을 위해 시간을 사용할 수 있도록 지원한다.

1. 보충적으로(주된 수업이 아님) 소집단과 개별교수(예: 학업, 기능적 기술, 사회성)를 시행하고 자격을 갖춘 전문가에 의해서 계획된 과제에 대한 지원을 장애학생에게 제공한다.
2. 일반교사와 특수교사가 판정하고 계획한 학생의 학업과제(예: 독립적 과제, 소집단과제)에 대해 학급 전반에 걸친 교수적 감독에 참여한다.
3. 일반교사 혹은 특수교사가 개발한 자료수집체계를 토대로 학생의 수행과 진보에 대한 자료를 수집한다.
4. 활동지원이 필요한 학생을 보조한다(예: 음식 먹기, 화장실 사용, 옷 입기).
5. 일반교사와 특수교사의 지침을 토대로 또래 상호작용을 촉진한다(사회성 기술 교수, 적절할 때 지원하고 사라지기, 학생들이 서로 돕도록 학생들을 불러 모으기).

6. 일반교사와 특수교사가 결정한 비교수적 과제에 참여한다(예: 사무업무, 급식실, 운동장, 스쿨버스 탑승, 현장학습에서 감독).
7. 학생과 교실의 욕구 변화에 따른 학교 관리자의 재배치 요구를 수용한다.

관련서비스 제공자 역할

관련서비스 제공자는 다음과 같이 통합학교와 통합학급의 장애학생 교육에 기여한다.

1. 학생의 개별화교육계획 팀에 의해 교육적으로 적절하고(개별화교육계획 목표와 일반교육과정 접근을 위해) 필요하며(적절한 교육을 받기 위해 요구되고), 학생 교육 프로그램의 하나 혹은 그 이상의 영역과 연결된다(개별화교육계획 목표, 일반교육과정, 조정 · 지원)고 결정된 지원을 제공한다.
2. 전형적인 학교와 학급 환경 및 활동에 학생이 참여할 수 있도록 지원을 제공한다.
3. 학급시간표, 활동, 문화와 맥락에 비슷한 장소 및 방법으로 지원을 제공한다.
4. 접근성 및 활동 참여를 가능하게 하거나 부정적 성과(예: 퇴행, 불편함, 고통)를 예방하는 보조도구를 선정 혹은 개발한다.
5. 그들 분야와 관련된 정보나 기술(예: 학습을 위한 학생 자세 잡기, AAC 도구)을 다른 사람에게 전달하기 위해 팀원들을 상담한다.
6. 그들의 전문 분야의 도움이 필요한 가족에게 자료나 지원을 제공한다.
7. 학생의 교육적 요구를 충족해 주기 위해 그들의 분야와 관련된 기술을 학생에게 직접 교수한다(예: 점자 교수, 상담 제공).
8. 학생의 자료를 토대로 지원이 지속 · 수정 · 소거 · 종료되어야 할 때를 결정하기 위해 팀원과 협력한다.

학교 행정가 역할

학교 단위 혹은 교육청 단위 특수교육 및 일반교육 행정가들은 다음과 같이 통합학교와 통합학급의 장애학생 교육에 기여하고 통합교육의 실제에 대한 리더십과 헌신을 보여 준다.

1. 팀원 간의 협력과 그들 각자의 역할에 대해 기대하는 바를 명확하게 소통한다.
2. 명확한 기대를 소통하고 모든 팀원이 장애학생과 비장애학생의 가치, 책임 공유, 통합, 교수에 관한 포괄적인 태도를 지니도록 촉진한다.
3. 일반교사, 특수교사, 특수교육보조원, 관련서비스 제공자 사이의 협력을 위한 계획된 기회를 제공한다.
4. 통합교육 실제와 관련하여 적절한 학교 관계자 개발의 기회를 제공한다(예: 협력교수, 보편적 학습 설계, 또래 지원, 준전문가 직무 지시, 보조공학, 교육과정 수정).
5. 학교 관계자들의 건설적인 작업 조건을 보장한다(예: 학교 관계자 비율, 문서작업 부담 감소, 장애학생과 비장애학생의 자연스러운 비율 보장).
6. 준전문가에게 업무를 지시할 수 있는 적절한 기회가 가능하도록 한 전문가에게 배정되는 준전문가의 수를 보장하고, 더불어 준전문가에게 업무를 지시하고 지속적인 피드백과 지원을 제공할 수 있도록 전문가에게 지침 및 과정을 제공한다.
7. 모든 학교 관계자의 배치를 결정하고, 학교 관계자 관리감독 및 평가를 실행하고, 장애학생과 관련된 계약제 직원을 감독하기 위한 준비를 한다.
8. 학생 위기 상황에서 교직원, 학교 관계자, 학생과 가족에게 지원을 제공한다.
9. 장애학생을 지원하기 위한 학교·지역청의 연간 서비스 및 학교 개선 계획을 주도한다.

학생 및 부모 역할*

---

* 부모와 비교해서 학생의 참여 정도는 학생의 연령, 가족의 문화, 학생의 의사소통 및 자기옹호

학생과 그들의 부모는 통합학교와 통합학급에서 다음과 같이 학생의 교육에 기여한다.

1. 학생의 강점, 관심, 요구(장애에 대한 정보 포함)에 대해 이해한다.
2. 교육계획과 학습에 기여하기 위해 팀원에게 학생에 대한 정보와 통찰력(예: 동기, 관심, 장애 특성, 학습 양식, 재능, 배경 정보)을 제공한다.
3. 한 해 동안 팀이 중점을 두게 될 최우선순위 학습 목표를 선정한다.
4. 일반교육 프로그램 및 교육과정(예: 선택교과, 외국어, 재량활동)을 선택할 때 현명한 의사결정을 한다.
5. 학생의 성공에 필요한 지원을 찾도록 돕는다.
6. 학생의 진전 상황을 감독하고 학교 이외의 환경(예: 가정, 지역사회)에서 학습한 기술을 적용한다.
7. 학생과 관련된 건강, 정신건강, 지역사회 쟁점에 대한 주요한 정보를 팀원과 소통한다.
8. 학령기 동안 교육 팀의 일부이면서 오랫동안 교육 및 전환 계획에 참여하는 유일한 팀원으로서 주요한 역할을 수행한다.

능력에 따라 매우 다양하다.

참고문헌

Baer, D. (1981). A hung jury and a Scottish verdict: "Not proven". *Analysis and Intervention in Developmental Disabilities*, *1*(1), 91–98.

Bateman, B. (2007). *From gobbledygook to clearly written annual IEP goals*. Verona, WI: IEP Resources/Attainment.

Bateman, B. D., & Linden, M. A. (2006). *Better IEPs: How to write legally correct and educationally useful programs* (4th ed.). Champaign, IL: Research Press.

Baumgart, D., Brown, L., Pumpian, I., Nisbet, J., Ford, A., Sweet, M., Messina, R., & Schroeder, J. (1982). Principle of partial participation and individualized adaptations in educational programs for severely handicapped students. *Journal of the association for the Severely Handicapped*, *7*(2), 17–27.

Biklen, D. P., & Knoll, J. (1987). The disabled minority. In S. Taylor, D. Biklen, & J. Knoll (Eds.), *Community integration for people with severe disabilities* (pp. 3–21). New York: Teachers College Press.

Blue-Banning, M., Summers, J. A., Frankland, H. C., Nelson, L. L., & Beegle, G. (2004). Dimensions of family and professional partnerships: Constructive guidelines for collaboration. *Exceptional Children*, *70*, 167–184.

Browder, D. M., & Spooner, F. (Eds.). (2006). *Teaching language arts, math, and science to students with significant cognitive disabilities*. Baltimore, MD: Paul H. Brookes Publishing Co.

Brown, F., & Snell, M. E. (2011). Measuring student behavior and learning In M. E. Snell & F. Brown (Eds.), *Instruction of students with severe disabilities* (7th ed., pp. 186–223). Upper Saddle River, NJ: Pearson Education/Prentice Hall.

Brown, F., Evans, I., Weed, K., & Owen, V. (1987). Delineating functional competencies: A component model. *Journal of The Association for Persons with Severe Handicaps*, *12*, 117–124.

Brown, F., Lehr, D., & Snell, M. E. (2011). Conducting and using student assessment. In M. E. Snell & F. Brown (Eds.), *Instruction of students with severe disabilities* (7th ed., pp.

73–121). Upper Saddle River, NJ: Pearson Education/Prentice Hall.

Brown, L., Branston, M. B., Hamre-Nietupski, S., Pumpian, I., Certo, N., & Gruenewald, L. (1979). A strategy for developing chronologically age-appropriate and functional curricular content for severely handicapped adolescents and young adults. *Journal of Special Education*, *13*, 81–90.

Brown, L., Nietupski, J., & Hamre-Nieetupski, S. (1976). The criterion of ultimate functioning and public school services for severely handicapped students. In M. A. Thomas (Ed.), *Hey, don't forget about me! Education's investment in the severely, profoundly, and multiply handicapped* (pp. 2–15). Reston, VA: Council for Exceptional Children.

Campbell, C., Campbell, S., Collicott, J., Perner, D., & Stone, J. (1988). Individualized instruction. *Education New Brunswick-Journal Education*, *3*, 17–20.

Carter, E. W., Cushing, L. S., & Kennedy, C. H. (2009). *Peer support strategies for improving all students'social lives and learning*. Baltimore, MD: Paul H. Brookes Publishing Co.

Causton-Theoharis, J., Giangreco, M. F., Doyle, M. B., & Vadasy, P. F. (2007). Paraprofessionals: The "sous chefs"of literacy instruction. *Teaching Exceptional Children*, *40*(1), 57–62.

Certo, N. J., Leucking, R. G., Murphy, S., Brown, L., Coursey, S., & Belanger, D. (2008). Seamless transition and long-term support for individuals with severe intellectual disabilities. *Research and Practice for Persons with Severe Disabilities*, *33*, 85–95.

Council for Chief State School Officers and National Governors' Association. (2010). *Common core state standards for English language arts, and literacy in history, social studies, and science*. Retrieved April 5, 2010, from http://www.corestandareds.org/Files/K12ELAStandards.pdf

Crockett, J. B. (2002). Special education's role in preparing responsive leaders for inclusive schools. *Remedial and Special Education*, *23*(3), 157–168.

Dalton, B., & Gordon, D. (2007). Universal design for learning. In M. F. Giangreco & M. B. Doyle (Eds.), *Quick-Guides to inclusion: Ideas for education students with disabilities* (2nd ed., pp. 123–146). Baltimore, MD: Paul H. Brookes Publishing Co.

Davern, L., Sapon-Shevin, M., D'Aquanni, M., Fisher, M., Larson, M., Black, J., & Minondo, S. (1997). Drawing the distinction between coherent and fragmented efforts at building inclusive schools. *Equity and Excellence in Education*, *30*(3), 31–39.

Davis, A. (1999). *The enormous potato*. Toronto: Kids Can Press.

Dennis, R. E., Williams, W., Giangreco, M. F., & Cloninger, C. J. (1993). Quality of life as a context for planning and evaluation of services for people with disabilities. *Exceptional Children*, *59*, 499–512.

Dennis, R., & Giangreco, M. F. (1996). Creating conversation: Reflections on cultural sensitivity in Family Interviewing. *Exceptional Children*, *63*, 103–116.

DiPaola, M. F., & Walther-Thomas, C. (2003). *Principals and special education: The critical role of school leaders* (COPPSE Document No. IB–7). Gainesville, FL: University of Florida, Center on Personnel Studies in Special Education. Retrieved January 25, 2009, from http://www.personnelcenter.org/pdf/copsse_principals.pdf

Donnellan, A. (1984). The criterion of the least dangerous assumption. *Behavior Disorders*, *9*, 141–150.

Downing, J. E. (2005). *Teaching literacy to students with significant disabilities*. Thousand Oaks, CA: Corwin.

Downing, J. E. (2008). *Including students with severe and multiple disabilities in typical classrooms: Practical strategies for teachers* (3rd ed.). Baltimore, MD: Paul H. Brookes Publishing Co.

Downing, J. E. (2010). *Academic instruction for students with moderate and severe intellectual disabilities in inclusive classrooms*. Thousand Oaks, CA: Corwin.

Doyle, M. B., & Giangreco, M. F. (2009). Making presentation software accessible for high school students with moderate and severe intellectual disabilities. *Teaching Exceptional Children*, *41*(3), 24–31.

Doyle, M. B. (2008). *The paraprofessional's guide to the inclusive classroom: Working as a team* (3rd ed.). Baltimore, MD: Paul H. Brookes Publishing Co.

Dymond, S. K., Renzaglia, A., Gilson, C. L., & Slagor, M. T. (2007). Defining access to the general curriculum for high school students with significant cognitive disabilities. *Research and Practice for Persons with Severe Disabilities*, *32*, 1–15.

Education for All Handicapped Children Act of 1975, PL 94–142, 20 U.S.C. §§1400 *et seq*.

Feldman, R., Fialka, J. (Producers), & Rossen, P. (Director/Producer). (2006). *Through the same door: Inclusion includers college* [Motion picture]. (Available from Dance of Partnerships Publications; http://www.danceofpartnership.com/index/.htm)

Ferguson, D. L., & Baumgart, D. (1991). Partial participation revisited. *Journal of The Association for Persons with Severe Handicaps*, *16*, 218–227.

Firestien, R. (1989). *Why didn't I think of that? A personal and professional guide to better ideas and decision making*. East Aurora, NY: D.O.K. Publishing.

Fisher, D., Frey, N., & Thousand, J. (2003). What do special educators need to know and be prepared to do for inclusive schooling to work? *Teacher Education and Special Education*, *26*(1), 42–50.

Flowers, C., Ahlgrim-Delzell, L., Browder, D. M., & Spooner, F. (2005). Teachers' perceptions of alternate assessments. *Research and Practice for Persons with Severe Disabilities*, *30*, 81–92.

Ford, A., Davern, L., & Schnorr, R. (2001). Learners with significant disabilities: Curricular relevance in an era of standards-based reform. *Remedial and Special Education*, *22*, 214–222.

Gartner, A., & Lipsky, D. K. (2007). *Inclusion: A service, not a place. A whole school approach*. Port Chester, NY: National Professional Resources.

Gerlach, K. (2001). *Let's team up! A checklist for paraeducators, teachers, and principals*. Washington, DC: National Education Association.

Giangreco, M. F. (1985). *Cayuga-Onondaga assessment for children with handicaps: Version 1.0 (COACH)*. Stillwater, OK: National Clearinghouse of Rehabilitation Training Materials.

Giangreco, M. F. (1996a). Choosing options and accommodations for children (COACH): Curriculum planing for students with disabilities in general education classrooms. In W. Stainback & S. Stainback (Eds.), *Inclusion: A guide for educators* (pp. 237–254). Baltimore, MD: Paul H. Brookes Publishing Co.

Giangreco, M. F. (1996b). *Vermont Interdependent Services Team Approach: A guide to coordinating educational support services*. Baltimore, MD: Paul H. Brookes Publishing Co.

Giangreco, M. F. (1998). *Ants in his pants: Absurdities and realities of special education*. Thousand Oaks, CA: Corwin.

Giangreco, M. F. (2000). Related services research for students with low incidence disabilities: Implications for speech-language pathologists in inclusive classrooms. *Language, Speech, and Hearing Services in the Schools*, *31*, 230–239.

Giangreco, M. F. (2001a). *Guidelines for making decisions about I.E.P. Services*. Montpelier, VT: Vermont Department of Education. Retrieved February 13, 2010, from http://www.uvm.edu/~cdci/iepservices/pdfs/decision.pdf

Giangreco, M. F. (2001b). *Guidelines for making decisions about I.E.P. services*. Montpellier, VT: Vermont Department of Education. Retrieved November 22, 2009, from http://education.vermont.gov/new/pdfdoc/pgm_sped/data_reports_pubs/guidelines_iep_decisions.pdf

Giangreco, M. F. (2007). Extending inclusive opportunities. *Educational Leadership*, *64*(5), 34–37.

Giangreco, M. F. (2009). Opportunities for children and youth with intellectual developmental disabilities: Beyond genetics. *Life Span and Disability: An Interdisciplinary Journal (Cicio Evolutivo e Disabilita)*, *12*(2), 129–139.

Giangreco, M. F. (2011). Educating students with severe disabilities: Foundational concepts and practices. In M. E. Snell & F. Brown (Eds.), *Instruction of students with severe disabilities* (7th ed., pp. 1–30). Upper Saddle River, NJ: Pearson Educaton/Prentice Hall.

Giangreco, M. F., & Doyle, M. B. (2004). Directing paraprofessional work. In C. H. Kennedy & E. M. Horn (Eds.), *Including students with severe disabilities* (pp. 185–204), Boston, MA: Allyn & Bacon.

Giangreco, M. F., & Putnam, J. (1991). Supporting the education of students with severe disabilities in regular education environments. In L. H. Meyer, C. Peck, & L. Brown (Eds.), *Critical issues in the lives of people with severe disabilities* (pp. 245–270). Baltimore, MD: Paul H. Brookes Publishing Co.

Giangreco, M. F., & Snell, M. E. (1996). Severe and multiple disabilities. In R. Turnbull & A. Turnbull (Eds.), *Improving the implementation of the individuals with disabilities education act: Making schools work for all of America's children* (pp. 97–132). Washington, CD: National Council on Disability.

Giangreco, M. F., Broer, S. M., & Edelman, S. W. (2001). Teacher engagement with students with disabilities: Differences between paraprofesiional service delivery models. *Journal of The Association for Persons with Severe Handicaps*, *26*(2), 75–86.

Giangreco, M. F., Carter, E. W., Doyle, M. B., & Suter, J. C. (2010). Supporting students with disabilities in inclusive classrooms: Personnel and peers. In R. Rose (Ed.), *Confronting obstacles to inclusion: International responses to developing inclusive schools* (pp. 247–263). London: Routledge.

Giangreco, M. F., CickoskiKelly, E., Backus, L., Edelman, S. W., Tucker, P., Broer, S., CichoskiKelly, C., & Spinney, P. (1999, March). Developing a shared understanding: Paraeducator supports for students with disabilities in general education. *TASH Newsletter*, *25*(3), 21–23.

Giangreco, M. F., Cloninger, C. J., Dennis, R. E., & Edelman, S. W. (1993). National expert validation of COACH: Congruence with exemplary practice and suggestions for improvement. *Journal of The Association for Persons with Severe Handicaps*, *18*, 109–120.

Giangreco, M. F., Cloninger, C. J., Dennis, R. E., & Edelman, S. W. (2002). Problem-solving methods to facilitate inclusive education. In J. S. Thousand, R. A. Villa, & A. I. Nevin (Eds.), *Creativity and collaborative learning: The practical guide to empowering students, teachers, and families* (2nd ed., pp. 111–134). Baltimore, MD: Paul H. Brrookes Publishing Co.

Giangreco, M. F., Cloninger, C., Mueller, P., Yuan, S., & Ashworth, S. (1991). Perspectives of parents whose children have dual sensory impairments. *Journal of The Association for Persons with Severe Handicaps*, *16*, 14–24.

Giangreco, M. F., Dennis, R., Cloninger, C., Edelman, S., & Schattman, R. (1993). "I've counted Jon": Transformational experiences of teachers educating students with disabilities. *Exceptional Children*, *59*, 359–372.

Giangreco, M. F., Dennis, R., Edelman, S., & Cloninger, C. (1994). Dressing your IEPs for the general education climate: Analysis of IEP goals and objectives for students with multiple disabilities. *Remedial and Special Education*, *15*, 288–296.

Giangreco, M. F., Edelman, S. W., Luiselli, T. E., & MacFarland, S. Z. (1998). Reaching consensus about educationally necessary support services: A qualitative evaluation of VISTA. *Special Services in the Schools*, *13*(1/2), 1–32.

Giangreco, M. F., Edelman, S., & Dennis, R. (1991). Common professional practices that interfere with the integrated delivery of related services. *Remedial and Special Education*, *12*, 16–24.

Giangreco, M. F., Edelman, S., Dennis, R., & Cloninger, C. J. (1995). Use and impact of COACH with students who are deaf-blind. *Journal of The Association for Persons with Severe Handicaps*, *20*, 121–135.

Giangreco, M. F., Edelman, S., Dennis, R., Rubin, R., & Thoms, P. (1999). Vermont's guidelines for related services: Supporting the education of students with disabilities. *Physical Disabilities: Education and Related Services*, *18*(1), 35–49.

Giangreco, M. F., Edelman, S., Luiselli, T. E., & MacFarland, S. Z. (1996). Support service decision-making for students with multiple service needs: Evaluation data. *Journal of The Association for Persons with Severe Handicaps*, *21*, 135–144.

Giangreco, M. F., Edelman, S., Luiselli, T. E., & MacFarland, S. Z. (1997). Helping or hovering? Effects of instructional assistant proximity on students with disabilities. *Exceptional Children*, *64*, 7–18.

Giangreco, M. F., Edelman, S., Nelson, C., Young, M. R., & Kiefer-O'Donnell, R. (1999). Improving support service decision-making: Consumer feedback regarding updates to VISTA. *International Journal of Disability, Development, and Education*, *46*, 463–473.

Giangreco, M. F., Prelick, P. A., Reid, R. R., Dennis, R. E., & Edelman, S. W. (2000). Role of related service personnel in inclusive schools. In R. A. Villa & J. S. Thousand (Eds.), *Restructuring for caring and effective education: Piecing the puzzle together* (2nd ed., pp. 360–388). Baltimore, MD: Paul H. Brookes Publishing Co.

Grisham-Brown, J., & Kearns, J. F. (2001). Creating standards-based individualized educational programs. In H. L. Kleinert & J. F. Kearns (Eds.), *Alternate assessment: Measuring outcomes and supports for students with disabilities* (pp. 17–28). Baltimore, MD: Paul H. Brookes Publishing Co.

Hanson, M. J., & Lynch, E. W. (2003). *Understanding families: Approaches to diversity, disability, and risk*. Baltimore, MD: Paul H. Brookes Publishing Co.

Harry, B. (2008). Collaboration with culturally and linguistically diverse families: Ideal versus reality. *Exceptional Children*, *74*, 372–388.

Harry, B., & Klingner, J. (2005). *Why are so many minority students in special education? Understanding race and disability in schools*. New York: Teachers College Press.

Hines, J. T. (2008). Making collaboration work in inclusive high school classrooms: Recommendations for principals. *Intervention in school and Clinic*, *43*(5), 277–282.

Hoover, J. J., & Patton, J. R. (2008). The role of special educators in a multitiered instructional system. *Intervention in School and Clinic*, *43*(4), 195–202.

Hunt, P., Soto, G., Maier, J., & Doering, K. (2003). Collaborative teaming to support students at risk and students with severe disabilities in general education classrooms. *Exceptional Children*, *69*, 315–332.

Individuals with Disabilities Education Act Amendments (IDEA) of 1997, PL 105–117, 20 U.S.C. §§1400 *et seq*.

Individuals with Disabilities Education Improvement Act (IDEA) of 2004, PL 108–446, 20 U.S.C. §§1400 *et seq*.

Jackson, L., Ryndak, D. L., & Billingsly, F. (2000). Useful practices in inclusive education: A preliminary view of what experts in moderate to severe disabilities are saying. *Journal of The Association for Persons with Severe Handicaps*, *25*, 129–141.

Jackson, L., Ryndak, D., & Wehmeyer, M. (2008.2009). The dynamic relationship between context, curriculum, and student learning: A case for inclusive education as a research-based practice. *Research and Practice in Severe Disabilities*, *33/34*, 175–195.

Janney, R., & Snell, M. E. (2011). Designing and implementing instruction for inclusive classes. In M. E. Snell & F. Brown (Eds.), *Instruction of students with severe disabilities* (7th ed., pp. 224–256). Upper Saddle River, NJ: Pearson Education/ Prentice Hall.

Janney, R., & Snell, M. E., (2004). *Teachers'guides to inclusive practices: Modifying schoolwork* (2nd ed.). Baltimore, MD: Paul H. Brookes Publishing Co.

Jericho Elementary School Faculty. (2009). *Team member roles*. Jericho, VT: Author.

Unpublished document.

Johnson, D. R., McGrew, k., Blomberg, L., Bruininks, R. H., & Lin, H. C. (1996). *Postschool outcomes and community adjustment for young adults with severe disabilities*. Minneapolis, MN: University of Minnesota, Institute on Community Integration. (ERIC Document Reproduction Service No. ED392209).

Jorgensen, C. M., McSheehan, M., & Sonnenmeier, R. M. (2010). *The Beyond Access model: Promoting membership, participation, and learning for students with disabilities in the general education classroom*. Baltimore, MD: Paul H. Brookes Publishing Co.

Jorgensen, C. M., Schuh, M. C., & Nisbet, J. (2005). *The inclusion facilitator's guide*. Baltimore, MD: Paul H. Brookes Publishing Co.

Kauffman, J. M., & Krouse, J. (1981). The cult of educability: Searching for the substance of thins hoped for; the evidence of things not seen. *Analysis and Intervention in Developmental Disabilities*, *1*(1), 53-60.

Kearns, J. F., & Quenemoen, R. (2010). Alternate assessments, families, and the individualized education program. In H. L. Kleinert & J. F. Kearns (Eds.), *Alternate assessment for students with significant cognitive disabilities: An educator's guide* (pp. 291-302). Baltimore, MD: Paul H. Brookes Publishing Co.

Kearns, J. F., Towles-Reeves, E., Kleinert, h. L., Kleinert, J. O., & Thomas, M. (2011). Characteristics of and implications for students participating in alternate assessments based on alternate academic achievement standards. *Journal of Special Education*, *45*(1), 3-14.

Kleinert, H. L., Collins, C., Wickham, D., Riggs, L., & Hager, K. (2010). Embedding life skills, self-determination, and other evidence-based practices. In H. L. Kleinert & J. F. Kearns (Eds.), *Alternate assessment for students with significant cognitive disabilities: An educator's guide* (pp. 267-290). Baltimore, MD: Paul H. Brookes Publishing Co.

Kleinert, H. L., Quenemoen, R., & Thurlow, M. (2010). An introduction to alternate assessments: Historical foundations, essential parameters, and guiding principles. In H. L. Kleinert & J. F. Kearns (Eds.), *Alternate assessment for students with significant cognitive disabilities: An educator's guide* (pp. 3-18). Baltimore, MD: Paul H. Brookes Publishing Co.

Kleinert, H., Kearns, J., & Kennedy, S. (1997). Accountability for all students: Kentucky's alternate portfolio system for students with moderate and severe cognitive disabilities. *Journal of The Association for Persons with Severe Handicaps*, 22, 88–101.

Kronberg, R. M. (2007). Reaching and teaching diverse learners through differentiated instruction. In M. F. Giangreco & M. B. Doyle (Eds.), *Quick-Guides to inclusion: Ideas for educating students with disabilities* (2nd ed., pp. 137–150). Baltimore, MD: Paul H. Brookes Publishing Co.

Lynch, E. W., & Hanson, J. J. (Eds.). (2004). *Developing cross-cultural competence: A guide for working with children and their families* (3rd ed.). Baltimore, MD: Paul H. Brookes Publishing Co.

McDonnell, J. (1998). Instruction for students with severe disabilities in general education settings. *Education and Training in Mental Retardation and Developmental Disabilities*, *33*, 199–215.

McDonnell, J., & McGuire, J. (2007). Community-based instruction. In M. F. Giangreco & M. B. Doyle (Eds.), *Quick-Guides to inclusion: Ideas for educating students with disabilities* (2nd ed., pp. 307–314). Baltimore, MD: Paul H. Brookes Publishing Co.

McKenzie, B. (2008). *Reflections of Erin: The importance of belinging, relationships and learning with each other*. Seaman, OH: Art of Possibility Press.

McLeskey, J., & Waldron, N. L. (2002). School change and inclusive schools: Lessons learned from practice. *Phi Delta Kappan*, *84*(1), 65–72.

McWilliam, R. A. (1996). *Rethinking pull-out services in early intervention: A professional resource*. Baltimore, MD: Paul H. Brookes Publishing Co.

Nisbet, J. (Ed.). (1992). *Natural supports in school, at work, and in the community for people with severe disabilities*. Baltimore, MD: Paul H. Brookes Publishing Co.

No Child Left Behind Act of 2001, PL 107–110, 115 Stat. 1425, 20 U.S.C. §§6301 *et seq*.

Olson, M. R., Chalmers, L., & Hoover, J. H. (1997). Attitudes and attributes of general education teachers identified as effective inclusionists. *Remedial and Special Education*, *18*(1), 28–35.

Orelove, F. P., Sobsey, D., & Silberman, R. K. (2004). *Educating children with multiple disabilities: A collaborative approach* (4th ed.). Baltimore, MD: Paul H. Brookes

Publishing Co.

Osborn, A. F. (1993). *Applied imagination: Principles and procedures of creative problem-solving* (3rd ed.). Buffalo, NY: Creative Education Foundation Press. (Original work published 1953).

Parnes, S. J. (1988). *Visionizing: State-of-the-art processes for encouraging innovative excellence*. East Aurora, NY: D.O.K. Publishing.

Parnes, S. J. (1992). *Source Book for creative problem-solving: A fifty year digest of proven innovation processes*. Buffalo, NY: Creative Education Foundation Press.

Parnes, S. J. (1997). *Optimize the magic of your mind*. Buffalo, NY: Creative Education Foundation Press.

Peterson, J. M., & Hittie, M. M. (2010). *Inclusive teaching: The journey towards effective schools for all learners* (2nd ed.). Columbus, OH: Charles E. Merrill.

Rainforth, B., Giangreco, M. F., & Dennis, R. (1989). Motor skills. In A. Ford, R. Schnorr, L. Meyer, L. Davern, J. Black, & P. Dempsey (Eds.), *The syracuse community-referenced curriculum guide for students with moderate and severe disabilities* (pp. 211–230). Baltimore, MD: Paul H. Brookes Publishing Co.

Riehl, C. J. (2000). The principal's role in creating inclusive schools for diverse students: A review of normative, empirical, and critical literature on the practice of educational administration. *Review of Educational Research*, *70*(1), 55–81.

Riggs, C. G., & Mueller, P. H. (2001). Employment and utilization of paraeducators in inclusive settings. *Journal of Special Education*, *35*, 54–62.

Roach, A. (2006). Influences on parent perceptions of an alternate assessment for students with severe cognitive disabilities. *Research and Practice for Persons with Severe Disabilities*, *31*, 267–274.

Rose, D. H., Meyer, A., & Hitchcock, C. (2005). *The universally designed classroom: Accessible curriculum and digital technologies*. Cambridge, MA: Harvard Press.

Ryndak, D., Moore, M., Orlando, A., & Delano, M. (2008/2009). Access to the general curriculum: The mandate and the role of context in research-based practice for students with extensive support needs. *Research and Practice in Severe Disabilities*, *33/34*, 199–213.

Schalock, R. L., Borthwick-Duffy, S. A., Bradley, V. J., Buntinx, W. H. E., Coulter, D. L., & Craig, E. M. (2010). *Intellectual disability: Definition, classification, and systems of supports* (11th ed.). Washington, DC: American Association on Intellectual and Developmental Disabilities.

Schnorr, R. F. (1997). From enrollment to membership: "Belonging" in middle and high school classes. *Journal of The Association for Persons with Severe Handicaps*, *22*, 1-15.

Snell, M. E. (2003). Education of individuals with severe and multiple disabilities. In J. W. Guthrie (Ed.), *Encyclopedia of education* (2nd ed, pp. 2210-2213). New York: Macmillan.

Snell, M. E., & Brown, F. (2011). *Instruction of students with severe disabilities* (7th ed.). Upper Saddle River, NJ: Pearson Education/Prentice Hall.

Soodak, L. C., & Erwin, E. J. (2000). Valued member or tolerated participant: Parents' experiences in inclusive early childhood settings. *Journal of The Association for Persons with Severe Handicaps*, *25*, 29-41.

Soodak, L. C., Podell, D. M., & Lehman, L. R. (1998). Teacher, student, and school attributes as predictors of teachers'responses to inclusion. *Journal of Special Education*, *31*, 480-497.

Speight, S., Myers, L., Cox, C., & Highlen, P. (1991). A redefinition of multicultural counseling. *Journal of Counseling and Development*, *70*, 29-36.

Spooner, F., & Browder, D. M. (2006). Why teach the general curriculum? In D. M. Browder & F. Spooner (Eds.), *Teaching language arts, math, and science to students with significant cognitive disabilities* (pp. 1-13). Baltimore, MD: Paul H. Brookes Publishing Co.

TASH. (2000, March). *TASH resolution on the people for whom TASH advocates*. Retrieved February 13, 2010, from http://www.tash.org/resolutions/res02advocate.htm

Taylor, S. J. (1988). Caught in the continuum: A critical analysis of the principle of the least restrictive environment. *Journal of The Association for Persons with Severe Handicaps*, *13*, 41-53.

Taylor, S. J. (2006). Supporting adults to live in the community: Beyond the continuum. In S. M. Pueschel (Ed.), *Adults with Down syndrome* (pp. 173-182). Baltimore, MD:

Paul H. Brookes Publishing Co.

Timothy W. V. Rochester School District, 559 EHLR 480 (D.N.H. 1988), 875 F.2d 954 (1st Cir. 1989), cert. denied, 493 U.S. 983 (1989).

Tomlinson, C. A. (2001). *How to differentiate instruction in mixed-ability classrooms* (2nd ed.). Alexandria, VA: Association for Supervision and Curriculum Development.

Tomlinson, C. A. (2003). *Fulfilling the promise of the differentiated classroom: Strategies and tools for responsive teaching*. Alexandria, VA: Association for Supervision and Curriculum Development.

Towles-Reeves, E., Kleinert, H., & Muhomba, M. (2009). Alternate assessment: Have we learned anything new? *Exceptional Children*, *75*, 233–252.

U.S. Department of Education (2005). *Alternate achievement standards for students with the most significant cognitive disabilities: Non-regulatory guidance*. Washington, CD: Author.

U.S. Department of Education. (2004). *Standards and assessment peer review guidance*. Washington, CD: Author.

U.S. Department of Justice. (2002). *Brief for the United States as amicus curiae supporting appellee and urging affirmance in the case of Girty v. School District of Valley Grove on appeal from the United States District Court for the western district of Pennsylvania to the U.S. Court of Appeals for the Third Circuit*. Retrieved April 10, 2007, from http://www.usdoj.gov/crt/briefs/girty.pdf

Vianello, R., & Lanfranchi, S. (2009). Genetic syndromes causing mental retardation: Deficit surplus in school performance and social adaptability compared to cognitive capacity. *Life Span and Disability (Cicio Evolutivo e Disabilita)*, *12*(1), 41–52.

Villa, R. A., Thousand, J. S., Nevin, A., & Malgeri, C. (1996). Instilling collaboration for inclusive schooling as a way of doing business in public schools. *Remedial and Special Education*, *17*, 169–181.

Wehmeyer, M. L. (2006). Beyond access: Ensuring progress in the general education curriculum for students with severe disabilities. *Research and Practice for Persons with Severe Disabilities*, *31*, 322–326.

Wehmeyer, M. L., & Agran, M. (2006). Promoting access to the general curriculum for students with significant cognitive disabilities. In D. M. Browder & F. Spooner (Eds.), *Teaching language arts, math and science to students with significant cognitive disabilities* (pp. 15–37). Baltimore, MD: Paul H. Brookes Publishing Co.

Wolfensberger, W. (1975). *The origin and nature of our institutional models*. Syracuse, NY: Human Policy Press.

Zuna, N., Turnbull, A. P., & Turnbull, H. R. (2011). Fostering family-professional partnerships. in M. E. Snell & F. Brown (Eds.), *Instruction of students with severe disabilities* (7th ed., pp. 31–69). Upper Saddle River, NJ: Pearson Education/Prentice Hall.

찾아보기

Michael F. Giangreco (Ph. D.) 버몬트 대학교 교수

Michael F. Giangreco는 지난 35년 동안 장애아동과 장애성인, 가족, 다양한 기관의 서비스 제공자(특수교사, 지역사회 주거 상담가, 학교 행정가, 학교 상담가, 대학 강사, 연구자)와 일하는 데 헌신하고 있다. 그는 버팔로 주립대학교에서 학사학위를, 버몬트 대학교와 버지니아 대학교에서 석사학위를, 시러큐스 대학교에서 박사학위를 취득하였다. 그의 연구는 교육과정 계획 및 수정, 관련서비스 의사결정과 조정, 특수교육서비스 전달 이슈와 같은 일반교실에 통합된 장애학생 교육의 다양한 측면에 중점을 두고 있다. Giangreco 박사는 이러한 주제와 관련된 많은 전문 서적을 집필하였으며, 교육적 이슈 및 연구 자료를 보여 주는 만화『특수교육의 모순과 실체(Absurdities and Realities of Special Education)』(Corwin Press, 2007)를 300편 이상 그려 오고 있다.

Chigee J. Cloninger (Ph. D.) 버몬트 대학교 명예 연구 부교수

Chigee J. Cloninger는 수년간 장애 및 비장애 아동과 성인의 교사로 일해 오고 있다. 지도자 혹은 연구자일 때도 가르치는 일은-많은 변화를 야기한다는 점에서-그녀의 주요 업무였다. 그녀는 장애와 지역사회 통합 센터(Center on Disability and Community)의 센터장이었고, 버몬트 주 I-팀(장애아동 및 장애청년, 교육관계자, 가족에게 집중적인 특수교육지원을 제공하는 주립 훈련 및 공학 지원 팀)의 코디네이터였다. 또한 그녀는 청각장애아동 및 청각장애청년을 위한 버몬트 주 프로젝트의 책임자였으며 버몬트 대학교 특수교육 대학원 과정의 교수였다. 강도 높은 특수교육 욕구를 지닌 학생과 관련된 이슈들에 관한 연구자인 Cloninger 박사의 주 관심 분야는 창의적 문제해결 접근, 의사소통, 개별화된 교육 및 리더십을 위한 학습과정이다.

Virginia S. Iverson (M. Ed.) 버몬트 주 I-팀 교육컨설턴트

Virginia S. Iverson은 특수교육보조원, 교육가, 행정가, 컨설턴트로서 35년 이상 교육 분야에서 일해 오고 있다. 그녀는 5학년 학생들을 가르치는 것과 더불어 유치원부터 고등학교까지의 다양한 특수교육 현장 및 시설, 특수학교와 특수학급, 통합학급 등에서 특수교사로 일해 오고 있다. 또한 대학교에서 강의를 하고 있으며 통합교육 관련 이슈들에 대한 보고서를 꾸준히 발표해 오고 있다. 그녀는 버몬트 주 I-팀의 교육컨설턴트로서 강도 높은 특수교육 욕구를 지닌 학생들을 위해 교육가, 부모, 관련서비스 제공자에게 상담 · 훈련 · 공학 지원을 제공하고 있다. Iverson의 주 관심 분야는 중도장애학생을 위한 체계적 수업과 통합교육의 실제를 융합하는 것이다.

공동 집필자 소개

Timothy J. Fox (M. Ed.)
버몬트 주 I-팀 코디네이터
장애와 지역사회 통합 센터
버몬트 대학교

Victoria, Graf (M. Ed., C.A.S.)
버몬트 주 제리코 초등학교 교장

Jacqui Farmer Kearns (Ed. D.)
대안평가센터 공동책임연구자
통합적인 대규모 규준 및 평가 프로젝트 부책임자
인간발달연구소
켄터키 대학교

Harold L. Kleinert (Ed. D.)
켄터키 대학교 재활과학과 교수
인간발달연구소 소장
대안평가센터 공동책임연구자

Jesse C. Suter (Ph. D.)
버몬트 대학교 교육학과 및 장애와 지역사회 통합 센터 연구 조교수

역자 소개

김유리(Kim, Yu-Ri)
University of Alberta 교육심리학과(특수교육전공) 박사
전 상명대학교 교육학과 교수
현 이화여자대학교 특수교육과 교수

김수현(Kim, Suhyun)
이화여자대학교 특수교육과 박사과정 수료
현 중앙대학교 장애학생지원센터 전문연구원

김예리(Kim, Yeri)
이화여자대학교 특수교육과 박사
전 서부장애인종합복지관 특수교사
현 이화여자대학교 특수교육과 강사

김지수(Kim, Jisu)
이화여자대학교 특수교육과 박사
전 서울시립장애인복지관 영유아 조기교육실 특수교사
현 이화여자대학교 특수교육과 강사

서민경(Suh, Minkyoung)
이화여자대학교 특수교육과 박사과정 수료
전 The National Center on Quality Teaching and Learning 연구원

이현주(Lee, HyunJoo)
이화여자대학교 특수교육과 박사과정 수료
전 서울애화학교 특수교사

홍주희(Hong, Juhee)
이화여자대학교 특수교육과 박사과정 수료
전 KEDI 국제교육개발협력 연구실 연구원

개인중심접근을 활용한

개별화교육계획 개발 지침서: COACH

Choosing Outcomes & Accommodations for Children (3rd ed.)

A guide to educational planning for students with disabilities

2017년 8월 25일 1판 1쇄 인쇄
2017년 8월 30일 1판 1쇄 발행

지은이 • Michael F. Giangreco · Chigee J. Cloninger · Virginia S. Iverson
옮긴이 • 김유리 · 김수현 · 김예리 · 김지수 · 서민경 · 이현주 · 홍주희
펴낸이 • 김진환
펴낸곳 • (주) 학지사
04031 서울특별시 마포구 양화로 15길 20 마인드월드빌딩
대표전화 • 02)330-5114 팩스 • 02)324-2345
등록번호 • 제313-2006-000265호

홈페이지 • http://www.hakjisa.co.kr
페이스북 • https://www.facebook.com/hakjisabook

ISBN 978-89-997-1350-7 93370

정가 18,000원

이 도서의 국립중앙도서관 출판시도서목록(CIP)은 서지정보유통지원시스템 홈페이지(http://seoji.nl.go.kr)와 국가자료공동목록시스템(http://www.nl.go.kr/kolisnet)에서 이용하실 수 있습니다.
(CIP 제어번호: CIP2017020681)